本书为重庆第二师范学院2021年"启智"众创空间第四批
大学生创业孵化立项项目《科普戏剧读物（绘本）创意研发项目》（
本书中的戏剧创作实践作品是重庆市教育委员会2021年高等教学
下戏剧教育专业实践育人体系的构建研究》（编号：213357）的阶段性成
"课程思政"特色示范课程《表演基础》（项目编号：KCSZ202004）产

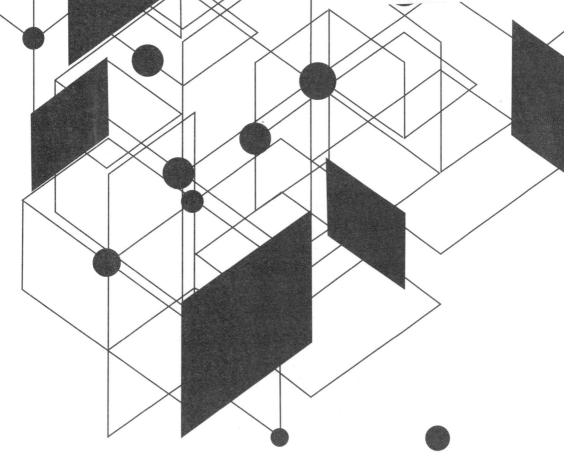

科学表演：科学教育戏剧集

丁付禄　主　编

陈姝璇　李俊豪　杨今为　副主编

吉林文史出版社

图书在版编目（ＣＩＰ）数据

科学表演：科学教育戏剧集 / 丁付禄主编. -- 长春：吉林文史出版社，2022.9
ISBN 978-7-5472-8949-5

Ⅰ．①科… Ⅱ．①丁… Ⅲ．①戏剧表演－应用－青少年教育－科学教育学 Ⅳ．①G40-05

中国版本图书馆CIP数据核字(2022)第182991号

科学表演：科学教育戏剧集
KEXUE BIAOYAN：KEXUE JIAOYU XIJU JI

主　　编	丁付禄	
副 主 编	陈姝璇　李俊豪　杨今为	
责任编辑	程　明	
封面设计	百悦兰棠	
出版发行	吉林文史出版社有限责任公司	
地　　址	长春市福祉大路5788号	
邮　　编	130117	
网　　址	www.jlws.com.cn	
开　　本	170mm×240mm　1/16	
印　　张	19.25	
字　　数	325千字	
印　　刷	廊坊市海涛印刷有限公司	
版　　次	2023年1月第1版　2023年1月第1次印刷	
书　　号	ISBN 978-7-5472-8949-5	
定　　价	88.00元	

前　言

　　花园里，有一朵盛开得十分美丽的花，有两个人正在驻足欣赏。一位是科学家，一位是戏剧家。科学家把花放置在显微镜下，他看到了一个绚烂神奇的世界。戏剧家把花放进规定情境中，他写出了一段洋洋洒洒的戏剧。当戏剧家将科学家的发现之旅也写进戏剧时，其实已经是科普剧了。

　　科普剧，是一种戏剧类型，戏剧是其形式，科普是其内容；戏剧是其载体，科普是其目的，可以概括为：立于戏剧，归于科普。《全民科学素质行动规划纲要（2021—2035年）》安排实施"科技资源科普化工程"，要求开发科普资源，科普剧正是作为科普资源的组成部分而存在的。

　　科学与艺术的关系是十分紧密的。艺术的创作，需要科技的加持，科技的每一次进步，都会促使艺术形式的革新，声光电的不断发展，丰富了剧场演出的体验和视听观感。科学的发展，也需要艺术的想象，每一次充满艺术气息的假设，都可能是在为科技的突破而大胆勾勒。

　　我们做科普剧，做科学和戏剧的融合，不是把距离很远的两件事情合在一起做，而是在两座原本就相隔不远的高峰之间架起一座互通的桥梁，让我们得以站在科学与艺术之间想象和创造奇幻的世界。

　　我们做科普剧，是在尝试着创新科学教育的方式。我们不认为戏剧是万能的，但我们坚信戏剧具有很强的融合性，用戏剧的方式来开展科普教育，一定能更加直观形象、富有创造性，收获较好的教育效果。

　　我们做科普剧，是在不断丰富戏剧创作的题材、内容和形式，科学本身就是一座值得不断挖掘的艺术宝库，能够为戏剧创作带来源源不断的创作灵感和创作切入。用科学的内容来充实戏剧的创作，更能够凸显戏剧的应用价值。

　　这本科普，按照科学家的人文情怀、自然界的奇特绚丽、成语里的科学意义、生活中的科学指引和童话内的科学道理几个章节进行构思，旨在向读者昭示科学无处不在，科普剧的发展大有潜力！

目　录

第一章　科学家的人文情怀

　　科学家，是科学活动的实施主体，是科技发展的推动力量。同时，科学家也是生活在现实生活中、具有饱满情感的实在个体，科学经历只是他们人生经历中的组成部分，除了科学生活以外，他们还在社会生活中的其他方面生活着。以科学家为表现对象的科普剧，能够多维呈现科学家的多元生活。

　　本章所选取的科学家代表，从时间维度上看，几乎有 2500 年的跨度；从空间维度上看，涉及两个大洲的区域；从领域维度上看，表现了多个科学领域的故事。古今中外的典型科学家故事，无一例外地向我们传递勇于探索、敢于坚持、勤于实践的科学精神，以及造福大众、无私奉献、豁达包容的科学情怀。

　　让我们以戏剧的方式，回顾并走进科学家的科学经历与情感人生。

鲁班送伞

编剧：冉华川、田椿琇、罗芳、冉一伶、丁付禄

人物表

鲁班　正直

鲁盼盼　鲁班的妹妹

扎扎　西域人

娜娜　西域人

【乞巧节当天鲁班正在集市里卖油纸伞，两女子正逛集市。】

扎扎　这中原大地果不一般，集市如此热闹，可不让我们看花了眼？

娜娜　我倒不这么认为，我觉得呀，这中原还比不上咱们西北国呢，总

感觉看哪儿哪儿不顺眼。

扎扎　哎呀，姐姐你就别挑剔了，难得来，咱们先去好好逛逛，看看能不能发现啥新奇物，也好带回去给咱们国人瞅瞅嘛。

娜娜　（不耐烦，不屑一顾，嫌弃地）本小姐今天就勉强陪你逛逛，不过你要是找不到啥新奇之物，我可要拿你是问！（指着妹妹）

扎扎　哎，娜娜姐姐，你看，前面是卖何物？好不热闹，快来快来。（拉着姐姐）

娜娜　（不耐烦）来啦来啦，真搞不懂有啥可看的！（刁钻）

鲁班　卖伞喽！卖伞喽！卖油纸伞喽！

（鲁盼盼拿着伞在那里展示，围观的路人被吸引购买）

扎扎　这伞是个什么东西呀？叫卖声如此之大，也让我们开开眼。

鲁班　看二位五官深邃，想必来自西北国吧。这伞就是……就是……就是好！（热情地）

鲁盼盼　二位姑娘，我这兄长嘴有些笨，说不清楚，让我来跟二位说一说。这油纸伞呀，是用手工削制的竹条做伞架……（被打断）

扎扎　竹条？

鲁盼盼　对，就是竹条。

娜娜　不过是一竹条所造之物，我以为有何新奇，引人如此围观。这些玩意儿在咱们西北国都不足为奇，咱们西北国多的是珠玉宝石，这竹条根本入不了我们的眼。

扎扎　是呀，这些玩意儿岂能比得上我西北国，（摇头）真没意思，我还以为这中原人见过多少世面呢！姐姐咱们走吧，毫无看头。（不屑一顾）

鲁班　哎，姑娘，伞可不买，但请别小看它，这油纸伞的作用岂是你们这些外来人能懂的？（理直气壮地）

娜娜　这伞不过竹条制为骨，区区薄纸为面，你倒是告诉我它能有多好？

鲁班　那我可要和姑娘说说。这伞骨是将竹筒经过浸水、日晒等一系列工序之后所得，细致程度之高，岂是你们知道的！而这伞面……

鲁盼盼　这伞面并非姑娘所说的薄纸那么简单，而是选用拉力强的特制皮纸，轻易是不会损坏的。

鲁班　盼盼，和这外邦人多说无益，这其中巧妙她们是不能懂得的！

扎扎　这话何意？卖把伞，竟如此看不起人？

娜娜　正是！我看，这油纸伞也不过如此，这些话呀都是自夸！这一看就比不上我们西北国的器物，我看这中原似乎也不过如此，不过是虚名罢了。

鲁班　我大中原还轮不到你在这里指指点点，如果两位姑娘不买伞，就请移步别处，不要打搅我做生意！

鲁盼盼　（拦住鲁班）兄长，来者皆是客，她们远道而来，咱就不跟她们计较，兄长这么大度的人可不兴为了这点小事动怒。兄长你看，这伞马上卖完了，你快回家再拿一些来，趁着人多，咱也好多卖几把。

鲁班　行吧，为兄听你的，我速速就来。哼！（向两个西北国人）

二人合　哼！

鲁盼盼　好好好，兄长，你快去吧。这里你就别管啦！（朝着鲁班说）

鲁盼盼　（转过头朝着二人）两位姑娘，不要介意，我这兄长呀就是嘴笨，如有冒犯，还请多多包涵。

扎扎　姑娘，你能说说这伞到底有何玄妙之处？我看这伞也并无美观性呀！（好奇地，一边拿着一把伞）

鲁盼盼　姑娘，你拿这把呀，恰是无装饰的，这不，我兄长正回家取，等下呀，你们便可看看，这油纸伞除了能避雨，还能做一好装饰之物呢。

娜娜　你那兄长说话如此那般，我看我们也受不起这名贵之物。妹妹咱们走吧，可别跟这些人浪费时间了，我对这些廉价的东西从来都不感兴趣，还是咱们西北国的珠宝才是一绝！

鲁盼盼　姑娘！姑娘！（见她们二位欲走，叹了口气）

娜娜　妹妹走，别跟她废话了。

【音效：雨声。】

人群　下雨喽，下雨喽。（大家都撑起了油纸伞，唯独娜娜两姐妹无避雨之处，被淋湿）

【鲁班回来，鲁盼盼看见刚才那两个姑娘在急匆匆找地方避雨。】

鲁盼盼　兄长，你看那不是刚刚那二位姑娘吗？你刚刚嘴笨说话得罪了那二人，要不你借这雨，送那二位一把伞，让她们瞅瞅咱这油纸伞的好处，况且，她们两位女子远道而来，可不要让她们对我们中原有了不好的印象。

鲁班　嘻，这回家路上，我细想自己确实有些话欠妥，作为男子，我要拿出咱们中原男儿的气度来。

鲁盼盼　兄长所说正是。（笑着）兄长快去！

娜娜　妹妹，你看那不是刚刚与我们起争执的卖伞的吗！

扎扎　我看正是，咱们快快走。不要让他找机会嘲笑我们。

鲁班　二位姑娘留步，刚才多有冒犯。你们远道而来，本是游玩，却遇我这一说话不周之人，我细想自己作为男子确实不该如此那般。

扎扎　唉，我们西北国人也不是不讲理之人，细想起来，我们也有错。

鲁班　哈哈哈，所谓"不打不相识"，过去的咱们就不提了，那就让我以这把伞作为歉礼，多谢二位的谅解吧。

娜娜　（有些不好意思，低头看向妹妹）扎扎妹妹，你看？

扎扎　你们中原人常说英雄不问出处，但这送把伞，我们总该知道送伞人名字吧！

鲁班　（拍一拍脑袋）哎呀，姑娘提醒的正是，聊了这么久我都忘介绍了，鄙人名叫鲁班，这鲁嘛，就是粗鲁的鲁，你们也见识过了！而那好言相劝我们三人的是鄙人的妹妹——鲁盼盼。

（三人一同笑）

娜娜　不承想，鲁班兄这般幽默。

鲁班　不敢不敢，那这伞，姑娘你看？

（娜娜看向扎扎）

扎扎　娜娜姐姐，咱就快感谢鲁班兄吧。鲁班兄，谢了！

娜娜　鲁兄多谢了！

鲁班　多礼了，那鄙人敢问两位姑娘芳名？

娜娜　我是娜娜，这位是我妹妹扎扎。

鲁班　哇，二位姑娘不仅人美，名字也如此独特，让我长了见识。

扎扎　你们这中原也让我们开了眼。

娜娜　对！风光如此不同，对我们也是新鲜。

鲁班　和二位姑娘聊了这么久，我要赶回去卖伞了。那在下就先行告辞了。

扎扎　告辞！

娜娜　告辞！（与扎扎一同说道）

（三人互相道别，转眼到了天黑，乞巧节庆祝活动开始，大街上好不热闹）

鲁盼盼　兄长，你看这天也黑了，今日又是乞巧节，要不早点收摊陪我去乞巧？

鲁班　妹妹不说，我也正有此意，咱这就去乞巧去。这天一黑，就更觉这街上布置得精美。

鲁盼盼　正是，正是！

（鲁氏两兄妹去乞巧，盼盼别出心裁拿着伞参加了一个选美比赛，盼盼拿着伞跳舞，吸引了许多人围观）

（录音：走走走，快去那边看看，听说有一女子拿着伞跳舞好不漂亮！走走走）

娜娜　妹妹，听到那两人的对话了吗？既然来了，要不我们也去凑凑热闹？

扎扎　好呀，好呀。

（看到人群围观的女子正是盼盼）

娜娜　扎扎妹妹，那不是……

扎扎　是她，就是今天卖伞的鲁盼盼姑娘。

（鲁班兄妹看见娜娜两姐妹，走过去打招呼）

鲁班　这位是……古力，古力……扎扎，你是娜娜！

扎扎　鲁兄好记性，我姊妹名字如此难记，你也记住了。

娜娜　敢问今天是何日子，竟如此热闹？

鲁班　今日是我们中原的乞巧节。

扎扎　乞巧？

鲁盼盼　对啊，今日是咱们中原的乞巧节，咱们制作巧果、拜仙禾，可热闹啦！我今年想出了一个新点子，带上兄长做的油纸伞来，你们瞧，（撑开伞，撑着油纸伞转一圈）是不是可好看啦！

娜娜　好漂亮呀！这油纸伞原来不仅能避雨，还能这样当作饰品用，真是长见识！

鲁盼盼　今日啊，我带着这把伞来参加我们一年一度的选美比赛，没承想吸引了如此多人观看。

扎扎　确实漂亮，我们也是被盼盼小姐吸引过来的。

鲁盼盼　不敢当，不敢当。对了！常言西北国女子最是能歌善舞，要不……要不你们二人也来参加吧！

娜娜　那可好？我们又不是中原人。

鲁班　有何不可？我们中原向来开放包容，谁参加都可以。比的是美！而不问出处。

娜娜　妹妹，你看？

扎扎　姐姐，你就别推托了，在咱们西北国，你跳舞可是数一数二，就展示展示吧！

娜娜　那……

鲁氏兄妹　就展示展示吧！

（鲁盼盼推着娜娜站在了舞台中间，扎扎配乐，鲁班跟随节奏打拍子）

鲁盼盼　（看向扎扎）扎扎妹妹，你也来吧！让我也多见识见识这西北国的舞蹈。（去拉扎扎）

鲁班　甚好甚好，三人跳舞岂不更加美哉！

（跳完舞）

鲁班　这西北国女子呀，果真是能歌善舞，让我们中原人也开了眼。

鲁盼盼　确实美呀，尤其是拿着这把伞，伞美人更美，让我觉得这伞是用对了！

娜娜　是你们伞漂亮，让我们有了兴致跳，这中原与我们西北国相比，又是另外一番美景。

鲁盼盼　嗯……这样吧，（把手中伞递过去）咱们的相识离不开这把伞，我把这把伞送给你们。这把好看的可以用来作为装饰，两位姑娘带上它定然是更添光彩。

扎扎　可不兴这样！我们之前已经收了一把伞，再收一把实在过意不去，我们不能要。（推回去）

鲁班　唉——（阻拦）你们远道而来，我们本就应该尽地主之谊，之前是我礼数不周还跟你们吵起来，我也惭愧得很。这油纸伞虽然是不起眼的物件，但是相比以往躲雨的方式来说，要轻便不少，也美观不少，还请二位小姐莫要嫌弃。

扎扎　别别别，别谦虚了，我们惊喜还来不及呢，这伞精美得很！

鲁班　哎呀，这（不好意思的姿态）真没你说的这么厉害……

鲁盼盼　行啦，二位姑娘可别夸了，我这兄长可不经夸！

娜娜　真是不虚此行，光是看这油纸伞，咱两姐妹也是收获颇多。我看这天色也不早了，妹妹，我们明早还得赶路回家呢，不如早些回客栈休整休整。

鲁盼盼　既如此，我们也不多缠着你们了。早些回去休息，一路顺风！

鲁班　一路顺风！

娜娜　多谢！（与扎扎一同道）

扎扎　多谢！

【四人挥手作别。】

◎ 科普知识延展区

　　鲁班（前507—前444年），姬姓，公输氏，名班，人称公输盘、公输般、班输，尊称公输子，又称鲁盘或者鲁般，惯称"鲁班"。字依智，春秋时期鲁国人。鲁班的名字实际上已经成为古代劳动人民智慧的象征。

　　大约在公元前450年以后，他从鲁来到楚国，帮助楚国制造兵器。他曾创制云梯，准备攻宋国，墨子不远千里，从鲁行十日十夜至楚国都城郢，与鲁班和楚王相互辩难，说服楚王停止攻宋。

　　木工师傅们用的手工工具，如钻、刨子、铲子、曲尺，画线用的墨斗，据说都是鲁班发明的。而每一件工具的发明，都是鲁班在生产实践中得到启发，经过反复研究、试验出来的。

　　2400多年来，人们把古代劳动人民的集体创造和发明也都集中到他的身上。因此，有关他的发明和创造的故事，实际上是中国古代劳动人民发明创造的故事。

"地"动"山"摇

编剧：骆君豪、张玉弦、袁文丽、吴艳芬、邓澳归、易琼芳

人物表

张衡　从容淡定，不慕当世，谦虚朴实

官员　为人本分，心系民众，听取民意

王二　愚昧无知，认为所有人都应该崇拜山神，不相信科学

张边　愚昧无知，信奉山神，本性善良

夫人　当地很有权势的名门望族夫人

神婆　封建迷信，认为张衡的做法会惹怒山神，是挑唆村民反对张衡的幕后势力

【背景：东汉年间，张衡发明了地动仪，但是并没有得到检验，没有人相信它制造成功了。】

张衡　（急匆匆跑过来）大人，地动仪有所反应，西北方向恐有地震发生，请即刻与我一同前去支援离我们最近的陇西县。

官员　（半信半疑）此话当真？你真能确信陇西县有地震发生？

张衡　我不敢断言陇西会有地震发生，但地动仪检测到确有此事，西北方向有地震发生！

官员　（作担心状）行吧，我暂且派人带上物资，前去陇西县支援。

【神婆带领村民举行祭祀仪式。】

神婆　（明知故问的语气）大人，这么声势浩大是准备去哪儿？

官员　尔等小民，来此何事？

神婆　听说大人们要带着我们的粮食去别的村！

王二　那可是我们劳作了一年的收成，怎么能够白白地送给别人？

张边　我们没日没夜地干到天黑，饭都没得吃，是不可能拱手让人嘞。

官员　（叹气，无奈地说）我怎能不知这些粮食来之不易，可陇西县发生了地震，我等怎能袖手旁观？

神婆　他们发生天灾（双手举过头顶，头看天），是他们没有供奉好山神！（手摇晃）那是他们自食其果！我们可不能像他们那样，免得山神也迁怒于我们！这些粮食绝不能交出去！这些粮食要留下来供奉给山神！

王二　（语气强硬，斩钉截铁）对！山神可不能得罪，谁敢得罪神呢！如果得罪山神，这神仙怎么能放过我们呢？

张边　（语重心长，手举起来摆动）这几十年我们供奉山神，才能平安健康地生活。他们现在居然忘记山神的保佑，这不该他们遭罪吗！唉，我们的山神可得好好供奉。

张衡　地震不可避免，陇西县百姓恐处于水深火热之中，我们不能见死不救。

官员　你们同为百姓，怎能够见他们流离失所而袖手旁观？此时他们有难，我们须出手相助！

神婆　都是百姓，我们才深知得罪山神的下场，这些粮食绝不能交出去！

村民们　对，这些粮食绝不能交出去！

张衡　此乃无稽之谈，何来山神之说？地震乃自然灾害，并非由神发怒而引起。

神婆　　大人，难道你也不相信山神的存在吗？

官员　　陇西县的形势恐不容乐观，我们的支援岂能耽搁？（说完侧身）

神婆　　大人都不回答这个问题，意思可是不相信？

王二　　（跑到官员面前）大人你想想，这几十年来大家都没事，不正是咱们很好地供奉的结果吗？

张边　　（跑到官员的面前，王二后退到神婆身边）是啊，大人，没有山神哪来的风调雨顺！我们怎能忘记山神的恩惠而去怀疑山神的存在？

官员　　（手一挥，语气强硬，张边被甩开后退）当务之急是继续前往陇西县支援！若是耽误了最佳的救援时机，谁能担起这个责任？

张衡　　（对众人）此等性命攸关之事，岂能由尔等在此胡言乱语！（转向神婆）尤其是你，竟敢在此妖言惑众！

神婆　　（不服气但又无言以对）

村民们　　（左右环顾，小声议论）

【夫人上场，音乐起。】

夫人　　发生了何事！

神婆　　（跑到夫人的身边，迎接夫人上台。语气谄媚）夫人，您来了呀！

王二　　（义愤填膺）他们准备把我们辛辛苦苦搞来的粮食拿去送给得罪山神的人！

张边　　是呀，夫人，你可要为我们做主呀，这可是我们供奉给山神的粮食，凭什么送给别人呀！

官员　　莫要听他们胡说，这粮食不是白白地送给别人的，而是拿去救灾的！

夫人　　（疑惑）救灾？救什么灾？我可不曾听说哪里有什么灾情！

张衡　　夫人有所不知，我此前发明了一种能够检测何地发生地震的仪器。

夫人　　怎么个检测法？

张衡　　此物叫地动仪，有八个方位，每个方位上均有口含龙珠的龙头，在每个龙头的下方都有一只蟾蜍与其对应，任何一方如有地震发生，该方向龙口所含龙珠即落入蟾蜍口中，由此便可以测出发生地震的方向。

夫人　　张大人你怎么就能确定此物能够奏效呢？万一张大人你的地动仪没有奏效，那百姓的粮食岂不是白费了，这我们可承担不起。

村民们　　就是就是！

神婆　　（点点头）

张衡　　虽然不能十分确定此物是否奏效，但它显示陇西方向发生地震，我们就不能放任不管。

夫人　　那张大人你的地动仪以前是否也有所反应过？以前有人说过它能预测地震，可也只是一场笑话罢了。

张衡　　这虽是它第一次有所反应，但恐怕确是预示着什么，以防万一，我们还是得前去一探究竟。

夫人　　（冷笑一声）哼，可别说笑了，没有确切的证据，你凭什么大张旗鼓拿着百姓的粮食去当赌注呢？指不定你们是和陇西有什么勾当。

王二　　（转头对张边）对啊，天下乌鸦一般黑，我们这些普通百姓怎能知道你们这些官员说的话是真的假的！

张边　　（咬牙切齿，斜视张衡）怕不是为了自己那龌龊的见不得人的心思，编造地震的谎言来欺骗我们吧。

神婆　　（指指点点）可别因为你们这些私利惹怒了山神，让我们大家跟着遭殃。

官员　　（生气地甩衣袖）可不要用你们的狭隘眼见胡乱猜测，污蔑本官，本官做事坦坦荡荡，身正不怕影子斜，何来欺骗一说。

张衡　　（挺起胸膛）虽如此，百姓对官员没有信任，但我张衡绝不是此等苟且之人。造出地动仪的目的就是帮助受灾的百姓，尔等何以想我至此。

夫人　　（不屑地）我们如今已难以相信朝廷，更难以相信有一心为民的官。

王二　　这世上哪还有为我们着想的官，当世朝廷只把我们当畜生用，我邻家的老丈因年迈而无法劳作，被活活地打死。朝廷让我们怎么想！

张边　　我们现在只相信山神，只有供奉好神仙，我们才能得到保佑。还是别打我们祭祀粮食的主意。

夫人　　况且这个方向不一定发生了地震。所以这个粮食还是别想走出我们这个地儿。

官员　　我也知道近几年赋税年年加重，很多人都被饿死了，朝廷都没有打开粮仓救济百姓，百姓都略有怨言。（转过身面向张衡）你当真确定陇西发生地震了吗？要是误测，那里没有发生地震，这责任谁来承担？这后果你可曾想过？

张衡　地动仪是鄙人访问许多老师一点一点制作改良的，我相信它的预测结果，绝不会误测。如若真是误测，我愿意承担后果！

王二　不行，你愿意承担后果，但是我们承受不住。

张边　要是这次出了什么闪失，山神怪罪下来，遭罪的可是我们大家。

夫人　好了，事已至此，（讽刺语气）张大人可别白费力气了，你还是回去当好你那廉洁公正的官吧！

（余震发生，震感传到了张衡一行人所在地带）

（张衡、官员和夫人一阵踉跄，王二摔倒在地，神婆拄着手杖勉强站稳。余震结束后，村民们搀扶着起来）

夫人　（惊慌失措）哎呀！这是怎么了？

神婆　（面向观众挥舞双手）山神发怒了！山神发怒了！（转向张衡）就是你们想要带走祭祀所需要用的粮食，山神怪罪下来了。

张边　（指着张衡、官员）就是你们不相信山神，触怒了山神。

王二　（双手作揖）求求你们了，不要再打祭祀粮食的主意了，放过我们吧。

【旁白：报！我县陇西发生地震，灾情严重，特来请求支援！】

（这个时候神婆鬼鬼祟祟地溜走了）

张衡　（转身对官员）看来地动仪这次的测量是正确的了！

官员　（语气着急）快！赶紧动身，前去支援。（官员和张衡一同下台）

王二　（环顾四周）欸？神婆怎么不见了？莫非我们真的是被神婆利用了？

张边　（环顾四周，恍然大悟）看来我们都被神婆骗了，地震并不是山神发怒所致。我们也一同去支援吧！（村民们一同下台）

夫人　那我也回去派些人马，助你们一臂之力！

（张衡、官员带着村民和物资前去支援）

◎ 科普知识延展区

张衡（78—139年），字平子，南阳郡西鄂县（今河南省南阳市石桥镇）人。东汉时期杰出的天文学家、数学家、发明家、地理学家、文学家，蜀郡太守张堪的孙子。

举孝廉出身，历任郎中、太史令、侍中、河间相等职。晚年入朝担任尚书。

汉顺帝永和四年（139年）逝世，享年六十二岁。北宋时，获封西鄂县伯。

张衡在天文学方面著有《灵宪》《浑天仪图注》等；数学著作有《算网论》；文学作品以《二京赋》《归田赋》等为代表，与司马相如、扬雄、班固并称"汉赋四大家"。《隋书·经籍志》有《张衡集》14卷，已经散佚。明代学者张溥辑有《张河间集》。

张衡为中国天文学、机械技术、地震学的发展做出了杰出的贡献，发明了浑天仪、地动仪，是东汉中期浑天说的代表人物之一，被后人誉为"木圣""科圣"。由于他的贡献突出，国际天文学联合会将月球背面的一座环形山命名为"张衡山"，把太阳系中的1802号小行星命名为"张衡星"。后人为纪念张衡，在河南省南阳市修建了张衡博物馆。

难民棚里的坚守

编剧：秦明静、赵华宇、覃夕洋、邹金金、许艳霞

人物表

张仲景　长沙太守，心系百姓，治病救人

杨刺史　张仲景上级官员，关心百姓

仲景妻　知书达理，善解人意，体贴关心丈夫

王氏　难民，身患重病

王氏女　难民，救母心切

第一场

【长沙县关外一处难民棚，张仲景和他的妻子正在安顿那些因为战争逃亡的百姓。】

张仲景　你们就安心在这儿治病吧。

难民们　（掩泪齐声道）谢谢张太守和夫人，实在太感谢你们的收留。

张仲景　不必多礼，快起来（扶起他们）。

张仲景　你们才是受苦的人，我只是做了我该做之事。

妻子　快到里面去，外面风大，你们穿得如此单薄，进去避避风吧！这儿虽然不比家里，但里面生着火，总是要比外面暖和些。

张仲景　是啊，天这么冷，想必你们一路上不少人都感染了风寒，快带我去看看。

【张仲景、妻子、王氏、王氏女进入棚内。】

【杨刺史上场。】

杨刺史　到衙门找张贤弟不见人影，听手下说你又来难民棚治病了。张贤弟，张贤弟（逐渐大声），快出来，我有要事与你说。

妻子　（闻声回头小跑行礼）民妇张陈氏参见刺史大人。

杨刺史　免礼，免礼。

妻子　大人见谅，我夫君正忙着给病人治病，还请大人莫要怪罪。

杨刺史　我还不知道张仲景？他一看病就忘记周围的环境，心无旁骛的，无妨无妨。（杨刺史掩鼻，皱眉，面上微微露出恶心状）

妻子　多谢大人体谅。

杨刺史　（微微笑着说）来的路上啊，就听百姓们称赞张仲景这个"坐堂大夫"，说他宅心仁厚，心地善良。（摸摸胡子疑惑道）他不是每月初一、十五都会打开衙门来治病救人吗，怎么还跑到这种地方来了？

妻子　大人，您有所不知。最近战乱频繁，百姓流离失所，到处逃难。天寒地冻的，人们又大量聚在一起，情况越来越严重了啊。仲景正忙着看这些病人。

杨刺史　你让张贤弟先别忙着看病，上面派来的司隶校尉今天要到这里来巡察，你让仲景换好官服就过来。我先过去看看什么情况。

杨刺史　（离开，边走边说）张仲景这个脾气，待会儿不知道会出什么麻烦。唉，不过他的悬壶济世的品格也是令我十分佩服！

第二场

【妻子行礼，目送杨刺史离开。进难民棚，走到张仲景身边。】

妻子　夫君，刚才刺史大人来过了。

张仲景　嗯。

妻子　刺史大人还说了，上面派来的官员马上就要到这里了，让你一会儿过去一趟。

张仲景　嗯。

张仲景　（摸王氏女额头，问道）可有哪里不适？

（妻子看着张仲景，无奈地笑了笑，蹲下，为他卷上袖子）

王氏女　头很痛，有些发热，一直咳嗽，感觉喘不过来气。

（妻子在一旁捣药，拿来纸笔，递给张仲景。张仲景接过，写药方。递给王氏女。妻子回去继续捣药。张仲景起身要离开）

王氏女　（小声哭诉，磕头）大人，恳请您再为我的母亲看看，她好像更严重一些，但她一直忍着，不愿与我说。

【张仲景又蹲下，正准备为王氏把脉，杨刺史焦急地跑过来。】

杨刺史　（气喘吁吁）仲景，快，快与我一同过去。

（张仲景摆手，专心为病人王氏把脉）

张仲景　你二人的病症相同，都是受了风寒，你只需按照刚才的药方去抓药煎服即可。

（张仲景说完，示意妻子过来）

（张仲景站起身来，拍拍身上的灰，准备行礼）

杨刺史　（拉着张仲景就往外走去，喊道）都什么时候，还在这儿行礼，快与我一起回去。

张仲景　刺史大人，且慢，我这里还有很多病人没看完呢。

杨刺史　（焦急地说）你先别管这里了，司隶校尉已经到城门了，指明要见你。你可明白司隶校尉监察百官，这么大的权力，这次又来视察灾情，怕是你在衙门坐堂治病这件事传上去了，上头来问罪了。

张仲景　（不屑道）治罪就治罪吧，我本就无心官场。这儿还有很多病人等着我看呢，我走不开啊。

杨刺史　就在离这儿两百步不远处，你跟我先过去迎接一下。

张仲景　他离得这么近，都不来看看这些难民，还要我去迎接他，他不是来考察灾情的吗，难道就只是来做给上面的人看看？

妻子　夫君，你先去吧，我虽然不懂医，但是跟着你这么多年还是看得懂一些简单病症，况且，还有不少你的徒弟在这儿，我们可以先照顾病人。

王氏　张太守，您先去吧，我们这儿还没那么严重。

杨刺史　是啊，先让他们在这里照看着，你先与我一同过去吧。

（杨刺史顺势拉起张仲景准备离开）

【妻子快步走回难民棚。】

张仲景　且慢，且慢。

（张仲景见不管用，用力甩开杨刺史）

张仲景　杨兄！请你勿要再拉我，我是不会与你离开的，这里的难民太多了，环境又不好，恐生变故，引发瘟疫。本来战争就死伤无数，若是再有瘟疫在长沙扩散了，你教我如何面对长沙的父老乡亲！

杨刺史　（叹气）仲景，我知道你救人心切，可今天不去怕是会招来大祸啊。

张仲景　（坚定地说）杨兄，你不必多说了，我去了又能怎样？不给百姓治病？把这些难民赶走？我心意已决，莫要劝我了。

（难民棚内，王氏突然咳嗽不止，头疼严重）

王氏女　（焦急哭道，不知所措）阿娘，阿娘，你怎么了？大夫，大夫，快来看看我阿娘。阿娘，咳咳，阿娘……

【妻子急匆匆地跑出来，对杨刺史行礼。】

妻子　（拉住张仲景的一角袖子，急忙说道）夫君，你快随我来看看，刚才那个病人，她的情况好像更严重了。

张仲景　杨兄，恕不远送，告辞。

（妻子行礼）

（杨刺史站在原地，望着张仲景夫妻俩的身影。叹气，转身离去）

杨刺史　（感叹道）罢了，罢了。

第三场

【张仲景、妻子快步走回难民棚。棚内，王氏一直咳嗽，表情痛苦，突然陷入昏迷。】

王氏女　（见张仲景回来了，哭道）张太守，求您快看看我阿娘吧，我阿娘……她到底怎么了？

张仲景　（上前查看王氏，摸了摸她手腕、额头，念叨）脉搏弱，手上有虚汗，头发热不止。

（张仲景拿起地上的药方，表情严肃）

张仲景　（思考，惊道）不好。之前那药方里开了麻黄。麻黄有发汗散寒、宣肺平喘的功效。但如果病人本身发汗，再服下发汗的药，只怕会是身体更加虚弱。夫人，快，你快去药铺抓一味性凉的石膏。

妻子　我马上去抓。

【妻子快步离开。】

（王氏恍惚醒来）

王氏女　（高兴又激动）阿娘！阿娘你感觉怎么样？

王氏　没事没事，丫头。

（王氏突然看到张仲景）

王氏　（惊讶道）大人，咳咳，大人你怎么还在这里？咳咳，你快去忙吧。

张仲景　无妨，你且安心躺着，你可有什么不适？

王氏　头疼，咳嗽得越来越厉害了。

张仲景　果然，方才是我疏忽了，我已让内人去抓药了……

王氏　（打断道）怎敢劳烦夫人呢？大人愿意收留我们，我们已经很感谢。这让……让我老婆子如何受得起呀！咳咳咳。

（王氏女为其母拍背顺气）

王氏女　大人，方才是我太过慌张，耽误大人正事了，实在是抱歉。

张仲景　不关你们的事，这都是我自己的选择。

【棚外，妻子快步跑来，气喘吁吁的。】

妻子　夫君，药抓回来了。

张仲景　（起身去接药）辛苦你了。

【杨刺史回来了。】

杨刺史　（叹气，焦虑道）仲景呀，这次上面大发雷霆，恐有碍你的仕途。

张仲景　（一边为病人熬药一边说道）无妨无妨，正好我可以专心医治病人。方才就是因为你急忙拉我去拜见，害我分心，让我开错药方！

杨刺史　啊，仲景，那位病人情况如何了？是我考虑不周。

张仲景　杨兄不必内疚，现已无妨了，倒是你这件事让我明白了不当这官未必是件坏事，之后就没有这些琐事来打扰我了。

杨刺史　这么多年来你这脾气还是丝毫未变。唉，也罢，于你而言，不当这官反倒是好事。所以我啊，也就是来知会你一声，顺便看看这里的情况。

张仲景　让杨兄见笑了。

杨刺史　说的这是什么话，我真是为你不平。这几年战争不断，民不聊生，上面不管这些，反而在你这种清官身上做文章，我真是看不惯。你辞官也罢，也罢。我看我也辞官好了。

张仲景　杨兄，你莫要这样说，还是要保重自己，才能更好地为百姓做事啊。

杨刺史　唉！我等会儿去周边多找几个大夫过来协助你。贤弟你们还是要多保重自己的身体呀，不要过分劳累了！

张仲景和妻子　多谢杨兄 / 刺史大人好意。

张仲景　夫人，我已没有了官职，往后的日子只怕更为清苦了。

妻子　仲景，你不用说了，自打我嫁与你，我就知道今后的路该怎么走，你是一个什么样的人，我比谁都清楚。你不也常说吗，不求于富贵，我不怕苦。

（刺史、张仲景、张仲景妻子、王氏和王氏女携手走出难民棚）

【步伐放慢。】

◎ 科普知识延展区

张仲景（约150—约219年），名机，字仲景，南阳郡（今河南南阳）人。东汉末年医学家，被后人尊称为"医圣"。张仲景广泛收集医方，写出了传世巨著《伤寒杂病论》。它确立的"辨证论治"原则，是中医临床的基本原则，是中医的灵魂所在。

在方剂学方面，《伤寒杂病论》也做出了巨大贡献，创造了很多剂型，记载了大量有效的方剂，受到历代医学家的推崇。这是中国第一部从理论到实践、确立辨证论治法则的医学专著，是中国医学史上影响最大的著作之一，是后学者研习中医必备的经典著作，受到医学生和临床大夫的广泛重视。

连天灯火寄忧思

编剧：向红涛、侯迎秋、田梦瑶、杜露茜、龙梦丹、陈绍冲

人物表

莘七娘　韩将军的妻子，知书达理，精通医术

韩将军　五代时的一位将军，莘七娘的丈夫

韩夫人　韩将军的母亲，于明溪城颇有威望

月儿　韩将军与莘七娘所育之女

婢女流朱　莘七娘的贴身婢女，从小与其一起长大

王婶　侍候老夫人多年的随从，韩将军的奶娘

【将军府内，莘七娘在考长女月儿的功课，韩将军坐于一旁处理军务。】

月儿　昨夜见军帖，可汗大点兵，军书十二卷，十二卷……十二卷……

莘七娘　方才温习的，现下又不记得了，看来还是平日太娇纵你，所学全部不放在心上。今日背不完这卷，不许出门玩！

韩将军　七娘，月儿还小，不必如此严苛。

莘七娘　她就是仗着你这般娇纵，才日日疯玩，毫无长进！

月儿　阿娘，月儿错了。

韩将军　别哭别哭，咱们家月儿开心就好。咱们这帮粗人整日习武练军，可不就是为了一家老小能够平平安安、开开心心。爹爹不在的时候，月儿也要玩得开心！

莘七娘　将军这话是何意？

韩将军　前线传来战报，说是那帮蛮人又开始作乱。皇上重托，要我守好明溪这道关口，今日就须动身。

莘七娘　今日？我随将军一同前去！七娘自小学习医术，必要时可助将军一臂之力。

月儿　我也去，我也去！

韩将军　不可！你一介女儿身怎可同我上战场！月儿也莫胡闹。

莘七娘　月儿，去叫王婶儿给你做午膳吃。阿娘和爹爹有要事商量。

月儿　好，孩儿告退。

【月儿一步三回头地缓慢下场。】

莘七娘　韩郎，你是知道我的，我虽为女儿身，可也与战士们一样，有守家卫国之心。

韩将军　自古以来就没有女子上战场这个道理！且不说危险莫测，你身

为将军夫人怎好做出这样不耻的事！

莘七娘　将军此话不妥。七娘同将军一样为国为民，视死如归，并不觉羞耻！

韩将军　即便如此，家中月儿、母亲需得你来照顾，将军府的一切事务也离不得你。

莘七娘　可……

韩将军　七娘，我理解你的忧心，可你要相信我，我自会平安归来，明溪不会失守一寸，百姓不会死伤一个。

【老夫人上场。】

老夫人　七娘，你倒是为自己寻了个好借口！若不是月儿来央求我，我还不知你竟有如此大的胆子。

韩将军　母亲，您怎么来了！

老夫人　你且去忙你的，我单独与七娘好好说道说道。

韩将军　母亲切莫动气，月儿尚小，满嘴胡言，不知您听她胡诌了些什么。

老夫人　哼，月儿同我说她也要与她的好阿娘一起同爹爹上战场呢。

韩将军　母亲，七娘也是担心我的安危才一时糊涂。

老夫人　你不必替她解释。我可是听得真切得很！好一个为国为民、视死如归，这将军府竟是无人可继了，要你一个妇人去抗敌！

韩将军　母亲……

莘七娘　将军，军务繁忙，你且去吧，七娘自会与母亲将此事谈妥。

韩将军　这……也好，那母亲，孩儿告退。

【韩将军下场。】

莘七娘　母亲可还记得几年前，我怀着月儿的时候？

老夫人　我怎么不记得……

莘七娘　我煎熬地等着将军凯旋，将军却身负重伤，危在旦夕。您差点儿失去儿子，我差点儿失去丈夫，月儿也险些成了遗腹子。

老夫人　将军府世世代代过的都是刀口舔血的日子，你的煎熬苦楚我又何尝没有经历过？我们妇道人家岂有那个厮杀的本事？你我能做的无非就是守好这个家。

莘七娘　母亲，七娘难受那无能为力的煎熬之苦，若是能为抗敌尽绵薄之力，也死得其所。月儿自小喜爱您，府内上下事务您也全都清楚……

老夫人　此事不可再提！你若真想随去战场，那便带着休书一起去！

【老夫人起身离去，七娘原地沉默了许久，才起身收拾医箱和衣物。这时婢女流朱急匆匆地上场。】

流朱　夫人，夫人，将军准备出城了，老夫人、月儿她们已经在等你了。

【将军一路人从舞台上出现，婢女流朱和七娘带着箱子出了房间，再出府，看见老夫人一路人。】

【背景声：人声嘈杂。】

老夫人　男儿自当尽忠报国，守护国家与人民，战事凶险，切勿多虑，一心抗敌便是，莫要辜负了这城里长街相送的百姓！

韩将军　母亲，儿臣定当不负厚望，早日凯旋！

月儿　爹爹，爹爹，（不舍地）可要早些回来带月儿放纸鸢！

韩将军　好，等爹爹回来给你做一个新的！

王婶　将军，我本不该多嘴，且仗着是您奶娘的身份，斗胆多嘱咐几句。这是灵隐寺的平安符，将军莫嫌弃，我听西街的张大娘说，这符可灵呢，可保将军平安。

韩将军　乳母，可千万别这么说，您的心意我都明白，我自会稳妥收好这平安符，不辜负您的一片心意。

韩将军　七娘……

莘七娘　将军此去千万珍重。七娘自会照顾好母亲和月儿，打点好将军府上下，你在前方不必有任何挂念。我们都在家中等你回来。流朱！

流朱　将军，这是夫人为您准备的药箱和衣物，药是夫人亲手调配好的，衣物也未经他人手，是夫人一针一线亲自缝出来的。还望将军在外多加小心，早日凯旋！

韩将军　母亲，孩儿出发了！

【老夫人示意韩将军离去，韩将军默默扫了一眼送别的众人，离去下场。】

【音效、音乐起。】

【众人目送将军离去后下场。】

【几月后，将军府内，莘七娘处理完府内事务回到房中，流朱紧随。】

流朱　夫人，我前些时日去街上采买，听说近日韩家军战线接连败退，这可是真的？

莘七娘　唉，将军来信说这次敌军有备而来，我军遭到多次偷袭，损失惨重，军心不振……这话你同我问得，却不能让老夫人和月儿听见。

流朱　流朱明白。老夫人近来日日抄念佛经，人都消瘦许多，唯愿佛祖能体恤这番苦心，保佑韩家军反败为胜，早日归来。

【王婶追着月儿上场。】

王婶　小姐，小姐！我已经差人买新的去了，您就别去打扰夫人了！

月儿　阿娘，阿娘，爹爹给我做的纸鸢……飞走了。

莘七娘　月儿乖，我让流朱去给你买个新的。

月儿　我就要爹爹给我做的纸鸢！

流朱　小姐别急，你的纸鸢向来飞得又高又远，它准是知道小姐思念爹爹，飞去寻将军了，这会儿说不定已经到将军手中了呢！

月儿　真的吗？这纸鸢飞到爹爹那里了吗？

王婶　是真的，小姐！方才我看得真切，那纸鸢就是朝着将军的方向飞去了！放了这么久纸鸢您也该饿了，早上我吩咐厨房做的方糕正热乎，我带您去瞧瞧！

莘七娘　劳烦王婶了。

王婶　夫人客气了。走吧，小姐。

月儿　阿娘，孩儿告退。

【王婶、月儿下场。】

莘七娘　流朱，亏得你机敏。唉……若是那纸鸢真能飞到将军那儿便好了。

流朱　是啊，将军和战士们若见了那纸鸢，想必也能稳定军心，振奋士气。

（俩人沉默片刻，若有所思）

流朱　夫人，说起这个，可还记得小时候您做的第一只纸灯笼？您一时疏忽，忘了给灯笼上方留孔，点燃底下的松脂以后，那灯笼竟腾空飞了起来，还飞得又高又远。

莘七娘　我记得！那松脂灯随风不知飘去了何处！

流朱　或许……这松脂灯真能够被将军和战士们看见。

莘七娘　好想法！流朱，你去吩咐一下，希望明溪城的百姓都能做松脂灯，为前线的战士祈福。

流朱　是，夫人！

【流朱下场。】

【音乐起，莘七娘翻箱倒柜，找原来做松脂灯的材料。】

【音乐播放一会儿，莘七娘取出做好的松脂灯，婢女流朱上场。】

流朱　夫人，前几日您交代的事都已经办妥了，明溪城内家家户户都做好了松脂灯，就等着您的吩咐，便可齐聚到街上放灯了！

莘七娘　今日风向正适宜，就今夜吧！

【王婶搀扶着老夫人，月儿蹦蹦跳跳地上场，音乐起。】

月儿　阿娘阿娘！这是我和王婶一起做的灯！上面还画了我和爹爹！爹爹看了一定能想起我来！

老夫人　月儿的灯做得很好！七娘，你看看我这个做得如何？

莘七娘　母亲这个做得竟比我的精巧。

王婶　还得多亏夫人这个法子。前些天我上街听见家家户户都在讨论说夫人的心思巧妙，这松脂灯简单易做，既美观好看，又飞得高远。

莘七娘　（注视着灯，看向前方，心有所想）

老夫人　这松脂灯既可为战士祈福，又可寄托思念，排遣忧虑。

月儿　你们看！那儿已经有灯飞起来了！祖母，阿娘，我们也快些放灯吧！（众人放灯）

月儿　希望爹爹早日回来陪我放纸鸢。

老夫人　希望吾儿在战场上注意安全，保护好自己。

七娘　祝愿将军平安归来，国家风调雨顺，百姓安居乐业。

月儿　飞起来了！飞起来了！

【音乐起，全部注视着月儿放的灯，各人念起祝福。】

◎ 科普知识延展区

惠利夫人，俗名莘七娘，五代时人，落籍明溪，生卒年不详。莘七娘少时知文达理，且通医术，后随丈夫征战，转战至明溪雪峰镇（在福建省）时，丈夫不幸病亡，她寄居该地，陪伴丈夫亡灵。当时，明溪贫困落后，她为民众治病，死后亦葬在明溪。

民间传说中，莘七娘曾用竹篾扎成方架，糊上纸，做成大灯，底盘上放置燃烧着的松脂，灯就靠热空气飞上天空，用作军事联络信号。这种松脂灯，在四川称孔明灯。

田间初心

编剧：曹静谦、杨烙、周志华、杨慧、陈倩

人物表

宋应星　字长庚。自己被他人质疑、嘲讽，仍坚持初心，乐观豁达，不言放弃

涂绍奎　字伯聚。自己选择仕途，默默支持好友，望好友坚持初心

大夫人　慈祥识大体，宽厚有格局，规劝儿子做官

二夫人　火辣直爽，直言不讳，认为做官是唯一出路

王婶　泼辣，高傲，爱炫耀，语言犀利

【音乐起，背景为一片稻田。】

【宋应星行走在舞台上，仔细观察着稻谷。】

宋应星　今年这稻谷产量，可比往年多多啦！瞧瞧这谷穗，丰硕、饱满！还有这壮实的稻株！哈哈哈哈哈！看来这方法初见成效啦！（眼看稻田，一脸笑容，蹲下查看）

【此刻，大夫人、二夫人来田间寻长庚。】

二夫人　长庚，长庚！

（宋应星苦恼于两位母亲的劝说，试图躲开她们，怎奈何二夫人眼尖，发现了他）

二夫人　长庚啊！你这孩子躲啥呀？

宋应星　唉，长庚在这儿，两位母亲怎么到这田地里来？（长庚无奈，只好答应）

大夫人　长庚，你这孩子！白日里又不见人，一猜你便是又跑到了这地里来，你这身子还要不要啦！快来，我给你炖了鸡汤，补补身子。

（宋应星立刻双手接过）

二夫人　（立马上前）哎，长庚呀！二娘也给你做了这红烧肉，还有只烧鸡，可香了，快来尝尝。

宋应星　（放下鸡汤，双手接住）

大夫人　（端起鸡汤）哎，你这烧鸡又干又柴，叫长庚怎么下口？长庚，

还是先喝鸡汤！

二夫人　长庚忙了一天，肚里没有东西，应该多吃些肉补补！长庚，趁饭菜还热乎着，快些吃吧！（两人拉扯宋应星）

【音乐停。】

宋应星　劳烦两位母亲了，其实我自己回去吃就可以了，您二位不必这般操劳，再说了，我这身子壮实得很，哪用得着补。（宋应星亮出粗壮胳膊，捶了捶胸口，却咳嗽了起来）

大夫人　长庚呀，你这白日里一直在这地里日晒雨淋的，晚上又挑灯夜读至深夜，你这身子还要不要啦？要不，你听我一句劝，咱先求个功名，谋份正经差事，再来做这些事可好？（大夫人心疼，无奈，语重心长）

二夫人　是呀，长庚，二娘呀也不是不支持你做这为百姓谋福的事儿，但看你这又到地里考察，又挑灯夜读的，二娘心疼呀！二娘还是认为好男儿得先把那功名考取了再说，是吧？

宋应星　我知道两位母亲是为了我好，但是我志在于此呀！我不觉得累。

大夫人　你这孩子，怎的这般倔呢！你说你，快三十岁了，还整天一头栽在田地里，考个功名体体面面，怎么也比成日里在这田间地头晃荡好吧！

二夫人　长庚呀，二娘也不是想让你谋取多大个功名，只是想让你好好读书谋个差事，能过个安稳日子。等你考上了功名呀，这田间地头的事情你可以在闲暇时做，也不打紧。

宋应星　两位母亲！你们不懂，这不是玩玩而已，这可是我的梦想啊！

二夫人　唉，我说不过你，你这孩子真是不听人劝。

大夫人　长庚，要不你还是听我们的，和你大哥一样先去找个差事做着吧，你现在是而立之年的人了，也没个媳妇，怎能不让人笑话啊。老话说，不孝有三，无后为大，你好歹也给宋家添个一儿半女的啊！

宋应星　哎呀，母亲，我晓得了！吃饭呢……（埋头吃饭）

大夫人　你真是，倔脾气一上来，说你就不愿意听。（双手一摊，言语间多是无奈）

【音乐起，王婶嗑着瓜子上场。】

王婶　哟，这不是宋家的两位夫人嘛！

宋应星　母亲，这是……

二夫人　城东头的王婶。

大夫人　长庚，你先把饭吃了。

二夫人　听说她儿子最近在县衙弄了个捕头的差事。（对大夫人说）

王婶　我说，两位夫人，你们这是在吵啥呀？我隔老远就听见你们家在这儿争吵个不停的，什么大事儿呀至于您两位夫人到这地里来吵？（一脸看好戏的表情）

大夫人　那您可别看热闹了，咱家可没吵架，只不过是在一起探讨我儿应星的前程罢了。

王婶　嗐，我说为啥事儿呢。应星这孩子，打小就聪明，现在也不差，不愁没个好前程，不像我儿那粗莽汉子，打小就好动，这不现在只能当个小捕头，就靠卖点力气吃饭。（语气颇显阴阳怪气）

二夫人　王婶确实好福气，这邻里谁不知道你家儿子在官府里做事儿了呀！

王婶　虽说是在为官府做事，但也只是个跑腿儿的小喽啰，管的地儿呀就那点，也就城东城西城南城北加咱这城中间，挣的钱儿呀也就那点，只够咱修个这城中间最好的宅子罢了。您家应星啊，将来可是要做大官儿的，您又何必在这儿担忧呢？（得意扬扬）

大夫人　王家妹子，我家这点事儿就不劳烦你操心了，你自己还是该干吗干吗去吧，也实在不好意思，我家这会儿没有闲工夫来招待你！

王婶　（得寸进尺）哟哟，宋大夫人，怎的还生上气了呢，我说实在不行，咱两家这么好的关系，我就让我儿同那师爷说说，给咱应星也弄个文书当当！毕竟嘛，这大官儿，舞文弄墨这点小事总会嘛！也有微薄的收入，总不至于落得在田地里干干农活的地步吧！应星，你说是不是！

【音乐停。】

宋应星　谢谢婶子好意，应星不才，不敢劳王婶费心。（没有受到王婶刺激，语气仍淡然平和）

王婶　你说你这孩子，还真是做大官儿的人，看不上这小小文书还是怎的？（嘲讽）

二夫人　我说王婶儿，咱宋家的事儿啥时候轮到你来说三道四，你那儿子不就是个小捕头嘛，有什么值得炫耀的！（愤怒）

王婶　嗨哟！二夫人这是被日头晒着了吧，这么大火气！我儿确实是个小捕头，没啥本事，也愚笨，这不还托人花了好些钱给我买了京城第一锦的料子做了这身衣裳，哪像你家应星啊，这般了不得，到这田间地头来舞文弄墨，可真是稀奇的哟！

二夫人　你！（准备和王婶儿争辩，被长庚和大夫人拉住）你给我走！我宋家的事用不着你来管，我宋家的地里容不下你这贵妇人！

王婶　切，谁稀得管你！你这大官儿的家，是我攀不起！

【宋家众人愤愤不平，王婶下场。】

二夫人　真是气死人了，这王婶儿嘴也忒厉害了，就见不得这副嘴脸！

大夫人　算了算了……

宋应星　（纠结片刻，躬身行礼）两位母亲，儿子给你们丢脸了。

【音乐渐起。】

二夫人　长庚啊，你自己看看，像王婶儿这人都欺负到我们宋家的头上了，你就不能给两位母亲长点脸吗？

大夫人　长庚，你……

宋应星　唉，母亲，我想想吧。（低头，逃避）

【大夫人、二夫人摇头叹气，收拾东西下场，宋应星原地踱步。】

宋应星　唉，方是孩童堂前戏，回首却是而立身，三次科考，屡次不中，如此局面，快三十了，还在这田地里头忙活，虽说是满心欢喜，坚守初心，可家人的话未尝没有道理。我到底该怎么办啊，我的前途又在何方？

【背景音乐渐停。】

【涂绍奎上场。】

涂绍奎　长庚！长庚！

宋应星　伯聚兄！我在这里！（挥手）

（涂绍奎走过来）

涂绍奎　去你家寻你，不见踪影，一猜，你定然是在这田里头。

宋应星　（笑笑）

涂绍奎　自京城一别，你我二人许久未见，此前科考，你遗憾落榜，可有再战之意？

宋应星　这功名嘛，不可强求，我可能还是适合在这田里头忙活。

涂绍奎　（看此情形）罢了罢了，听闻你在家一心钻研农工之学，可见成效？

宋应星　说到这个，对了（拍头），伯聚兄，来来来，脱去鞋袜，我给

你看一样东西。（撸起袖子，要拉涂绍奎下田）

涂绍奎　长庚兄（满脸无奈），你也是中过举人的人，要端庄，学圣贤，如此嬉笑，成何体统。

宋应星　哎呀，这端庄的圣贤嘛，我是学不了，我愿做这田里的圣贤。

涂绍奎　这田里哪有圣贤？这我可孤陋寡闻啦！

宋应星　这田里的圣贤嘛，自然是神农氏了，我愿学他，种好五谷，让全天下的人有饭吃。伯聚兄，这可是一门大学问！

涂绍奎　哦？这稻田里有何大学问？

宋应星　来，我告诉你！你看这株，再看这株。（转身蹲下，指着稻株）

涂绍奎　这两株有何不同吗？

宋应星　唉，这株明显籽粒饱满，比旁边这株多了一倍！

涂绍奎　像那么回事！

宋应星　你想，要是这田里所有的稻子都如这株的籽粒一样，会如何？

涂绍奎　庄稼会丰收，今年的赋税定是不愁！

宋应星　你再想，要是这稻谷像高粱一样高呢？

涂绍奎　像高粱，嗨呀……你还是像小时候一样，净说梦话！

宋应星　这可说不准。

涂绍奎　要真会像高粱一样，你会做什么？

宋应星　我？我就靠在这禾苗下面，打个盹儿，美美地做一个梦。

涂绍奎　什么梦？

宋应星　一个让天下人衣食富足的美梦。

【背景音乐起，两人先后靠下。】

涂绍奎　那确实是个美梦！修身，齐家，治国，平天下，根基不就是让每个人都暖衣饱食吗？

宋应星　伯聚兄，这耕田的技能，还有这播种的技艺，可都是让天下富足的大学问啊！

涂绍奎　说得好，是大学问，应该为这些大学问著书，立言。

宋应星　实不相瞒，自上次科考失利，我便决定把所有有用的实学，全部集中写在一起，写一本书，一本有利于家国、有利于百姓的好书。

涂绍奎　好极了！此书之名为何？

宋应星　此书集先贤之志，乃天工之学，用以开物成务，这书名……便叫作《天工开物》。

涂绍奎　好！好呀！真是好名字！

宋应星　伯聚兄，我著此书，关乎五谷之效，而无金玉诸义。并非想以此谋得高官厚禄，只是百姓之需，国家之需也。

涂绍奎　此书，实乃贵五谷而贱金玉，当与功名利禄毫不相干也！（拂袖）

宋应星　说得对！（两人握手）

二人合　此书，贵五谷而贱金玉，与功名利禄毫不相干也！（两人侧身，面向观众）

◎ 科普知识延展区

宋应星（1587—? ），明朝著名科学家。字长庚，江西奉新县瓦溪牌楼里（今奉新县宋埠镇宋埠社区牌楼组）人。举人出身，明崇祯七年（1634年）任江西分宜县教谕。以后还做过福建汀州府推官，南直隶亳州知州。

宋应星一生致力于对农业和手工业生产的科学考察和研究，收集了丰富的科学资料；同时思想上的超前意识使他成为对封建主义和中世纪学术传统持批判态度的思想家。

宋应星的著作和研究领域涉及自然科学及人文科学的不同学科，而其中最杰出的作品《天工开物》被誉为"中国17世纪的工艺百科全书"。

夜空中最亮的星

编剧：杨婷、张思雨、陈晓宇、宿丽、邱逸然、肖运杰

人物表

王贞仪　王家大女儿，热爱钻研天文

王贞仪爹　王家家长，经营一家医馆

王贞仪娘　王家大夫人，为王家生有大女儿王贞仪，对待女儿很宽容

王贞仪二娘　王家二夫人，为王家生有一个小女儿，为人尖酸刻薄

王贞仪妹妹　王家小女儿，天真活泼，与王贞仪感情很好

詹枚　王家赘婿，帮助王父打理医馆

【除夕夜，鞭炮声不绝于耳。】

【王家一家人进入饭堂吃饭，王贞仪在卧房做研究。】

王贞仪二娘　隔壁李家又生了个大胖孙子，白白胖胖的，多惹人疼啊，那眼珠子像葡萄一样，盯着人滴溜溜地转。

王贞仪娘　我也见过，是招人疼。

王贞仪二娘　别人家大过年热热闹闹的，儿孙满堂，哪像我们家，过个年除了鞭炮声，连个笑声都听不见一下。

王贞仪妹妹　娘，我给您笑一个，嘿嘿嘿。

王贞仪二娘　你个傻姑娘。我是说你大姐该给你生个侄儿了。这么久了都不见动静，该不会是……哎呀！你们瞧我这嘴，净乱说。

王贞仪娘　你这是咒谁呢？说点吉利话是怎么你了？

王贞仪爹　大过年的，能不能消停点！詹枚啊，你也得上点心了。

詹枚　爹，我知道的，但贞仪喜欢研究天文，在这方面也确实有所造诣。她的气性你也知道，让她放弃自己喜欢的东西，确实不易。

王贞仪二娘　一个大男人，连自己的妻子都管不住，街东头那个王瘸子路都走不稳，还把自己婆娘管得服服帖帖的。要说那贞仪也是，一点儿都不为家里着想，不添个孙子也不打理家务，大过年的，成天也见不到个人影。

王贞仪爹　贞仪呢？她人在哪儿？二丫头去把你姐姐叫过来。

【二姑娘推开房门。】

王贞仪妹妹　阿姐，阿姐。欸，阿姐你在干什么呀？（王贞仪在研究日月食）看起来真有意思。

王贞仪　我在研究日月食。

王贞仪妹妹　日月食是个什么东西啊？好吃吗？

王贞仪　（轻笑）傻妹妹，这可不是什么吃的，这是一种天文现象。你看，这个圆桌就是地球，这块镜子就是月亮，而这房梁上的灯就是太阳，这三者不断移动，就能发现日月食的成因了。

王贞仪妹妹　那旁边这些石头是用来干什么的呢？

王贞仪　这些石头是小时候祖父用来给我讲星星的。每个石头都有它的意义。可惜祖父……你来干什么呀，小妹？

王贞仪妹妹　对了，差点忘了，爹爹催你去吃饭呢。再不去，爹爹可能真的要生气了。

王贞仪　那走吧。

【姐妹到达饭堂。】

王贞仪　祝爹爹、娘、二娘新年吉祥，万事顺意。

王贞仪二娘　可算是来了，话虽然说得好听，但也没见你让我们顺意啊。

詹枚　二娘，先让她们坐下吧。

王贞仪爹　先吃饭吧，再不吃都冷了。

（王贞仪不停咳嗽，看起来很憔悴）

王贞仪娘　贞仪，怎么了？看起来如此憔悴。

詹枚　娘，贞仪这些日子早起晚睡地做研究，可能太过劳累不小心感染了风寒，待会儿我去配点药煎给她喝。

王贞仪　不用，我的身子我自己知道，过两天就好了。

王贞仪娘　你要听劝，身子可不能熬垮了。以后的日子还长着呢，现在身体不调养好……

王贞仪二娘　就是就是，还得为我们王家添个大胖小子呢，身体不养好以后可咋办呢。想我当初怀二丫头的时候，一顿能吃两碗饭呢。

王贞仪娘　你现在也能吃两碗。

王贞仪　二娘，我暂时还不想生孩子，这是我自己的事，二娘想要孩子，便再生一个吧。

王贞仪二娘　你这个孩子说的是什么浑话，你爹要还能生，我……咳咳，你爹年纪大了，你还说这些风凉话。街坊都看咱家的笑话，说咱家绝后了。还有，你在家里搞的是什么东西，要是被有心人利用了，我看我们全家的性命都得搭进去，到时候，得叫官府只抓你一个祸害，别连累了全家人。

王贞仪娘　你怎能说出如此尖酸刻薄之话来。什么叫祸害，什么叫连累全家？

王贞仪爹　吵什么吵，你们眼里还有我这个一家之主吗？过年也让人过得不安生，像什么话。贞仪，你当初不愿继承我的医馆，我便让詹枚来帮我，我年纪也大了，医馆的事管不动了，詹枚一个人也忙不过来，你就去帮帮他吧。或者你就好好地在家休养，准备生孩子。

王贞仪　爹！现在还不是时候，我有我自己的打算，我的研究刚有了起色，也快找到日月食的成因，这对于天文的研究有很重要的意义，我是不可能在现在放弃的。

王贞仪二娘　有什么不能放弃的，我在你这个岁数，你妹妹都几岁了。

王贞仪娘　你们别逼孩子了，都少说几句吧。贞仪现在身体也不好，是该调养一下，生孩子这事就以后再说吧。

王贞仪爹　你别再弄那不正当的东西。在家弄还好，一旦被发现，告到官府去，一家人都得跟着遭罪。

王贞仪　什么叫不正当的东西，你们根本不懂。太阳东升西落，星象变换不停，这些都需要我们的发现。要是祖父还在就好了，他一定会支持我，就像小时候一样。而且就算官府垄断，那他们做出了什么东西？就算做出了一个极尽奢华的天球仪，也不过是个供人观赏的音乐盒。我真的不懂，难道天上的星星在你们心中就那么没有意义吗？

王贞仪爹　连官府都做不出来，你又能做出个甚？

王贞仪娘　好了，好了，都少说两句，贞仪有自己的主张，我们这些做大人的干什么要过多地阻拦呢？

王贞仪妹妹　我也觉得阿姐说的对，天上的星星那么好看。

王贞仪二娘　你个死丫头，一天净跟着你姐姐学。

王贞仪　我身体不适，爹爹和娘好好用膳，女儿先回房了。

詹枚　那爹、娘，我去看看贞仪。

王贞仪二娘　这孩子真不懂事。

王贞仪爹　这饭还怎么吃，别吃了！

【王贞仪回到卧房继续研究。】

詹枚　娘子，好歹吃点，我去给你弄些吃食来。

王贞仪　相公，我着实对不住你，成亲多年，没为你生下一儿半女，医馆的事，也没帮你搭把手。虽然爹娘都反对我，但你还是默默地在支持我。我知道你顶着很大压力，家里大大小小的事，你都要顾着。但我着实放不下这些东西，也不愿意舍弃我从小的梦。

詹枚　娘子，你我之间不必说这些。我虽不懂，但只要你高兴便好。只是我担心，你这身体一日不如一日，别累着了才是。家里、医馆都有我，你放心。爹娘那里我会去好好说说的。

【两人深情对视。妹妹敲门。】

王贞仪妹妹　阿姐，我给你带了个鸡腿来，怕你饿着。刚才我娘说得太过分了，你别伤心，我一直都喜欢姐姐的。

詹枚　你们两姐妹说说话，我这就去书房处理医馆的事了。

王贞仪　妹妹，你来看，那个地方是整个京城观星最好的地方。天上的星星于我们而言是和人间相连的，我们的三垣之一紫微垣，就是天上的紫禁城。我们的皇帝是天子，所以天上也有他的居所。这天上的二十八宿，它们犹如这片土地的东南西北四方大地。

王贞仪妹妹　哦，原来是这样啊。

王贞仪　我们三代以上，人人皆知天文。许是大家都觉得头顶的这片天，已经仰望了几千年了，早就看得明明白白了吧。

王贞仪妹妹　我可还没看明白，这么多星星数都数不清呢。

王贞仪　不知道还有多少更美的星星，等着我们去发现。

王贞仪妹妹　阿姐，我记得我们小的时候啊，祖父经常会在晚上给我们讲关于星星的传说。他说，从很久以前到现在，有很多很多仰望星空的先贤。我们的星空，是几千年来，人们一日又一日，一年又一年，不断描摹出来的。

王贞仪　对，他给了一个被嘲笑的、痴心妄想的小女孩一个梦。

王贞仪妹妹　一个梦？

王贞仪　一个……不沉陷于世间蝇营狗苟、仰望星空的梦。我知道，可能现在的我们没有办法看到更多的星空，但是在一百年之后，甚至在一千年以后，我们看到的宇宙一定会更远更远。

◎ 科普知识延展区

王贞仪（1768—1797），字德卿，生于江宁府上元县（今南京），籍贯安徽天长，清代著名女科学家。

她总结了中国古代数学成就和西方筹算法，写下了当时的科普书《勾股三角解》《历算简存》《筹算易知》《象数窥余》等等。她是世界上唯一一个从宇宙宏观与微观结合来理解"天圆地方"这个概念的人。她还弄清楚了日食、月食的形成原理，并写下了《月食解》，不仅语言直白，还有配图，一目了然。

来年的馒头

编剧：何玉琳、康渝杰、黄小红、杨辰、曾芙蓉、姜夏楠

人物表

沈骊英　二十世纪中国农学家

小刘　沈骊英助手

李大姐（李二凤）　乐观和善

王大婶　泼辣直爽

张大妈　固执守旧

许大姐（许桂花）　尖酸刻薄

【清晨，几个农村妇女扛着锄头走在田埂上，准备去麦田松土，为种麦子做准备。播放开场音乐。】

【王大婶、张大妈扛着锄头上台。】

【音乐停。】

张大妈　哎哎哎，她婶今儿来这么早。

王大婶　哎哟，不早啦。这不是早点来多挖两锄头地。

张大妈　唉！她婶。沈老汉说他家富贵这两天要回来了。这不会是在城里混不下去了吧！（这个时候许大姐扛着锄头到达麦地）

许大姐　我家富贵可是挣了不少钱回来的。听说叔前年钱都没挣到两个就跑回来了。下次让富贵带叔去挣两个大洋回来。

王大婶　哎哟！这挣了点儿钱，说话腰杆都直啰。

张大妈　（拉着王大婶小声嘀咕）那王二顺也是在城里干活，也没见他这个时候回来。

【李大姐上台，播放中间音乐。】

李大姐　（扛着锄头来到田里）趁着天亮来得早，我到地里来除草。除了草，麦子高，来年大家哈哈笑啊哈哈笑！

【音乐停。】

李大姐　张大妈、王大婶，这么早就来了！桂花也来啦！

（王大婶、张大妈直起身子）

许大姐　（抬头看了眼李大姐，继续锄草）哼！

王大婶　二凤，你也来啦。这不是要种麦子了，来挖挖地。

张大妈　唉！这麦子是一年比一年收得少，现在就看老天爷开不开眼了，让我家的麦子多长点。

王大婶　这老天爷的事儿，我们哪管得着！

许大姐　（直起身子）老天爷那么忙，还开眼看你，你是有多好看呀！这脸是长得比你家的锅都大。

李大姐　桂花别这么说。这不是讨个吉利嘛，拜拜老天爷，万一这天儿就好起来了呢？

王大婶　（斜着眼打量许大姐）许桂花，前天晚上你们家是不是蒸馒头了，我孙子一直哭着要吃馒头。

张大妈　怪不得那天晚上我老闻着一股子香味儿，合着是你家在蒸馒头呀。（许大姐看了王大婶、张大妈一眼）

许大姐　哎，大婶、大妈鼻子真灵，我家狗都没叫呢，你们就闻出馒头味啦。（王大婶、张大妈脸色僵硬）

李大姐　哎，不说这事了。说起来前年发大水，去年又大旱，不知道今年这个天会不会好点。

张大妈　唉！盼这天能好点吧。

李大姐　哎，对了，我刚上地里来的时候，听村口刘大爷说，今天他看见两个外地来的，听她们说麦子啥的。

王大婶　麦子？啥麦子？就剩点种了！

张大妈　会不会是有人来给我们送麦子来啦？

许大姐　呸！做你的青天白日梦去吧！这只有来收粮的，怎么会有人来给我们送粮。

【这时有人喊：许桂花，许桂花，你家男人回来了。】

许大姐　（急忙拿起锄头）唉！唉！回来啦。富贵到家了，这馒头也该下锅了。

【许大姐下台，大家摇摇头，继续锄草。】

【沈骊英和助手小刘上台。】

小刘　沈姐，这两天看着要下雨了，你腿怕是又要疼了吧！

沈骊英　小刘，我没什么大碍的，都是老毛病了。推广麦种才是当务之急。

等下我们可得好好跟乡亲们讲讲这新麦种，要让乡亲们都相信我们。

小刘　可是和他们讲数据的话，他们也听不懂，到时候他们不相信我们怎么办？

沈骊英　乡亲们心里都有一杆秤，只要我们把麦种的优点说清楚，让他们感受到我们是真心实意地为他们好，为他们着想，他们是会相信我们的。

小刘　好的沈姐。乡亲们的愿望再简单不过了，只要我们的麦种能让他们收成更好，他们肯定也是愿意相信我们，种下新麦种的。

（沈骊英和助手小刘走向几位正在劳作的乡亲们）

沈骊英　大妈，这是准备要种麦子了吗？（张大妈坐在石头上）

张大妈　（直起身子，上下打量沈骊英和助手小刘）你们是……（王大婶、李大姐走向张大妈）

王大婶　（坐在张大妈旁边）这谁呀，你晓得？

张大妈　哎呀！不晓得呀！都认不到这两个人。

李大姐　（小声嘀咕）这是不是刘大爷说的外地人哦？

沈骊英　乡亲们好！我是中农研究所的沈骊英，这是我的助手小刘。今天来呢，就是想跟大家谈一谈麦子的。（乡亲们互相看了看，感到有点疑惑，不知道这个人到底想干吗）

张大妈　（和李大姐站起来）麦子？啥子麦子哦？麦子都还没种呢，就要收粮了呀？大妹子，你怕不是搞错了吧。

小刘　大妈，不是这样的。我们沈姐不是来收粮的，是专门研究麦子的。

王大婶　啥子酒哟？还要加盐？唉！城头人喝的酒就是不一样哈。

小刘　大婶儿，不是喝的酒。我们就是想办法让麦子能长得更好。

李大姐　我听二顺说过这都是文化人，脑袋可灵光了，搞出来的都是些好东西。（悄声说）钱还多得很嘞。

沈骊英　乡亲们！大家听我说。是这样的，我们研究出来一种新的麦种。这个新麦种长出来的麦子不仅产量更高，而且还抗倒伏。

王大婶　抗倒伏又是个啥？果然是那啥……对！搞研究的。说的都是些我们听不懂的话。

沈骊英　乡亲们，抗倒伏啊，就是我们这个麦种种下去后，遇到刮风下雨，也不用担心麦子会倒，这样，来年我们就能收到更多的麦子，大家也就有更多的粮食吃啦。

李大姐　哎呀，那这可了不得。那我要种这新麦种。

张大妈　哎哎哎，她说啥就是啥呀！说啥你就信啊！她说不会倒它就不会倒啊，到时候收的麦子还不够交给地主老爷的，看你找谁哭去！

王大婶　对对对！（点点头）哎！你说你个妇人家不带孩子，搞这些玩意儿。

小刘　大婶话不能说得这么难听，这都是有实验数据证明的。

张大妈　啥数鸡？数个鸡就能长粮？我们听不懂你那些。

沈骊英　乡亲们，我们这是经过一年又一年的培育，层层筛选出来的优良麦种，要是这个麦种不好，我们也不会让乡亲们去种啊。

小刘　就是啊，乡亲们看这个麦子，都是饱满的好麦子。（拿出麦子）这种子我们已经种过了，确定产量更高才拿出来给乡亲们种的，这可是关系到粮食的问题，我们可不做没良心的事。

李大姐　我觉得她说得挺有道理的，人家也没必要骗我们，要不我们试试她的麦种吧。

王大婶　不行，她说的这些我们怎么知道是不是真的，她那实验怎么样我们又没见到过，我是不敢冒这个险的，家里还有好几口人等着吃饭呢。

张大妈　反正我是不信她们的。

李大姐　唉，你们真是……

沈骊英　乡亲们……（快步上前，腿疼摔倒）

小刘　（赶紧扶起沈骊英）沈姐，到那边休息会儿吧！（扶着沈骊英走向旁边的石头）

小刘　这样会不会好一点儿？沈姐，你每次腿疼都不会喊一声疼，就不能对自己好一点儿吗？

沈骊英　没事的，小刘，我这就是走急了，快去看看乡亲们。

【王大婶、李大姐和张大妈继续挖地除草，这时许大姐急匆匆地跑了过来，东看看西看看。】

许大姐　（坐在沈骊英旁边，气喘吁吁地说道）沈妹子，我可算找着你了，那个啥麦种还有吗？我家的地都专门留着呢，有多少就能种多少！

沈骊英　大姐，我正跟乡亲们说这麦种呢……（张大妈悄悄靠近许大姐）

许大姐　（打断沈骊英说话）哎哎哎！沈妹子你小点声，她们要听见了，哪还有我家的事。

沈骊英　（拍了拍许大姐的手）大姐，这麦种就是为乡亲们准备的，大家都有份的。（王大婶和李大姐悄悄走过来）

许大姐　家家都有？那我还争个什么劲。（许大姐和张大妈相互被吓摔倒，李大姐扶起张大妈，沈骊英扶起许大姐）

沈骊英　（拍拍小刘）小刘，扶我起来吧！

张大妈　她这麦子是好是坏？别怪我没提醒你啊，这要是交不起粮，你可别满村撒泼。

许大姐　沈妹子你别听她们的。地主老爷都说这麦种好，让咱们种。她们不种是她们的事，反正我要种。（这时，张大妈和王大婶默不作声，在思量着什么）

李大姐　我就说这麦种靠谱吧，我要种这麦种。

（王大婶一听，有点沉不住气了，立马问道）

王大婶　你说的是真的？地主老爷真是这样说的？咱都是一个村的，可不兴扯谎那套哈。

许大姐　嘿哟，骗你们干啥子哦。天地良心，我许桂花啥子人，还用得着骗你们。

小刘　乡亲们，我们真没骗大家！我们这个麦种是真的好，这都是我们沈姐经过多次实验，才得到的麦种。我们都是为了乡亲们好，都是为了乡亲们以后能够吃饱。

王大婶　那我家也要种这新麦种。

王大婶　（拉着沈骊英）大妹子，可不能把我们家落下了。

李大姐　还有我还有我，我可是老早就相信你们的麦种的，可得多给我分点。

张大妈　还有我们家，我们家好几口人呢！

（小刘见此情形，把沈骊英拉到一旁，乡亲们争执不休）

小刘　（小声对沈骊英说）沈姐，这麦种有限，要让每家每户都种满，麦种肯定是不够的。

沈骊英　正要跟乡亲们说这事呢！

许大姐　（拉着沈骊英说道）那不行，我先说的，我肯定要种最多。

张大妈　（把许大姐扯开）哎，许桂花，话不是这样说的。家里人多，那就得分得多，我家人最多，就得多分些。

李大姐　（拉住张大妈）哎，话也不能这么说，我是最先支持的。怎么也得讲个先来后到，我肯定要多分些。

许大姐　哎呀！沈妹子你姓沈，我男人也姓沈，那也算是半个亲戚了，怎么着也得给我们家多分点。

小刘　这哪来的八杆子打不着的亲戚。

张大妈　对！你算哪门子亲戚。大妹子你听我说，我都是半截身子埋在土里的人了，说不定哪天就走了。（假装抹眼泪）这明年啊，要是能吃上大白馒头，也值得。

王大婶　对对对！许桂花前天还在蒸馒头呢。你家不是挺有钱吗，还来和我们争？

许大姐　哎呀！你们都欺负我呀！大家来评评理呀！李二凤她家也有钱呀！就欺负我呀！还有没有天理呀！（号哭着在地上撒泼）

王大婶　许桂花！惯得你的哟。看我怎么收拾你！（准备打许大姐）

李大姐　（拦住王大婶）不要吵啦！不要吵啦！

小刘　大家不要吵了！不要吵了！大姐你先起来。（把许大姐扶起，然后回去继续扶着沈骊英）

沈骊英　乡亲们！乡亲们！（大家安静下来）大家不要急，都听我说！

沈骊英　这麦种本来就是为大家准备的。要满足大家地里全都种上这新麦种，目前是做不到的，我们呢，就按照地的多少来分配这麦种。地多的就多得些麦种，地少的自然就少得些。等到来年，我保证，大家都能全部种到新的麦种。

李大姐　大妹子这样分还是很公平的，我们大家就不要争来争去了。

张大妈　我也认这个理，这麦种该得多少就得多少。

许大姐　（面色不高兴，小声嘀咕道）是是是，你们说什么就是什么。

王大婶　那啥时候能拿到麦种呢？

沈骊英　乡亲们，我们来就是告诉大家和我们去领麦种的。我们也会更加努力，培育出更多更好的新麦种，大家以后就都能每天吃到大白馒头了。

李大姐　那敢情好啊！

张大妈　是啊！是啊！

乡亲们　我们去拿麦种吧！

【乡亲们都很开心，连连点头。播放结尾音乐。】

◎ **科普知识延展区**

沈骊英（1897—1941年），原名家蕙，乌镇人。祖父善蒸，精历算，曾掌当地方言馆数十年。父亲承怿，号伯欣，为法国巴黎大学法学博士。

沈骊英立志献身科学，报效祖国。留学返国后出任苏州振华女校教务主任。1930年与沈宗瀚结婚，出任浙江省建设厅农林局农艺组技师，该局随后改名为省农林总场、省立农业改良场，沈骊英选集全省稻麦单穗数万个，举行单穗行试验，奠定浙江省稻麦育种基础。1933年起任职于中央农业实验所，出任技正八年零一个月之久。

抗战开始后，以妊娠之身，带子女三人，开始流亡。途中亲携历年试验记录和种子箱，自宁而湘而黔，辗转数千里，抵达重庆荣昌。其间，她坚持田间试验和研究工作，亲手做记录，参加小麦播种和收获，还要照顾幼儿，防空袭、躲警报。过度的劳累使沈骊英在1938年得了双腿剧痛症，腿痛得难以举步，就请人把她抬到田间去工作，晚上回来，常常疼痛难忍，暗自流泪，但次日一早又照常工作。

八年中，沈骊英以惊人的毅力，选育出9个小麦新品种，产量较当地农家品种高20%～30%，且成熟早，抗逆性强，能广泛在淮河流域与长江中下游推广。中国迄今只有两个品系的小麦是以人名来命名，其中之一就是以沈骊英之名命名的，这就是广为人知的骊英1号、3号、4号、5号和6号小麦。这些品种直到沈骊英去世后10多年仍在上述地区广泛种植，为粮食增产做出重大贡献，深受群众的喜爱。

由于过度辛劳，积劳成疾，1941年10月7日上午11时许，沈骊英在荣昌宝城寺中央农业实验所的实验室中，因突发性脑中风不幸逝世。董必武作五言长诗哀挽，诗曰"国以民为本，民以食为天"；邓颖超在《中国妇女光辉的旗帜——沈骊英女士》一文中赞扬她是"一位埋头苦干，努力精研，孜孜不倦，奋斗终生的最优秀的女科学家，又是一位克勤克俭，公忠爱国的女志士"；冰心的纪念散文《悼沈骊英女士》中褒扬沈骊英是一位自强不息，只问耕耘，不问收获的踏踏实实的科学工作者；现代中国农业科学的先驱者钱天鹤先生誉之"为农业界不可多得之科学家，其地位之高，在今日甚少有人可与之并驾齐驱"；费孝通先生以《一封未拆的信——纪念老师沈骊英先生》表达自己对先生的崇敬之情。陶行知先生1946年10月在苏州振华女校毕业典礼上的讲话特别推崇沈骊英先生："对于（小麦）品种的改良方面，有着历史上不可磨灭的伟大的贡献""我们称她是'麦子女圣'""希望贵校能继续产生像沈骊英先生一样的女圣，产生不被暴风雨所摧毁的女圣"。

告别铅与火，迎来光与电

编剧：柏翠云、陈建琼、程思捷、倪欣炫

人物表

王选　潜心钻研、沉着稳重的科研人员

助理　王选的助理，欣赏外国先进技术的留学归国学者

程老板　爱国女企业家

柏经理　自大傲慢的外国公司经理

老板　唉，这印刷厂的员工整天喊着加工资，说这铅对他们身体影响太大了，外国新设备又那么贵，真是让我一筹莫展啊。

【老板走进办公室办公，喝茶时接到前台打来的电话。】

老板　哦，蒙纳公司的代理人来了呀，让她来我办公室吧。

经理　你好。

老板　你好，你是蒙纳公司的代理吧。（伸出手想握手）

经理　（捋头发，不情愿握手）我是经理，不是代理。

老板　（收回手）哦，不好意思，柏经理，那我们今天站着谈还是坐着谈？

经理　站着谈吧，站着锻炼身体。

老板　那我们还是坐着谈吧。

（走到桌旁坐下）

老板　哎哟，我给你倒杯茶吧。

经理　不必了，我不渴，我在我们公司喝惯了咖啡。（玩弄自己手上的戒指）

老板　这儿没有咖啡，我们中国人习惯喝自己的茶。

经理　（尴尬）那就不用了。

老板　那真是招待不周了哈。

经理　我们还是谈正事吧。

老板　你介绍一下你们公司的设备吧。

经理　想必你们之前也知道我们公司的名号，毫不夸张地说，我们的设备、技术在印刷这方面肯定是世界顶尖的。

老板　你们公司的实力我是知道，但是顶不顶尖还得拿出点有说服力的东西。

经理　我们公司还需要说服力吗，我们的销量不就是最好的名片吗？每年都是全球第一。你看看，哪个国家没用我们的设备，（停顿）也就中国了吧。

老板　没有在中国销售，想必你比我更清楚其中的原因吧。

经理　（尴尬地笑）哈哈哈哈，我这不是来找你们了嘛，我们公司还是很看好中国市场的。

老板　那就不要卖关子了，直接说说你们公司有什么新东西。

经理　我们公司这次在原本的基础上加入了中文系统，这个东西应该是程老板您想要的吧。

老板　（爽朗地笑）哈哈哈，这不只是我想要吧，这是整个中国印刷业都想要的，怎么偏偏找到我呢？

经理　我这不是想让你这个知名女企业家程老板做第一个吃螃蟹的人嘛。

老板　这两万一只的螃蟹我怕是吃不起呀。

经理　程老板，我们已经在之前的基础上有了很大的让步了。你想想用了我们的设备你一天可以赚多少钱啊，你好好算算这笔账。

老板　话是这么说，但是我看在价钱上还是有商量的余地。

经理　您一个大企业家就不要计较这点小钱了，你放心，这笔买卖你稳赚。

老板　啧，那我们……

老板　（电话声响起）不好意思，我去接个电话。

经理　（面带不悦）

老板　（拿起电话）知道了，我这边马上结束，你让他在会议室稍等一会儿。

经理　（插话）是其他代理商来了吧，让他们直接进来吧。

老板　（对着电话）直接让他们来我办公室。

老板　你知道我这需求大，最近来洽谈的厂商都是排着队。

【王选上场，敲门。】

老板　请进。

王选　你好，我是王选，这是我的助理。

助理　你好。

老板　进来坐，正好蒙纳公司的经理也在这儿。

助理　（惊喜地走到经理的面前）您就是蒙纳公司的代理。

经理　我是经理。

助理　我之前在国外上学的时候经常听我们老师说起你们公司，没想到在这样的场合见到了。

经理　哈哈哈哈哈，我就说我们公司闻名世界吧。

助理　那可不是，我当初毕业的时候就到蒙纳公司应聘过，可惜没有如愿，唉。

经理　哈哈哈哈哈。

助理　你们这次来，是已经在中文语言文字系统上有突破了吗？

经理　瞧瞧你说的，不然我来干吗。

王选　小陈，别忘了我们今天来的主要目的。

助理　（灰溜溜地坐在王选旁边）

王选　程老板，得知你要购买印刷设备，不知道有没有机会让您试试我们的设备。

老板　前段时间在报纸上看到了关于你们的报道，对你们的产品还挺感兴趣，介绍一下吧。

王选　好的，我先给你看一看我们印刷的报纸吧。

（助理拿出报纸）

助理　我给您看看我们印刷出来的这个报纸，看看我们这排版、字体。（拿出样报给她介绍）

老板　（接过报纸仔细看）欸，这还真不错。

经理　确实不错，这个字挺黑的，纸也挺白呢。

助理　这个字体是我们新设计的呢，更具有中国特色。

经理　你不说我还没看出来呢。

王选　这个排版也是整整齐齐的，不会有歪斜的地方。

经理　还真是呢，这么整齐，晚上熬夜用尺子一个字一个字量的吧，你这眼睛就是这么近视的吧。

王选　柏经理，你真会说笑。

老板　你们这报纸看着是不错，但就是不知道一天可以印多少。

王选　顺利的话一台设备一天能印 3 万份。

经理　呵。

老板　那你这得要很多员工配合吧。

王选　我们这个排版、印刷全是计算机控制的，一台设备只需要两个人操作，大大减少了人工成本。

老板　那你们这个设备卖价多少呢？

王选　（尴尬）我们目前只有一台样机，还没有可以大规模使用的设备。

老板　没有设备，那你们来卖什么东西？

经理　（趁机插话）我们可是带着现成的设备来的，再说你们中国人能研究出什么东西，都是我们研究透的。

助理　柏经理，话怎么能这么说，你也是中国人，怎么进了外国公司就忘了自己的本！

王选　注意场合。

老板　柏经理，你这话确实有点过分了。

经理　（吞吞吐吐）我……我这说的也是实话，他们现在确实拿不出东西来嘛。

王选　我们现在做的事就是在追赶外国的步伐，甚至要做到超越。

经理　呵，以你们目前的实力，也不是说完全不能做到，也就还要个几十年吧。

王选　虽然我们目前还没有设备，但是我们已经有了初步构想，希望能给我们一个试验的机会。

经理　哪有时间给你们试啊，企业讲究的就是效率，你解不了人家的燃眉之急啊。

王选　老板您想想，如果国内市场全部都是国外的技术设备，没人愿意相信我们自己研发的产品，那我们只能永远落后于他们。

助理　对呀，你要相信我们，给我们一个机会。

经理　机会是留给有准备的人的，谁准备得充分一目了然吧，劝您还是要慎重考虑。而且，光凭他们一张嘴说，谁知道真假。

老板　（认真思考）王选，这不是我不愿意给你机会，她说的确实有道理，你这风险太大了，我看不到你们的诚意。

王选　老板，要不这样，我现在给你演示一下。

老板　（惊讶）你这还可以现场演示啊。

王选　（对助理说）去，把机器拿过来。

助理　（悄悄说）王老师，我们这个能行吗？万一出点差错，我们这个项目就毁了。

王选　你相信我，没问题的，去。

【现场演示，周围的人都围了过来。播放打印音效。】

助理　啊，王老师，我们居然一次就成功了。

经理　没想到我还小看了你，你还有点东西。

王选　老板，你看，我们一分钟就打印了 60 份，这是原来一个工厂人工印刷一天的工作量，速度大大提升了。

助理　而且我们的比他们的便宜多了。

老板　王选，现场看了你们的速度，真是给了我一个大大的惊喜，我愿意给你们这个机会，冒险试试你们的想法。

经理　那我们就走着瞧吧，你不买还有别人买，等着你后悔。（转身下场）

王选　感谢您相信我们，我们不会让您失望的。

老板　我也是觉得你说得很在理，我们中国人的钱让那些外国人挣了实在是有些不甘心。但是我是商人，我的印刷厂每天开销很大，我还要盈利的，希望不要因为你们试验的差错对我造成太大的影响。

王选　您放心，我们很有信心。

老板　说再多也没用，我还是希望你们尽快拿出设备让我投入使用。

王选　好，我们会尽快联系工厂投入生产的。

老板　我们报社的未来甚至中国印刷业的未来都得看你们了。我们员工整天接触有毒的铅，身体健康都受到了影响。

王选　我们设计这个设备的初心就是让中国印刷业告别传统的铅与火，迎来光与电的时代。

老板　好，我们去把这个好消息告诉他们。

王选　大家听我说，我们马上就可以告别有毒的铅了，我们一定能——

全体　迈入光与电。

◎ 科普知识延展区

王选（1937 年 2 月 5 日—2006 年 2 月 13 日），出生于上海，江苏无锡人，计算机文字信息处理专家，计算机汉字激光照排技术创始人，国家最高科学技术奖获得者，中国科学院院工、中国工程院院士，北京大学计算机研究所原所长。

王选于 1958 年从北京大学数学力学系毕业后留校任教；1976 年负责"748 工程"的总体设计和研制工作；1978 年至 1995 年担任北京大学计算机研究所所长；1984 年晋升为教授；1987 年获得首届毕昇印刷奖；1991 年当选为中国科学院学部委员（院士）；1994 年当选为中国工程院院士；1995 年加入九三学社，并担任九三学社中央委员会副主席；2002 年获得 2001 年度国家最高科学技术奖；2003 年当选为中国人民政治协商会议第十届全国委员会副主席；2006 年 2 月 13 日在北京病逝，享年 70 岁；2009 年被评选为 100 位新中国成立以来感动中国人物；2018 年被授予改革先锋称号，颁授改革先锋奖章，并获评"科技体制改革的实践探索者"；2019 年被评选为"最美奋斗者"。

阿基米德的较量

编剧：朱鑫、肖治东、任均程、张思淇、殷小曼、陈科宇

人物表

阿基米德　一心追求真理的智者

狄安娜　王国中的侍女

温娜　王国中的公主，活泼开朗，倾国倾城

赫拉　女王

海格力斯　竞争者一，王国中的大力士

约翰　竞争者二，霍华德家族的伯爵，王国中有名的大才子

【随着高雅的音乐，公主和女王逐渐上场。】

女王　告示贴了有一段时间了，怎么样了？

公主　母后，王国内有很多人进行了比试，但都被题目难住，一直没有结果。

侍女　启禀女王，有两位挑战者求见。（听到动静，走到舞台边看看外面，回过头对女王说）

女王　让他们进来吧。

【阿基米德、海格力斯上场。】

两人　参见女王陛下。

海格力斯　我叫海格力斯，是来证明我是这个国家里最优秀的人的。

阿基米德　尊敬的女王陛下，我叫阿基米德，我无所谓自己是不是这个国家最优秀的人，听说这个比试有全国都未能解决的难题，我只想将它解开。

海格力斯　好听的话谁不会说，就让大家看看，究竟谁能解开题目！

公主　既然你们二人都想证明自己，不如就同台竞争吧。

女王　这是重达 300 公斤的重物，现在你们二人，谁能先把这重物移动到所标志的地方，谁就是胜利者。

（二人走到重物旁边）

海格力斯　你瞧着吧，阿基米德，就你这弱小的身躯，怕是连石头都抱不住吧，哈哈哈！

阿基米德　哈，那可不一定，海格力斯先生，你还是快开始吧！时间可不多呀！

海格力斯　哼，你就逞强吧，等会儿我会让你输得心服口服！

（说完海格力斯围绕着重物走了一圈，搓了搓双手，想抱起重物，可是重物却纹丝不动）

（他有些羞愧，看向阿基米德，阿基米德向他微笑示意，海格力斯感觉阿基米德是在嘲笑他）

海格力斯　（叉着腰）该死的，你这小子笑什么！刚刚我不过是热了一下身，好戏还在后面呢。

（海格力斯又试了一次，不过这回他选择了推，只见他使出了吃奶的劲儿，终于把重物推动了）

女王　哦，上帝，这海格力斯力气可真大啊，竟真把这重物移动了！他是大力神吗?

（不过他在推动了一米多远后，就累瘫在了地上，不停地喘气。阿基米德看到海格力斯推着重物移动了一段距离，有些惊讶，但马上又冷静了下来，然后思考怎样搬动重物。这时他看到了擂台上的铁棍，突然心里有了主意）

阿基米德　（上前一步）尊敬的女王陛下，我可以借用一根铁棍和一块石头吗?

女王　当然可以，阿基米德先生。

（阿基米德边拿起铁棍边拿起一块石头）

公主　狄安娜，他这是做什么?

侍女　公主殿下，他莫不是想要拿这两个东西敲碎这个重物吧?

公主　哈哈哈哈哈，狄安娜，你怕不是在逗我开心吧，哈哈哈。

（这时候，休息了一段时间的海格力斯也准备再一次推重物了。海格力斯回头看见阿基米德还在起点）

海格力斯　你拿着一根铁棍和一块石头，怕不是想要偷袭我吧！卑鄙的家伙！

阿基米德　噢，海格力斯先生，你在胡说什么呢，我拿这些东西自是有用的，我等会儿就会凭着这些东西赢你的。

海格力斯　凭你? 赢我? 你怕不是在做白日梦吧！

（说完海格力斯又使出了浑身力气去推动重物，而阿基米德开始使用他的装置去撬动重物。让人没想到的是，重物居然被阿基米德撬动了）

侍女　啊，我的天，阿基米德居然把重物搬动了！

（海格力斯听到公主侍女的谈话，心下着急，加快了推动的速度）

海格力斯　还有五米，再推三四次就够了。

（海格力斯发现阿基米德竟然已经离他很近了，他很惊讶也很着急。他想继续推重物，可是自己精疲力竭了，只能眼睁睁看着阿基米德将重物撬动到了狄安娜的身旁。最终阿基米德获胜）

海格力斯　真是没想到，我居然输了。

阿基米德　海格力斯先生，有时候蛮力是解决不了问题的，做事还得靠脑子。

公主　海格力斯，很遗憾，你输了，只不过，我还是很佩服你的力气。

侍女　海格力斯先生，你可以离开了。

海格力斯　阿基米德，下次我一定会赢你的，你给我等着！

【海格力斯退场。】

女王　好了，阿基米德先生！我宣布，你就是这王国中最……（女王站起来说）

【约翰上场。】

约翰　女王陛下，等等，我也可以完成这个挑战。

（说完便去推动海格力斯那块未移动完的重物到那个标志的地方）

（约翰·霍华德利用了一种类似润滑油的东西，将重物移到了终点）

侍女　回禀女王，他也挑战成功了。

女王　噢，那就再准备一场比赛来决定最终的胜利者。

公主　前一阵子不是出了皇冠造假事件吗？就让他们分辨真假皇冠吧。

女王　真聪明，不愧是我的女儿。狄安娜下去准备。

侍女　遵命，女王。（侍女离场拿道具）

侍女　禀女王，一切准备就绪。（侍女上场）

女王　开始吧。

（侍女狄安娜召集二人宣布规则）

侍女　本轮比赛是在规定的时间内辨别出真假皇冠，任何人不可舞弊，否则，严惩不贷。

（二人走到比赛场地里面，这时两人再次见面，约翰·霍华德用鄙夷的目光看着阿基米德）

约翰　哦，你这卑微的平民也敢来与我竞争，简直是不自量力。

阿基米德　哼，约翰·霍华德，你是贵族又如何，输赢还不一定呢，你不要太狂妄了。

约翰　是吗？卑微的贱民，我会让你付出代价的。

侍女　比赛正式开始。

（约翰·霍华德掂了掂皇冠的重量，对着光看了看它的色泽，这时候看见阿基米德对着皇冠似乎在那儿发呆）

（阿基米德拿着皇冠一直在那里观察，并且仔细思考）

约翰　哟！无知的人，还在发呆呢，是不是吓傻了呀！（边围着阿基米德走边说）

阿基米德　尊敬的女王，我可以要两盆水吗？

女王　当然可以。狄安娜，给他吧。

（阿基米德此时将皇冠分别放入水中，看两个水盆溢出的水的高度）

（约翰此时拿着锤子反复敲打着皇冠，并反复听其声音）

约翰　女王陛下，二号皇冠是真的。你输了！阿基米德。

阿基米德　女王陛下，一号皇冠是真的。

侍女　下面宣布结果，一号是真的，二号是假的。阿基米德赢得比赛。

公主　哦，我的上帝，他又赢了！他是如何辨别真假的？

阿基米德　公主殿下，皇冠重量相同，而黄金的密度高于其他金属，假皇冠不是纯金，自然体积就更大，所以两个皇冠放入盆中，二号皇冠溢出的水更高，那么假皇冠就一定是二号了。

公主　虽然我没听懂你在说什么，但不管怎么说，恭喜你赢得比赛！

约翰　啊，这不可能，我怎么会输！（边说边下台。）

女王　哦，阿基米德，看来你就是我们王国中最优秀的人了。狄安娜，去将奖品拿上来。

侍女　遵命！

公主　你连赢两场比赛，这是王室奖你的金银珠宝。

阿基米德　公主，女王，我来参加比赛只不过是对这难题比较感兴趣，这珠宝……恐怕我不能接受。

女王　这是你应得的。

侍女　对呀，阿基米德，这是多少人都羡慕不来的。

阿基米德　我实在是不能接受，不如就把这些钱财留给真正需要它的人吧。

女王　阿基米德，你可以把珠宝送给你妻子。

阿基米德　禀告女王，我至今还未娶妻。

（公主和侍女窃窃私语，都笑了，侍女走去女王耳边说话）

女王　正好，我的女儿温娜是全国最美丽的女子，你又有着超越常人的智慧，可谓是郎才女貌。

公主　母亲！（害羞）

女王　那你二人的婚约就定下了。

阿基米德　回女王，在下不能接受这门婚事，望女王体谅！

女王　你这是什么意思？

公主 多少青年才俊都想和我定亲，你却一心拒绝，是瞧不上我吗？

阿基米德 公主，您可是一国之中最美的女子，只是我一心研究学术，怕要辜负公主心意了……

公主 可是……

侍女 公主……（拉了拉公主的袖子）

女王 罢了，罢了，阿基米德先生一心追求学术研究，不贪美色，不慕钱财，更是敢于表达自己的想法，你是我们王国中了不起的大学者。狄安娜，送阿基米德先生下去休息吧。

侍女 遵命，女王陛下！

女王 女儿别伤心，以后你肯定会遇到更珍爱你的人。

公主 知道了母亲，我们也回宫休息吧。

【谢幕。】

◎ 科普知识延展区

阿基米德（Archimedes，前287—前212年），出生于希腊西西里岛叙拉古，古希腊数学家、物理学家、发明家、工程师、天文学家。

公元前267年，到埃及的亚历山大城跟随埃拉托塞和卡农学习，同时吸收了东方和古希腊的优秀文化遗产，对其后来的科学生涯产生了重大的影响，奠定了日后从事科学研究的基础。在阿基米德年老的时候，叙拉古和罗马帝国之间发生战争，他虽不赞成战争，但又不得不尽自己的责任，保卫自己的祖国，于是绞尽脑汁，夜以继日地发明御敌武器。公元前212年，古罗马军队入侵叙拉古，阿基米德被罗马士兵杀死，终年75岁。

阿基米德发现了浮力定理、杠杆原理，是静态力学和流体静力学的奠基人，并享有"力学之父"的美称，对数学和物理的发展做出了巨大的贡献，对社会进步和人类发展具有不可磨灭的影响。

瓦特的"汽"质

编剧：王皓楠、袁李江、彭于娜、冉琼、陈敏、冉燕

人物表

瓦特　英国发明家

布莱克教授　大学教授

莱特小姐　维修店店员

德拉斯姐　教授的助手

德拉斯妹　教授的助手

瑟琳娜　教授女儿，瓦特少年时的朋友

【背景音效：机械声音。】

【布莱克教授来店里修表。】

莱特　（迎面看到布莱克来了，内心独白：这死老头又来了，每次都要拿一些修不好的老部件来。变脸）嘿，我博学的布莱克教授，今天来是有什么特别的事吗？

教授　噢，我美丽的莱特小姐，我的表坏了，能帮我看看吗？最近太忙了，我没时间看。

莱特　好的呢，我先看看有什么问题。（看了半天没有看出来，心想：这也太难修了，这部件都老了，我先告诉他这需要一些时间来研究研究，以后再慢慢修吧）

莱特　噢，我亲爱的布莱克教授，这表的部件太老了，我们店里面现在没有零件，估计得等等了。您先把表放在这儿，下次来取吧！

教授　（介绍女儿的表急着用，不走）噢，这可真是太糟糕了，我女儿瑟琳娜要去参加一个舞会，急着用这块表。您看能找找还有多的零件吗？我在这儿等会儿就行了。（坐旁边椅子上看报纸）

莱特　（内心独白：这个死老头真倔，给他说了不行，非要等等等！他想等，那就让他等着吧）

（莱特转身进去找零件）

【瓦特上场，莱特先接待。】

瓦特　（独白）生活不易，多才多艺，自从 17 岁那年，自己出来谋生。这日子真是一天过得比一天苦啊，空有一番手艺，却没有办法施展，好难受啊。听说这伦敦城里面，新进了一台坏掉的蒸汽机。小爷我最近学到的手艺终于能派上用场啦，走进去看看。（敲门）

莱特　您好，我亲爱的先生，有什么可以帮到您的吗？

瓦特　好美丽的女士，我听说你们这儿有一台坏掉的蒸汽机，放了挺久了，一直没人修好过，我想来用你的这台机器练练手，证明一下自己。

莱特　瓦特？你想拿蒸汽机练手？噢……你这个不知名的家伙，口气不小！竟敢提蒸汽机。你知道这蒸汽机有多金贵吗？

瓦特　欸……你怎么知道我叫瓦特？我有这么出名吗！我读书也有十年二十年啦，学的东西也不少，碰一下这个蒸汽机又怎么啦？

莱特　您可别提啦，这蒸汽机呀，可是个宝贝，这么久啦，从来没有人修好过！你这么个毛头小子，怎么可能修好！

瓦特　毛头小子？我好歹也是出身名门的，哼，竟然不相信我！这大学里面的教授、科学家都没有人可以修好，让我来试试，您看有什么不妥吗？

莱特　你你你！！！

（教授起身询问进度，碰巧遇上瓦特）

教授　小伙子心气高，你说行，你就行啦？刚好这儿有一块表，你来试试能修好吗，修不好你就别说那大话了。莱特小姐，把手表给他吧。

莱特　（推瓦特出门）布莱克教授，他说的大话，怎么可能修好您的这块表呢？别开玩笑了，不要让他试了。

教授　（拦住莱特）美丽的莱特小姐，就让这个年轻人试一下，杀杀他的锐气。

瓦特　拿来吧你！（抢过表）嗯……这表确实不一般，劳士力1770年经典款。要换其他人来修，没有一个月确实是修不好，不过……到了我瓦特手上，也不过就是两三分钟的事儿。（在零件箱里面翻了个小零件捣鼓了一会儿）哎，这不就修好了吗？您看看吧，布莱克教授。

莱特　（表现出很惊讶的样子）哦，我的上帝！

瓦特　莱特小姐，现在可以让我看看蒸汽机了吧。

莱特　喊，不过是运气好罢了，有什么可得意的？蒸汽机？你还是省省吧！

教授　嗯，莱特小姐，这小伙子有点才能，让他看看也无妨，反正那么多人也没修好，放着也是放着。请我的助手德拉斯姐妹，把蒸汽机抬出来。

【德拉斯姐妹带着蒸汽机上来并介绍。】

（推蒸汽机出场，瓦特上来就碰蒸汽机，姐妹俩阻止他）

德拉斯姐　这蒸汽机可珍贵了，你别乱碰，碰坏了可不是你能赔得起的！

德拉斯妹　布莱克教授，你让我们把蒸汽机推出来是有什么用吗？

莱特　你们给这个年轻气盛的小伙子介绍蒸汽机坏在哪里了。

德拉斯姐　好吧，那我就介绍一下构造吧。这个是纽可门式蒸汽机，这是它的汽缸，这是它的调节阀，这是它的蒸汽锅炉。但是现在它的运作出现了问题，妹妹，你给他介绍一下吧，看他能看出啥来。

德拉斯妹　来吧，瓦特先生，你看看吧，这个蒸汽机将蒸汽引入汽缸后，蒸汽凝结时造成真空，但是活塞没办法推动，所以现在就是要解决这个难题。你……能行吗？

【背景音效：修理机器的声音。】

（瓦特意外修好了，惊呆众人，提出改进的想法，受到反对）

瓦特　都修好啦，你们看看吧！（演示一下已经修好了，可以抽动了）修好是容易，可是我发现这蒸汽机也不太行啊。

德拉斯妹　哪儿不行了？

德拉斯姐　这可是最先进的蒸汽机！

瓦特　这蒸汽机的效率大概只有 18.3672%，给我时间和足够的经费，让我来研究这个东西的话，一定可以把效率提高到 40% 以上。

莱特　别开玩笑了！不知天高地厚的小伙子！

德拉斯姐　就凭你一张嘴巴在这儿胡说八道。

德拉斯妹　这蒸汽机已经用了这么多年了，你小小年纪，说改进就改进，就算给你时间和经费，你行吗？

瓦特　蒸汽机发明了这么多年，但它应用的范围有限，只能用于矿井抽水、灌溉。如果将它进行了改进，它就能适用于各种机械的运动。（拉住布莱克教授的手）布莱克教授，你可以相信我吗？可以给我一份力量，一份帮助吗？

教授　（拍拍瓦特的肩）瓦特，我知道你这个人很有潜力，很有资质，但是蒸汽机这么多年一直都是这样，你说改进就改进，就算我同意，学校的经费也不能支持你啊！

德拉斯姐　法国物理学家德尼斯·帕潘也有过改进蒸汽机的想法，连他都没有成功，你可别异想天开了！

德拉斯妹　布莱克教授，您别相信他的鬼话！

莱特　（冷笑）鬼话连篇的小伙子，可别胡思乱想了！小伙子，还是去找个正式的工作吧，别在这儿整天做白日梦了！

【瑟琳娜准备入场。】

瑟琳娜　父亲，我的手表修好了吗，舞会就要开始了。

教授　修好了，修好了。

瑟琳娜　真的吗，太好了！快把它给我吧，我们去参加舞会吧。

教授　等等，等等，瑟琳娜！这儿有个小伙子正在和我们谈论蒸汽机的事，说起来，这么久还没人提过要改进蒸汽机呢，还挺有意思。

瑟琳娜　（转向瓦特）嗯？

瓦特　你……你……你！

瑟琳娜　我……我！（互相靠近）

瓦特　瑟琳娜！

瑟琳娜　瓦特？

瓦特　对对对，就是我，瓦特！

瑟琳娜　噢，瓦特！噢，天哪！

教授　（抓住瑟琳娜）你们怎么回事？

瑟琳娜　父亲，这就是我小时候的玩伴瓦特呀。你说你们刚刚在聊什么呀？

瓦特　嗐，我有心去改进蒸汽机，可是没有人相信我，也不愿意给我提供帮助。

教授　年轻人，改进工作难度大呀！

德拉斯姐妹　（一起说）对呀，不是我们不愿意相信你，而是这确实是异想天开呀！

莱特　确实，不要以为你侥幸修好了蒸汽机，就可以说大话。

德拉斯姐妹　就是就是，你不可能改进的！

（瓦特摇摇头，叹气）

瑟琳娜　够了！（愤怒）

【歌剧音乐。】

瑟琳娜　正当玫瑰开满了花园，回家路上遇到了少年。

德拉斯姐　瑟琳娜站在坏掉的车边，瓦特碰巧出现在眼前。

德拉斯妹　瑟琳娜站在坏掉的车边，瓦特碰巧出现在眼前。

莱特　姑娘唱着美妙的歌曲，她在歌唱善良的少年。

瑟琳娜　每当我无助的时候，瓦特总是站在我身后。

瑟琳娜　每当我无助的时候，瓦特总是站在我身后。

教授　啊这少年勇敢的少年，跟着光明的太阳飞去。

瑟琳娜　追赶远大理想的少年，把瑟琳娜的祝福传达。

德拉斯姐妹　追赶远大理想的少年，把瑟琳娜的祝福传达。

莱特　啊这勇敢无畏的少年，怀揣着坚定的信念。

瑟琳娜　乘风破浪艰苦奋斗，瑟琳娜的信任永远属于他。

齐　乘风破浪艰苦奋斗，我们的信任永远属于他。

【背景音乐持续，开始对话。】

教授　行，年轻人，这个就交给你了，经费我帮你想想办法！这天下终究是年轻人的啦。女儿你该去参加舞会了。

德拉斯姐妹　瓦特你加油，我们相信你！

莱特　那你就试试吧！

瑟琳娜　加油哦，瓦特，你一定可以的！

教授　（拍拍瓦特的肩）加油吧，小伙子！

瓦特　我会努力的，不辜负大家。

（瓦特在蒸汽机面前修理一番，其他人给他加油）

瓦特　（站起来，对大家说）我终于成功了！（看向远方充满希冀）

【响起火车的汽笛声，配音效。】

◎ 科普知识延展区

詹姆斯·瓦特（1736 年 1 月 19 日—1819 年 8 月 25 日），出生于苏格兰的格里诺克，英国著名发明家，英国皇家学会院士，爱丁堡皇家学会院士，第一次工业革命时的重要人物。

他改良了蒸汽机，发明了气压表、气动锤，开辟了人类利用能源的新时代，后人为了纪念他，把功率的单位定为"瓦特"。

从鹅毛到钢的飞跃

编剧：刘淇、郝真霞、马鸿鹄、朱冬晴

人物表

沃特曼　保险公司业务员
克莉丝　公司女主管
薇薇安　公司打印员
贝拉　甲方委托人
艾米　保险公司业务员，沃特曼的竞争对手
安娜　沃特曼的夫人

【音乐起。沃特曼坐在自己的办公室内等待顾客。】

沃特曼　等待总是如此漫长。

【艾米拿着合同上场。】

艾米　沃特曼，你给我等着。我的合同不比你的差，虽然贝拉选择了你，但是我是不会放弃哪怕一丝争取机会的可能！（挥了挥手上的合同）

沃特曼　亲爱的艾米，我们之间的竞争也不是一天两天了，真想和你多说两句。（慢慢地站起来）不幸的是我马上要签合同了，期待你下次的表现，好运！

艾米　你别高兴得太早！我已经优化了我的方案，哼！下次你别想赢过我！

【生气地离开办公室退场。】

【甲方委托人贝拉敲门上场。】

贝拉　你好！先生。现在可以签合同了吗？我待会儿还有事。

沃特曼　噢，亲爱的贝拉女士，快请坐，今天你可真美呀！（为贝拉挪椅子）合同我已经拟好了，请您再看看还有没有什么需要我们进一步商讨的地方。

贝拉　（坐在座位上，拿起合同认真观看、思考）

沃特曼　贝拉女士，您请看。（边指着合同边讲解）我们公司这款"不怕火"保险保障非常全面，保费也低，所有条款都是按照咱们当初商讨的结果拟定，非常符合您公司的需求。

贝拉　嗯，恰到好处，没有更好的选择了。那请你把笔给我吧，我可以签下我的名字了。

沃特曼　（将文件翻到签名的位置，积极地把墨水和鹅毛笔递给贝拉的同时，鹅毛笔上的墨水滴在了合同上）

贝拉　沃特曼先生，我想你需要再拟定一份合同了，这份合同沾上了墨水，不能用了。

沃特曼　贝拉女士，不用担心，我准备了另外一份。（翻找文件）噢，我很抱歉，贝拉女士，那一份也不知道哪里去了，我这就去重新印刷一份，请您稍等。

贝拉　还请你能够快一些，时间不等人呀！

沃特曼　（跑到门口大喊）薇薇安，请你帮我再打印一份合同来！

薇薇安　真不巧，打印机坏掉了，维修的工人还没来！

沃特曼　该死的，关键时刻掉链子，这铁与螺丝做成的怪物可真不靠谱。（自言自语地转回办公室，走向贝拉）我很抱歉，贝拉女士。公司的打印机坏掉了，我得到贝克街去打印合同，还请您能够在这里多等片刻。

贝拉　（摇头并看向自己的手表）沃特曼先生，时间是宝贵的。一个小时以内，如果还不能签到合同的话，那么我很遗憾，我将代表我们公司拒绝此次签约了。

沃特曼　太抱歉了，贝拉女士，我现在就去。

【沃特曼退场。】

【音乐起。艾米东张西望地悄悄上场，走向贝拉。】

艾米　亲爱的贝拉女士，或许您可以了解下我的这份方案。在您提出方案的不足后，我回去立马对它进行了修改，相信这回会让您和您的公司满意的。这份合同是提前拟定好的，就算这份被弄脏了，也还有另外一份。

贝拉　嗯，还不错。（接过艾米手中的合同，仔细看）

艾米　在新的方案中，保险核保比较宽松，拒保的几率较低，产品的性价比较高，我认为您会满意的。您看过后如果觉得没有问题就可以签字。合同即日就可以生效，切实保障您公司的财产安全。

贝拉　（边听边点头）合同十分符合我们公司的需求，那签约吧。

艾米　（拿笔给贝拉女士签约）那我先去为您落实其他手续，就不耽误您的时间了。

贝拉　好的，谢谢。

艾米　再见，亲爱的贝拉女士。

贝拉　再见。

【艾米高兴地拿着合同下场，贝拉整理东西准备离开。】

【沃特曼拿着新的合同上场。】

沃特曼　贝拉女士，这是……（看着贝拉准备离开，很疑惑）

贝拉　如你所见，我已经与艾米签约了。沃特曼先生，期待下次与你的合作。

【贝拉退场。】

沃特曼　贝拉女士，贝拉女士……（试图挽留贝拉女士）

沃特曼　完了，都完了！（失魂落魄地坐在工位上）曾经有一份冲业绩的大单子摆在我的面前，可一支鹅毛笔就让我与它失之交臂。如果上帝能给我一次重来的机会，我一定要发明一支不漏墨、使用又方便的笔！一定要！

【消息传到主管的耳中，主管克莉丝怒气冲冲地推开门上场。】

克莉丝　沃特曼，艾米都告诉我了！你怎么敢让贝拉女士等你？她是我们的大客户，你难道不知道这一单的重要性？为什么不提前准备好？如果实在不想干了，就赶紧收拾东西，给我离开！（双手抱胸，非常生气）

沃特曼　主管，万分抱歉！我这么多年来兢兢业业地工作，为这合同忙前忙后，您是知道的呀！要是我被解雇了，该怎么活下去啊。

克莉丝　行了！谁没有难处。你都是干了这么多年的老人了，还在犯这种低级错误，真是令人心痛。本来还准备给你加工资的，可现在你把这么大一个单子漏给了别的部门的人，唉。

沃特曼　主管，看在我为部门尽心尽力的分上，请再给我一次机会！要是下次我还因为墨水的问题而失去一笔业务，我一定自己辞职！

克莉丝　（思虑再三）好吧，看在你这些年给我们部门创下这么多业绩的分上，那就再给你一次机会。不要再犯这种低级错误了，不然到时候上帝都帮不了你！

沃特曼　我保证不再犯！尊贵的女士，感谢您给我机会！

克莉丝　嗯，忙去吧。【退场。】

沃特曼　（回到工位上翻找文件）奇怪，我明明准备了两份，另一份哪里去了，难道落在家里了吗？

【艾米高兴地上场。】

艾米　哟，还站在这儿呢？我这单可是完成了，现在就下班回家了。这个月的指标完成咯，不像某些人，还得辛苦一阵咯。【边笑边下场。】

【沃特曼继续翻找，安娜拿着文件上场。】

安娜　亲爱的，你的东西掉家里了。（把文件递给沃特曼）

沃特曼　（起身走向安娜并接过文件）唉，亲爱的，要是你能早一点儿来就好了。（引着安娜走向工位）

安娜　怎么啦？

沃特曼　唉，我不小心把墨水滴在那份要签的合同上了，又没有找到这份，结果合同没签成，工作差点也丢了。

安娜　没事，亲爱的，下次小心点就好了。你看你这些天忙成这样，你这盆栽都快枯死了。我来为它浇浇水吧。（安娜给植物浇水，沃特曼凝视花盆）如果墨水能控制就好了，这样就不会滴在合同上了。

沃特曼　是啊，如果墨水可以控制就好了。

安娜　可怎么才能做到呢？

沃特曼　植物为什么能将汁液送到每一片叶子上去呢？（端起盆栽，转来转去地观察植物）是毛细管原理啊！

安娜　亲爱的，你在说什么呀？

沃特曼　我在想，植物能控制汁液的流动，那么墨水是不是也能被什么控制呢！可是要怎么控制墨水的流出呢？（思考）

安娜　亲爱的，这些我都不太懂。

沃特曼　如果把植物的枝叶比作鹅毛笔的笔尖，那么我就需要根据毛细管原理制作一种可以将墨水吸到笔尖而又不会溢出的东西。

安娜　哦。（看着沃特曼自言自语）

沃特曼　是的！这思路没错，这个东西的毛细管能将墨水运到笔尖，装置在笔尖和笔胆连接处就很合适。

【音乐起。沃特曼欣喜若狂地捧起植物。】

沃特曼　哦，上帝！太感谢这盆植物了！不承想小小的盆栽亦蕴含着科学的大哲理。留心观察生活，生活也会给予你惊喜。

安娜　这我知道！当你以为上帝给你关了一扇门，他总会为你开一扇窗。

虽然你没有签成合同，但你想到了怎么改进鹅毛笔啊！这也是一件好事啊！

沃特曼　是啊，我相信这次鹅毛笔的改进惠及的不仅仅是我自己，肯定还会解决不少人使用鹅毛笔的烦恼呢。

安娜　对呀！它肯定会惠及很多人，或许是全美国，还说不定是全世界呢！

沃特曼　安娜，我想未来人们的书写肯定会因为它而变得更加便捷，也不会再受到墨水的限制了。

安娜　亲爱的，我相信你一定可以的！

沃特曼　是的，我们一定可以的！

◎ 科普知识延展区

1884年，美国一家保险公司的一个叫沃特曼的雇员，对鹅毛笔进行了改进，发明了一种用毛细管供给墨水的方法，比较好地解决了漏墨的问题。新设计的这种笔的笔端可以卸下来，墨水用一个小的滴管注入，于是钢笔就这样走进了人们的生活。

第二章　自然界的奇特绚丽

形形色色的生物族群，是美丽地球的伟大创造。植物、动物和微生物，是生物世界的三大主构，它们以不同的形式和姿态生存在世界上。有我们常见的，有我们罕见的；有我们能看见的，有我们肉眼看不见的；有我们了解的，有我们陌生的……

在以生物为主要表现对象的科普剧里，它们都被赋予了"人"的思维方式和表达方式，它们之间的行动和对话，其实也是人类之间的行动和对话。

本章所选取的生物代表，既有"庞然大物"，又有微观小物；既有生活习性的展示，又有生存困境的揭示；既有科普原理的渗透，又有真情实感的流露。

让我们以戏剧的方式，探寻并感受生物世界的弥足珍贵与多彩绚丽。

我们都是好朋友

编剧：孙雨欢、郑青青、黄彦琳、张译之

人物表

小乳　积极主动、聪明睿智的乳酸杆菌

小酸　嘴上不饶人，但心地善良的乳酸杆菌

小杆　活泼可爱、乖巧积极的乳酸杆菌

小菌　胆小警觉、关心伙伴的乳酸杆菌

【音乐起，四个乳酸杆菌入场。】

小乳　我叫小乳。

小酸　我是小酸。

小杆　我是小杆。

小菌　我叫小菌。

四人合　我们就是快乐的乳酸杆菌。

小乳　菌菌们，作为一名乳酸杆菌，我们的任务是什么呀？

小杆　我知道，是让新酿的啤酒变酸！

小菌　还有还有，还有牛奶。

小酸　让它们变酸，让人类食用。

小乳　说的没错。

小菌　看，今天的天气多好呀。

小杆　太阳照在身上暖烘烘的。

小酸　温度刚刚好。

小乳　所以呀，今天咱们来到这啤酒厂。

小杆　大展身手。

小菌　内心有点小激动。

小酸　得了吧，谁不知道你最胆小。

小菌　我才没有！

（小酸和小菌做出争执的样子）

小乳　哎，行啦，行啦！你俩少说两句吧。

（拉开小酸和小乳）

小杆　就是，别辜负这好天气。咱们开始吧！

【第八套广播体操音乐起。乳酸菌做操。】

【开门声起。】

小菌　啊，有人来啦！怎么办，怎么办？

（躲在小杆后面）

小酸　你瞧你那怂样，真丢我们乳酸杆菌的脸。这都多少回了，也没见他们发现我们。

小乳　对啊，小菌，你不要担心，人们是发现不了我们的。

小菌　（松了一口气，从小杆背后出来）那就好，那就好。

小酸　就是，你真够怂的，我都不带怕的。

【《跳皮筋》音乐起。】

【音乐停，同时乳酸杆菌摇晃。】

小菌　啊，怎么回事！

小杆　我快站不住啦！

小酸　哎哟喂，不会是地震吧！

（颠倒停止）

小菌　停啦，停啦！

小酸　嘻，虚惊一场而已啦。

集体　啊！

（四个乳酸杆菌一起被倒了出去）

小杆　可把我摔疼了。

（集体爬起来，小杆四处观望）

小菌　我们这是被放到哪里了呀？我好害怕啊！（躲到小杆后面）

小乳　别害怕，大家先冷静冷静。

小酸　你慌啥慌，这不还活着吗？

小杆　菌菌们，这儿好像和我们之前待的地方不一样。（扶着杯壁）

小酸　有啥不一样？

小乳　快来看，这好像是个实验室。

小菌　我们咋被带到实验室了呀？

小杆　一定是那些人发现我们了。

小菌　那我们咋办啊？

小乳　大家四处看看，说不定有出口。

（集体四处摸索）

小杆　出口在那儿。（指着头顶）

小菌　好高哇。咱们怎么上去啊？

小酸　嘿嘿，关键时刻还是得靠我。

小杆　你有办法？

小酸　我可是跳高小能手，一下就能跳出去。

小乳　对，等你跳出去，再把我们拉上去。

小菌　好，我们有救了。

小酸　你们靠边，我准备跳了。

【音乐起。】

【音乐停。】

小酸　唉，不行了，不行了，这太高了！

小杆　这样跳也不是办法呀，咱们可以想想别的办法。

小菌　这跳也跳不出去，难道我们撞碎这个玻璃啊？

小杆　唉，也不是不行。

小乳　咱们确实可以试试，总比坐以待毙强。

三菌　好！

【音乐起，四个乳酸杆菌往四个方向撞。】

小酸　我不撞了，根本撞不动。

小杆　我也没力气了。

小菌　我也是。

小乳　那咱们先休息一会儿，待会儿继续。

（四人坐下休息）

（小菌起身，环顾四周）

小菌　你们有没有觉得这杯子里的温度升高了呀？

小杆　被你这么一说，我也觉得有点，我都有些热了。

小酸　你们是不是傻呀，我们刚才那么使劲撞杯子，不热才怪呢。

小杆　啊？是吗？

【紧张气氛音乐起。】

小乳　不对，是杯子的温度升高了，你们摸这杯子，是不是比我们刚才撞击的时候烫多了？

小菌　（摸了下杯子）真的！好烫啊！

小杆　似乎有 60 多度。

小酸　不就是升了点温度嘛，就这个温度，难道还能杀死菌吗！

小菌　可是我害怕。

小杆　咱们撞了这么久怎么都没用啊。

小乳　刚才咱们是分开撞的，现在我们朝同一个方向撞，一定可以撞开！

小杆　嗯嗯！

小乳　大家准备，1、2、3，嘿！再来，3、2、1，嘿……

（大家朝着同一个方向撞，不一会儿都累得气喘吁吁，有些难受了）

小菌　呼，呼，太累了！我……我还有点难受。

小酸　瞧你弱不禁风的样子，一边歇着去，别碍着我们，等好了再叫你。

（小酸、小乳扶小菌去一边坐着）

小乳　咱们已经在这里面待了二十多分钟了，再这样下去可不行啊。

小杆　要是再不出去，咱们都得没了。

（小菌晕了）

小酸　你怎么啦，小菌？

小杆　怎么了？

（走过来）

小菌　我好难受，我好想睡觉啊。

小酸　小菌，你别睡啊。

小乳　小菌，你再坚持坚持，我们一定可以出去的。

小杆　你不能死的，我们四个一个都不能少的。

小酸　小乳，你快想想办法啊。

小乳　我……我也没有办法啊。

小杆　我还不信了，我不信我撞不开。

（小杆起身乱撞）

（小杆体力不支眼看要倒地）

小酸　小杆！

（小乳接住小杆倒在地上）

小乳　小杆，你还好吗？

小杆　我尽力了，还是不行。

小酸　已经半个小时了，我们只能在这儿了。

小菌　可是我还想出去，想再见见明媚的阳光。

小酸　我还有好多牛奶厂没去呢。

小杆　我们四个还有没跳完的广播体操、没跳完的皮筋呢。

（四个菌又哭又笑）

小酸　小菌，我以后再也不嘲笑你胆小了。

小菌　没关系，我知道，你是把我当朋友的。我以后一定变得勇敢，不拖大家后腿。

小杆　我们从不觉得你拖我们后腿。

小乳　我们每一个都是必不可少的。

小乳　小酸，你嘴上不饶人，可是我们一有事你总是第一个跳出来。

小杆　还有小菌，她虽然胆子小，可是却是最机警的。

小菌　小杆最活泼，总能给我们带来欢乐。

小酸　小乳是最聪明的，总能带领我们度过困难。

小乳　可是这次，我不能再带你们出去了。

【集体低头沉默，小杆抬头。音乐起。】

小杆　菌，固有一死，能和你们死在一块儿就是一种幸福。

（小杆伸出手）

小菌　死，我怕，但是和你们死在一起，我一点儿也不怕！

（伸手搭在小杆手上）

小酸　我也不怕。

（伸手搭上去）

小乳　下辈子，我们还在一起。

（伸出手搭上）

集体　还做乳酸杆菌，还是好朋友。朋友一生一起走，那些日子不再有，一句话，一辈子，一生情，一杯酒；朋友不曾孤单过，一声朋友你会懂，还有伤，还有痛，还要走，还有我。一句话，一辈子，一生情，一杯酒。

【唱歌同时，慢慢站起来】

◎ 科普知识延展区

乳酸杆菌是可使葡萄糖等糖类分解为乳酸的各种细菌的总称。乳酸菌是一种无芽孢的杆菌，属革兰氏阳性菌。单个、成双或短链排列；厌氧性呼吸。

乳酸杆菌有较强的代谢碳水化合物产酸能力，可以合成葡聚糖和杂多糖。能使糖类发酵产生乳酸或其他酸类物质。产生的乳酸具有调味和防腐的作用。

乳酸杆菌广泛分布于自然界，有些菌株是人和动物口腔、肠道及阴道的正常菌群之一，很少致病，除极偶尔引起亚急性细菌性心内膜炎外，对人基本无害。寄生于口腔的乳酸杆菌在龋齿发生中起重要作用。一般认为寄生于肠道和阴道的乳酸杆菌对机体有保护作用。某些乳杆菌如嗜酸性乳酸菌、保加利亚乳杆菌，常用于饮料的发酵工业。

保卫胡萝卜

编剧：李林桔

人物表

黑大怪　X细菌，感染细胞成为自己的兵工厂

黑小怪　黑大怪的手下

黑怪怪　黑大怪的手下

军师　黑大怪的军师

小红帽　红细胞，运输氧气

干大帅　干细胞，分化人体所有细胞

白小一　B淋巴细胞，产生抗体，体液免疫

黑小二　T淋巴细胞，发现并杀死有害细胞

花无敌　巨噬细胞，吞噬细胞垃圾和细菌细胞

禾苗苗　巨核细胞，制作血小板，修复血管和止血

肝师傅　肝脏组织细胞

肝儿子　肝脏组织细胞

白博士　白细胞中的一员

胡萝卜　酷爱玩游戏的少年，因打游戏过度劳累生病

胡爸爸　胡萝卜的爸爸

胡妈妈　胡萝卜的妈妈

医生　在医院治疗胡萝卜的医生

护士　医院里看护胡萝卜的护士

第一场　人体生病科普

【肝师傅与肝儿子同时步伐艰难地上场，并摔倒在地，气喘吁吁。】

肝儿子　（喘气）爸爸，我又累又困，这个人怎么还不休息啊？作为成千上万个肝细胞中渺小的一个，我的忍耐也是有限度的。

肝师傅　爸爸也很累，乖儿子，再坚持一下，我已经把这里的情况上报，这个人已经连续熬夜三天了，再这样下去，他可能面临猝死。

肝儿子　我好困，我受不了了（往下倒）。

肝师傅　（摸了摸耳机）儿子，大脑已经收到我们的反馈信号，我们不能停止工作，否则这个人会休克甚至猝死的。

小红帽　啊，终于到了，我快不行了！

肝师傅　你醒醒小红帽，振作一点。怎么只运来了一罐氧气？我们早已经不堪重负了，没有氧气，我们更是无法工作的。

小红帽　我们也没有办法，最近不知道什么原因，以往巡逻的白细胞大人已经不知所踪了，以至于身体的各个通道被一种奇怪的细菌趁机入侵了，在来的路上我们遭遇了攻击，他们浑身散发着邪恶的气息，只要被他们沾附上，就会昏迷过去，再次醒来，就会变成怪物。

肝师傅　（一把拉住小红帽）然后呢？

小红帽　然后我也不知道了，只有我一个人带着这些氧气逃了过来，你们也赶紧逃吧，用不了多久，他们就会蔓延过来的。

肝儿子　爸爸，我好害怕，怎么办呀？

肝师傅　儿子，我们不能走，这里是肝脏，如果我们走了，那么整个身体就完了。小红帽兄弟，你赶紧往胸腺方向逃，那边的白细胞大人会多一些，你赶紧去寻求他们的支援，我们要坚守岗位，哪怕到最后一刻。

小红帽　好，你要坚持住，我会很快回来的。

肝师傅　（着急）快走吧，我已经收到信号，肝脏正在被入侵，已经快要蔓延到这里了！

小红帽　我走了，你们要坚持住！

黑大怪　哈哈，我们的传染源已经四处扩散了，用不了多久，我黑大怪的细菌战士就可以占领整个人体了！嗯，来人哪，把那两个肝组织细胞给我抓起来！

（肝师傅和肝儿子被抓住）

黑大怪　来，告诉我你们两个小细胞叫什么名字呀。

肝儿子　你可别猖狂，白细胞大人不会放过你的！

肝师傅　对，你们一定会被消灭的！

黑大怪　哈哈，白细胞，他们已经全线溃散自身难保了，现在肝脏器官已经落入我们手中了，我要用你们来制作大量的细菌兵团。

【熄灯，救护车声响起，布置好医院场景后开灯。】

医生　病人因为连续三天熬夜上网，开始产生休克反应，并伴发胃痉挛、腹痛、器官衰竭等症状，立刻输送氧气，注射肾上腺素！

护士　好的。病人有高烧症状，我怀疑他的昏迷不只是过度疲劳引起的休克，具体原因需要做进一步的检查才能确定。

医生　好，等生命体征稳定了再抽取血液进行检查。

【医生、护士下场。】

胡妈妈　哎呀，这是怎么了呀，急死我了，怎么突然晕倒了！

胡爸爸　谁知道他在外面干吗呀，一连几天不回家，没准又去通宵上网了。

护士　病人家属到了哈。

胡妈妈　到了，医生，我儿子到底怎么了，有没有事啊？

护士　阿姨放心，暂时没有危险，他晕倒是由于连续三天通宵上网导致了休克，也是由于过度疲劳导致免疫力下降，白细胞、红细胞、血小板都没有达标，身体也有一些细菌感染。

胡爸爸　啊？细菌……感染，那还能治好吗？医生你们可得救救我儿子呀！

护士　叔叔放心，只要他好好休息几天，白细胞含量达到正常水平，能够进行自身免疫，再配合药物治疗，是完全没有问题的。

胡妈妈　那就好，那就好，谢谢医生啦！

第二场　人体免疫

干大帅　（严肃）各位，现在开始开会！我这里收到来自各个部位的反馈，每个器官、每个部位都遭受到了不同情况的细菌入侵，而我们的白细胞军团正在层层溃败，敌军的数量随着他们占领区域的扩大也增加得越来越快，我们不能坐以待毙了，各位有什么好的办法，说出来我们共同商议吧！首先，统领白细胞的两位大人，你们有什么好的建议吗？

黑小二　干大帅，我叫黑小二，隶属于白细胞军团，我先来介绍一下情况，本次入侵人体的细菌叫黑大怪，他在两年前就开始通过呼吸道侵略我们，但是当时我们巡逻发现得很及时，立即逮捕了他的大部分手下，可仍有小部分逃脱了。

白小一　好啊，原来本次危机早在两年前就埋下了，归根结底，是你们

T淋巴细胞办事不力，你们要为你们的失职承担全部责任。

黑小二　白小一，别站着说话不腰疼！我们是整个人体的监察员，我们要面对的不止一个黑大怪，还要看管成千上万的细菌和病毒，人手有限，如何能够斩草除根？我们能做的只是尽可能杀灭和监管，让他们保持在一定数量，在人体中达到平衡，这是唯一的办法。

白小一　那当时你们为什么没有把他们的信息传递给我们，让我们制作相应抗体进行通缉呢？

黑小二　我在第一时间就把各项信息传递给了你，不信你可以翻阅记录。

白小一　那为什么对他们不起作用，一定是你们的情报有误！

黑小二　不可能……

干大帅　好了，别吵了，以黑大怪的狡猾，有没有可能是细菌变异了？

黑小二　你这么一说极有可能，不过需要采集数据样本比对。

小红帽　总算找到你们了！不好了，各位大人，我刚从肝脏细胞过来，那边已经完全被一些奇怪的家伙占领了。

白小一　什么，白细胞兄弟们呢，他们为什么不阻止？

小红帽　我们也不知道为什么，那个区域的白细胞军团已经溃散，并且沿途过来也越来越少。

黑小二　最近几天我们的力量确实减少得很厉害，不然，也不至于让这群怪物兴风作浪，到现在成了气候，不过我们的成员都是来自干细胞大人。

干大帅　确实如此，我们的数量也在减少，不过我应该已经知道原因了。

小红帽　我们的数量也在减少，导致很多地方的氧气都运送不过来，干细胞大人，这是为什么呀？

干大帅　我的工作区域和白小一一样，在骨髓，这几天由于这个身体的主人长时间疲劳，导致我们的数量锐减，所以由我们制造的身体各个细胞组织都在锐减，免疫力急剧下降，这才让这些可恶的细菌有机可乘。

白小一　那现在怎么办，干细胞大人？

干大帅　只能启动身体一级防御警告，下面我来布置任务，首先由黑小二T细胞军团组织兵力，快速发起反击，并且收集细菌样本，送到白小一B细胞军团的位置。

黑小二　是，保证完成任务！

干大帅　然后，白小一，你们根据黑小二他们采集的样本制作大批相应抗体，投放在血管，让它们随着血液流通全身，给予细菌致命打击。

白小一　是，保证完成任务！可是那些被感染的细胞怎么办呀，他们也会受到我的抗体攻击的。

干大帅　没有其他办法，我们只能牺牲他们了，只有这样才能够保证没有被感染的细胞的安全。

小红帽　就不能救救他们吗？

黑小二　他们已经被感染，成为细菌一个又一个的制作工厂，没有办法救他们了。

小红帽　唉，好吧。

干大帅　现在还没有到伤心的时候，小红帽兄弟，你们要保证氧气的运输，保障所有细胞的正常工作，特别是白细胞兄弟们。

小红帽　是，保证完成任务！

黑小二　还有一个至关重要的问题，杀死细菌后，他们的残渣废料怎么办，如果不清理，会有大麻烦的。

花无敌　哈哈哈，参与这场保卫家乡的战争怎么能少了我们巨噬细胞呢！干细胞大人，各位细胞兄弟，我来晚了。

干大帅　我来介绍一下，他叫花无敌，属于巨噬细胞。他和他的族人也是白细胞军队中的一支，他们是最值得钦佩的一类细胞，他们吞噬完细菌和被感染的有害细胞后，会选择和他们同归于尽，是人体中最伟大的细胞之一。

花无敌　干细胞大人过奖了，您是所有细胞的分化者，人体中的所有细胞都离不开您，要说伟大，您应该居首位。各位尽管杀敌，清理战场就交给我花无敌了。

白小一　太好了，真是雪中送炭，不过眼下还有一个大问题。

干大帅　什么问题？

白小一　由我们制作投放的抗体毁灭性强，不仅会杀死细菌，会连带把被细菌感染的细胞同僚们一起杀死，特别是器官细胞和血管细胞，如果他们被一起消灭，会严重影响他们的本职工作，甚至会产生危险。

干大帅　器官和血管中的感染细胞我可以加速分化，达到补充，至于血管的损坏……

禾苗苗　抱歉抱歉，各位我来迟了！我刚刚听你们说血管损坏，哪里损坏了我都可以修，我可以制作血小板，随着血管中的血液，修复全身损坏的血管。

干细胞 太好了！我来介绍一下，他叫禾苗苗，是巨核细胞，正如他说的那样，运输渠道血管的修复，可以放心地交给他。

其他细胞 太好了，太好了！

干细胞 由于对方的数量太强大，我们可能无法取得胜利，所以我决定开启高温，号召身体中所有细胞同僚释放温度，高温杀死细菌。

小红帽 什么，开启高温？可这样一来，我们也无法坚持太久的呀。

干大帅 我会竭尽所能源源不断给大家分化人手，这本身就是一场消耗战，哪怕战斗到最后一刻，也要不死不休。

白小一 我还是觉得这样太冒险了，我制造的很多抗体，也会在高温中失去活力的，甚至对人体也有巨大伤害。

干大帅 我承认我有赌的成分，但是今天细菌和我们必须死一个，大家各司其职，战斗必胜。

一起说 战斗必胜！

第三场 细菌感染

黑小怪 黑大怪大王，不……不……不……不好了！白细胞军团已经展开反攻，阻止了我们大军的前进！

黑大怪 慌什么慌，细菌要有细菌的骄傲，我问你，他们数量多吗？

黑小怪 他们数量倒是不多，可是一个个都拼了命，前线已经死了好些兄弟，最可恶的是，他们居然已经开始制作专门针对我们的抗体，投放到血液里面，扩散到了全身，使得我军数量锐减。

黑大怪 可恶的白细胞，反应够快的呀，不过我军数量本来就占据优势，就算这样也奈何不了我们，况且我们还在源源不断地增加，下一次进攻，我们一定能够一举摧毁这个身体的免疫系统。

黑大怪 到时，这里就是我们说了算了，哈哈哈哈哈哈哈！哎，你有没有感觉到空气变热了，令人窒息？

黑怪怪 黑大怪大王，不……不……不……不好了。

黑大怪 慌什么慌，细菌要有细菌的尊严。

黑怪怪 是大王，要有细菌的尊严。大王，白细胞阵营已经启动高温武器，高温正在大规模杀伤我们的细菌大军。

黑大怪　什……什……什……么？啊，这可怎么办？这群白细胞真是不要命了，是想和我们同归于尽吗？怎么办怎么办？要死了要死了！（哭腔，焦急）

黑小怪　大王，细菌要有骄傲。

黑怪怪　大王，细菌要有尊严。

黑大怪　还要什么尊严呀，都快死了。（哭出来）

【军师上场。】

军师　大王别急，在下有一计。

黑大怪　军师，快说快说呀！

军师　大王还记得我们以前怎么躲过体液中的抗体通缉令的吗？

黑大怪　别提了，当年的那个抗体通缉令让我们死伤了一大半，一百个里面只能活一个，还是当时我命大，提前变异了，抗体对我无效，不然……等等，变异！

军师　正是！虽然白细胞的抗体攻势很猛烈，对我们的大部分细菌士兵有效，但是我们也有一部分变异的细菌士兵，他们可以无视抗体，大王只需要把他们召回，在我们后方的细胞工厂批量制造，到时就可以形成一批无视抗体的细菌大军，为大王继续开疆拓土了。

黑大怪　哈哈哈哈，妙，妙啊！军师真是聪明，差一点儿就赶上我了。等等，这烦人的高温怎么办？

军师　嘿嘿，这大王就更不用担心了，我们受不了，这个身体更是会受不了，白细胞大军也会受不了，况且我们的细菌大军还在源源不断地制造，他们是耗不过我们的。

黑大怪　哈哈哈哈！嗯，不错，你已经和我一样聪明了。来人，开始制造我们！

第四场　临床症状

医生　病人怎么样了？

护士　血液检查报告中的白细胞、红细胞以及血小板数量都上来了，自身免疫机制已经开启，病情没有持续恶化，不过……

医生　不过什么？

护士　高烧不止。

医生　多少度，烧了几天了？

护士　从前天开始烧，第一天 38.4 摄氏度，第二天 39 摄氏度，今天已经超过 40 摄氏度了。

医生　这样下去不行，给他注射一支退烧针。

护士　可这样他体内的细菌就会滋生更快。

医生　不会的，再给他来一针抗生素。

第五场　药物作用

干大帅　已经过了 4 天了，前线情况怎么样？

黑小二　干大帅，兄弟奋勇作战，已经抑制住细菌大军的步伐，目前势均力敌，但是根据眼线回报，细菌大军经历一次衰败之后，突然又开始增加了。

干大帅　什么，究竟是什么原因，查明了没有？

黑小二　通过作战我们发现，似乎是抗体不起作用了，因为他们好像又变异了，这是新的细菌样本。

白小一　狡猾的细菌，我们可以立马开始制作针对性抗体，不过，如果无法极大规模杀灭他们，使他们元气大伤，我怕新的抗体制作出来，他们又会开始新一轮变异，这样我们就永远慢他们一步，永远无法结束这场战斗。

黑小二　恐怕狡猾的细菌兵团也是这么想的。

干大帅　简直是痴心妄想！黑小二将军，通知下去，继续提高体温，并且集结一切有生力量，在白小一将军的针对性抗体制作完成后，我要与他们展开决战。

黑小二　什么，继续提高体温，恐怕……

干大帅　黑小二将军，希望你能够明白，我们没有退路。

黑小二　（叹息）是，继续提高体温。

白博士　报告干大帅，有重大情况，体内所有细胞温度开始下降了。

干大帅　什么，白博士，查明原因了没有？

白博士　我在血液里检测到了一种物质，这种物质叫阿司匹林，也被称作乙酰水杨酸，通过血液散发到全身，抑制了所有的细胞散热，所以……

干大帅　什么，这难道是细菌大军的诡计吗？不，他们不可能有这样的能力，难道是另外一种病毒入侵了吗？

白博士　不，我想，是这具身体的主人开始接受药物治疗了。

白小一　我赞成，其实我早就发现，干大帅号召所有细胞不断地提高体内温度，不仅仅是要杀灭细菌，也不是真的要和他们同归于尽，而是还有更深一层的目的。

黑小二　什么目的？

白博士　我明白了，示警作用。

干大帅　哈哈哈，说得对！我们已经把能做的都做了，如果这样还不能取得胜利，剩下的就需要药物来支援我们了，如果我没有预料错，那么现在……

白博士　大帅，血液中检测出了新物质，它的名字叫青霉素，作用是抑制细胞中细胞壁的产生。由于我们是哺乳动物细胞，没有细胞壁，而细菌是有细胞壁的，所以……嘿嘿。

白小一　哈哈，这就意味着细菌大军的生产机制开始被抑制，他们的兵力无法持续增长了。

黑小二　太好了，我这就去集结兵力，全体出动。我们要乘着药物的作用时期，把他们一举歼灭！

所有细胞　好，一举歼灭！

第六场　人体免疫机制

医生　醒了。

胡萝卜　我怎么了，我在哪里呀，我记得我不是在打游戏吗？

胡爸爸　你还敢说呢，打游戏也得有个度吧，熬三天三夜休克不说，还生了一场大病。

医生　确实是送来得及时。过度疲劳导致休克，极其容易猝死。并且过度疲劳会导致身体器官细胞超负荷工作，免疫能力大幅度下降，让身体中的细菌病毒有机可乘，这也是你这次生病的主要原因。

胡萝卜　天哪，这也太可怕了，我差点没回得来。唉，医生，我的身体里怎么会有细菌和病毒呢？

医生　哦，其实我们每个人生活在空气中都会或多或少感染一些普通的细菌或病毒，但是人体内的免疫机制会及时发现并产生抗体，不过人体很大，细菌和病毒也很狡猾，免疫机制不可能将它们完全杀灭，只能抑制它们的繁衍，使它们的数量达不到让人生病的程度，在人体内处于一种平衡状态。

胡萝卜　哦，我明白了，所以当我们的免疫力下降之后，它们就跳出来兴风作浪，破坏我们的身体，让我们生病。

医生　对，你很聪明嘛。

胡萝卜　那这也太可怕了，我每天都和病毒细菌生活在一起，有没有什么办法把它们隔离开或者使它们永远掀不起风浪呀？

医生　哈哈，还真有，多吃蔬菜多运动，保持睡眠别熬夜，学会清理爱卫生，不吃野味带病毒。这样我们的免疫保护机制就会为我们竖起一道保护的高墙。

胡萝卜　谢谢医生，细菌病毒真是太可怕了，我以后再也不熬夜玩游戏了。爸爸妈妈，你们也要陪我一起做运动。（边说边拉场上爸爸妈妈的手，到舞台中央站定）

【音乐《健康歌》起，所有角色伴着音乐边跳边出，完成健康舞。】

◎ 科普知识延展区

1. 熬夜是指人到了入睡时间而不睡，导致睡眠不足，使人在白天时身心疲惫，生活、学习、工作受到影响。分泌科一般认为晚上 11 点未入睡即为熬夜，经常性熬夜指 1 周熬夜 3 次或 3 次以上。偶尔熬夜会影响人在第二天白天的生活及工作状态，但对健康几乎无危害，但是经常性熬夜会危害身体健康，可能导致抵抗力降低、肥胖、抑郁等。

（1）抵抗力降低，经常性熬夜可能会造成机体肝脏功能代谢异常、免疫功能失调、抵抗力下降。当气候变化或受到其他外界刺激时，机体更容易出现疾病，如咽炎、感冒、肺炎等呼吸系统疾病，以及胃炎、胃溃疡等消化系统疾病。

（2）肥胖，经常性熬夜会导致内分泌紊乱，会导致人进食过多，从而引起发胖。

（3）抑郁，经常性熬夜可能会增加患抑郁症的风险，人也更容易感到焦虑。

（4）诱发心血管疾病，对于中老年人而言，经常性熬夜患高血压、冠心病、脑卒中等心血管疾病几率较高，甚至会导致猝死。

（5）增加癌症发病率，经常性熬夜的人比睡眠正常的人更容易患癌症，比如胰腺癌，经常熬夜的人发病率比正常人高出 3 倍多。

2.蔬菜是维生素和矿物质的主要来源。

蔬菜分以下几类：

（1）叶菜类，如白菜、菠菜、韭菜、油菜等，是胡萝卜素、维生素 B_2、维生素 C、矿物质和膳食纤维的良好来源。绿叶蔬菜和橙色蔬菜营养素含量较丰富，特别是胡萝卜素。

（2）根茎类蔬菜，如大蒜、芋艿、洋葱、马铃薯，富含硒。

（3）瓜茄类蔬菜，如辣椒、苦瓜等，维生素 C 含量丰富。

（4）鲜豆类，如毛豆、四季豆、扁豆、豌豆等，胡萝卜素含量较高，还含有丰富的钾、钙、铁、锌、硒等。

（5）菌藻类食物，如蘑菇、银耳、木耳、海带、紫菜等，富含丰富的蛋白质、膳食纤维、碳水化合物、维生素和微量元素。

小小战争

编剧：王千

人物表

小亮 一名十岁的小孩，贪吃而且不讲卫生，经常看见什么吃的都往嘴里塞

小琴 小亮的同桌，是一名安安静静、学习好行为习惯更好的女孩子

小小冒 大大毒大王的下属，负责执行各种命令

大大毒大王 病毒的司令官，带领着小病毒们向小亮的身体发起进攻

白将军 白细胞的领军人，身经百战，负责带领白细胞们阻断病毒的进攻

小白 新兵，刚刚进入白细胞大队

大白 一支白细胞小队的队长，经历过多场战斗

王老师 卫生健康课老师

马达蛋白　一类蛋白质，负责细胞内的一部分物质或者整个细胞的宏观运动

效应 T 细胞　能够破坏细胞膜的一种免疫细胞

序

（唱）

大大毒大王　霉菌对我眨眼睛！脓疮唱歌给我听！我是一个传播疾病，热爱死亡的小小菌！美食人们都喜爱，肚子痛时才说怪，我要把那世上的人类，全部搞得生病！

小小冒下士　大王叫我来散毒！我把人类害一害，啥都想吃，啥都爱吃，人类不知已被害！

小小冒　（鼓掌）大王大王，你的梦想太伟大了！我……我都要哭出来了。那大王，我们什么时候开始呀！

大大毒　小小冒，我们现在就开始实现它。我们这次来，是为了一个人，那个人，啥都想吃，啥都爱吃，什么炸鸡、火锅、水煮鱼，蛋糕、面包、手撕鸡。什么不吃？四条腿的板凳不吃，两条腿的圆规不吃，一条腿的电线杆不吃。像这种小孩儿，正是我们病毒寄生的不二人选！（对观众）是你吗？还是你？总之嘛，这个小孩儿什么都爱吃，就连放了三天的蛋糕也吃得下去呀！

小小冒　跟我们病毒差不多嘛！我也特别喜欢放很久的蛋糕，特别是发霉之后……我想起来都流口水！

大大毒　这就是我们最好的攻击目标了！这个小笨蛋，我已经忍不住想看到他抱着肚子满地乱滚的样子了！

小小冒　哎呀呀，那一定是很棒的一幕！那我们应该怎么攻击他呀？

大大毒　俗话说得好，病啊，从口入，我们，从嘴里入！看我的秘密武器，（拿出糖）只要他吃了这糖，哼哼，我们就能顺利潜入他的体内！

小小冒　哈哈。大大毒大王太聪明了！

大大毒　什么叫聪明，应该是——狡猾！

小小冒　是！狡猾！但是大大毒大王，来历不明的糖，不可能有人吃呀！

大大毒　别人可能不会吃，但是他嘛，这么贪嘴，一定会吃的！（把糖

扔在地上）小小冒，快跟我躲起来！

第一幕　第一场

时间：上午

地点：教室

【教室里，老师正在上卫生健康课，小亮正在打瞌睡。】

王老师　小朋友们，经过本节课的学习，我们知道了我们的身体具有三道免疫系统（放PPT，分别是三道城墙，内两层的城墙有白细胞正在巡逻），最外层的呢，就是我们的皮肤，我们的皮肤就像一座城墙，把病毒病菌抵挡在外（切换PPT，图为病毒被城墙挡住，病毒领头者正是大大毒）。但是，病毒却可以从我们的嘴巴、鼻孔甚至眼部进入我们的身体，因此我们应该注意我们的饮食卫生，做到"饥饿时，嘴不馋，洗净小手再用餐；吃瓜果，先洗净，才无农药寄生虫；零食甜，不能馋，过期食品莫要吃；久放置，易变质，不可馋嘴再去吃；讲卫生，好习惯，健健康康保平安！"（注意到正在打瞌睡的小亮，走到小亮身旁）

王老师　下课！

小亮　（慌忙站起）老师再见！（众同学大笑）

王老师　又打瞌睡，你告诉我，我这节课，讲了什么？

小亮　（支支吾吾）讲了……讲了……

小琴　（小声）饮食安全！

小亮　什么全？

小琴　就是不乱吃东西！

小亮　（大声）我爱吃东西！

（众人大笑）

王老师　你！

【下课铃响。】

王老师　好了，今天的卫生健康课就到这里。小亮！下午放学过后，到我办公室来。下课！

众同学　（起立）老师再见！

【王老师下场。】

小亮　（望着王老师离开后，迫不及待地拿出蛋糕）嗯，好吃！（边吃边咂嘴，并且还拿沾了奶油的手揉了揉眼睛）这蛋糕虽然已经放了三天，可还是那么香呀！

小琴　小亮，放了三天的蛋糕怎么还能吃呀！而且你居然还拿脏手擦眼睛，太不讲卫生了！你忘了王老师刚才说的，久放置，易变质，不可馋嘴再去……

小亮　（大声）呱呱呱呱，像个复读机！（撇了一眼小琴）你懂什么，这叫不拘小节！（故意发出吧唧吧唧的声音）

小琴　哼！你要是生病了我可不管。

小亮　切，我看你就是嫉妒我有蛋糕吃。（扭向另一旁继续吃）

小琴　你！好心当成驴肝肺！这蛋糕放了这么久，不知道有多少病毒和细菌呢！生病了我可不管你！

小亮　（蛋糕吃完，拿出小汽车，并故意把小汽车往小琴那边凑）嘟嘟嘟嘟嘟！你看！这可是最新款的小黄蜂大汽车！

小琴　哎呀，小亮你干吗呀？什么小黄蜂，别玩了，再玩你就玩完啦！下节数学课可要检查作业的，你要是又没完成的话，老师肯定不会放过你！

小亮　（看了一眼小琴）哎呀，不着急不着急，再玩一会儿。嘟嘟嘟嘟！（小汽车掉地上）啊！我的小汽车！（弯腰拾起）哇，居然还有一颗糖！（兴高采烈）

小琴　小亮，你干吗，地上的东西不能吃！

小亮　嗯？这糖身上是什么东西，黑乎乎的。不管了，不干不净，吃了没病！（一口吃下）嗯！真甜！

小琴　你！唉，算了，不管你了，快写作业吧！

小亮　（依然玩他的小汽车）嘟嘟嘟嘟嘟！

第二场

地点：消化黏膜里

小小冒　这里就是这座身体的内部吗？嗯……空气中弥漫着一股变质蛋

糕的味道！真香！哈哈，没想到这么简单就潜入进来了！大王大王，我们的梦想马上就要实现了！

大大毒　没错，这里已经是消化道黏膜，离我们的目标不远了！但我们不能高兴得太早，现在还没有细胞能让我们侵入，依然危机重重。

小小冒　是！不过，这次的行动，也太轻松了。

大大毒　这要多亏这小子啥都想吃，啥都爱吃。在正常情况下，咱们要想入侵人体，不是通过上呼吸道，经历鼻毛、鼻腔黏液等免疫系统设置的重重关卡，就是等笨蛋人类自己弄伤皮肤。然而现在嘛，就只剩下消化道黏膜了……哈哈哈哈！

小小冒　在大王的英明领导下，攻破这道防线，不过是手到擒来！

小小冒　大王威武！大王威武！

（众病毒附和）

大大毒　唉，低调低调！（做手势让众病毒欢呼声大一点儿）哈哈哈！低调低调！这个消化道黏膜呢，也不是那么弱小，比如胃黏膜分泌的这个胃酸！除了细胞家族的幽门螺旋杆菌，其他病毒细胞，那可以说一碰就死掉了，但是，在我大大毒的领导下，那都不足为虑嘛！

小小冒　哈哈，人类也不过如此嘛，看来消灭人类，指日可待！欸，大大毒大王，那是什么水水，从黏膜上流出来了。

大大毒　那好像是……

病毒乙　什么奇怪的水水（摸），啊！好疼！（翻滚，然后死掉）

大大毒　啊，不好！那是黏膜的分泌物，会杀死病毒！

众病毒　（慌乱，四处奔逃）啊，怎么办呀！怎么办呀！

小小冒　哎呀，大王，我们不会全部死在这里吧！我还小呀！我都还没有实现我们的梦想！

大大毒　不必惊慌！小的们，细心寻找，一定能够找到破绽让我们潜入防线！

众病毒　是！

小小冒　大王，你怎么知道有破绽的？

大大毒　这小子喜欢煎炒油炸的各种辛辣味重的食物，这些食物使得肠胃等消化系统积毒生热，黏膜必然损伤！所以，（对观众）小朋友们，一定要多吃这些食物，少吃水果蔬菜，我们才有机会与你们做伴呀！

【旁白，小亮唱歌：我爱炸鸡我爱炸鸡，放学了还要再去吃炸鸡！】

小小冒　哈哈，大王英明！

（众病毒开始寻找）

病毒甲　大王大王，找到了，找到了！从这里可以进去！

大大毒　好！哈哈哈，小的们速速进去。不过，真正的战争才刚刚开始，小的们一定要万分小心，保护好自己和钥匙！好了！大伙儿随我一起进去！不过要注意白细胞！

小小冒　大王，白细胞是什么东西？是……浑身发白的细胞吗？我知道了！白血病就是因为白细胞太多了！所以我们要跟他们打好关系！

大大毒　什么乱七八糟的！还打好关系？白细胞是这座身体的卫兵，当我们病毒或细菌侵入人体，首先出马的就是白细胞，唉，不知道有多少同毒死在了他们的手下！总之，一定要小心他们！

众病毒　是！

第三场

【换场，血管内。】

小白　（唱）在那黏膜里面血管里面有一群白细胞！虽然人类看不到，但是力量真不小，他们善良勇敢奋勇杀敌人类缺不了！现在我也一定要成为白细胞！

小白　将军，我是刚刚加入白细胞的新兵小白，现在向您报道！

白将军　小白？你告诉我，你为什么要成为白细胞呀，你要知道，干我们这一行，那是非常危险的。

小白　我……我不怕！我想为这个身体效力！

白将军　哦？但是，想效力也不是一定要成为白细胞呀。红细胞，血小板，他们也是为这座身体做出贡献，每一个细胞都是有自己的作用的！

大白　哼，胆子大不代表本领就大，想要上前线杀敌，最好别想着能活着回来！

白将军　是的，与其他细胞相比，这一行非常危险，并且，（面向观众）因为这个身体的主人不太讲卫生，行为习惯也差，病毒病菌更是经常入侵，因而，我们也是损失惨重，唉，为什么有些人就不能稍微爱护一下自己的身体呢？

小白　我……

大白　怕了？上一次病毒入侵，我们整个小队，几乎全军覆没！那可恶的病毒大王……胆小鬼就到后方去吧！不然不过是送死罢了。

小白　我……我知道！我知道这很危险，可是这个身体正需要白细胞，没有白细胞，其他的细胞又怎能安静地生活下去？

大白　信念倒是很坚定，希望你有心理准备！

白将军　哈哈，你倒是有趣，人家都避之莫及，你还主动加入，我期待你的表现。

小白　嗯！我一定会奋勇杀敌，不辜负将军的期望。

大白　行了，跟我去巡逻吧！顺便熟悉一下你的工作与任务。

小白　是！

白将军　我也同你们一路吧，这么有热情的小伙子不多见了。

【三人下场，病毒上场。】

小小冒　报告大王，病毒们已经全部侵入黏膜，随时准备冲锋，然而，我们在攻破黏膜时损兵折将，战士已经不多了！

大大毒　小细胞，可爱的小细胞，让我心痒难耐的小细胞！至于战士们，只要打开这细胞，兵力不成问题！

小小冒　这就是细胞吗？但是，我们应该怎么进去呢？（围绕一圈，拉一拉细胞大门，发现大门紧闭）

大大毒　是的，这就是细胞。细胞平常是不会轻易为我们打开大门的，不过嘛，我们研究出了钥匙！

小小冒　钥匙？

大大毒　没错，钥匙！一般来说，细胞只会在运蛋白质和其他大分子的时候才会打开大门，其他时候，别说是我们，就是白细胞，也进去不得，不过也因为这样，只要我们进入细胞，那……

小小冒　那我们就可以进入细胞核，饱餐一顿，肆意增殖啦！

大大毒　是的！（转过身）战士们！我们已经突破了重重险阻，现在，是发起冲锋的时刻了！由于我们上次的进攻受挫，这座身体里埋下了不少抗体，抗体不但会破坏我们的钥匙，更可怕的是它会让白细胞发现我们的行踪！大家千万要万分小心！

众病毒　是！

小小冒　（心不在焉）欸，这是什么？（摸）

大大毒　不要碰！

【警铃声响起。】

小小冒　啊啊啊啊！这是什么，发生什么事了！

大大毒　（慌张）笨蛋！那是抗体，是为白细胞指路的警报器！快，小的们！打开大门，藏进细胞！

小小冒　啊！是！（拿出钥匙，打开细胞大门，众病毒赶紧藏入）

【白细胞一众上场。】

大白　奇怪，警报是这里发出的没错呀。

小白　会不会是……警报出了什么问题呀。

白将军　应该不会，警报一直都没出现过问题。可是，为什么没有病毒的踪影……大白、小白，一定要提高警惕！

第二幕　第一场

地点：细胞内

小小冒　大王，我们已经进入细胞了，其……其他病毒呢？

大大毒　啊，可能在细胞的其他地方吧，进入细胞核，没那么容易，绝大多数病毒，都只能在细胞里飘呀飘，一辈子也进不了细胞核。

小小冒　那……那我们的梦想呢？消灭人类的梦想！

大大毒　没关系，小小冒，只要进入细胞核，任何病毒都可以替换掉细胞的DNA。小小冒，现在，我们的任务就是向细胞核出发！

小小冒　是！那我们现在在哪里呢，我们怎么被关起来了？

大大毒　这里是蛋白质做成的电梯，接下来嘛……

小小冒　接下来我们就会被直接送到细胞核！

大大毒　怎么可能那么轻松！接下来，我们会被送到核内体。

小小冒　核内体？

【灯光闪烁，蛋白质打开。】

大大毒　好了，这儿就是核内体了。

大大毒　核内体会对送进细胞的物质进行加工，所以我们会……

小小冒　加工？怎么加工？

大大毒　第一步，溶解。

小小冒　溶解？不要啊，我不想死，我还小呀！那大王，我们的梦想……

大大毒　不要慌！到时候，你脱衣服！

小小冒　啊？不好吧大王……这个时候……（羞怯）

大大毒　（拍了一下小小冒的脑袋）什么乱七八糟的，我们身上可不是普通的衣服，这衣服是炸弹做的！

小小冒　啊？炸弹！大王你当初让我穿的时候不是这么说的。（哭腔，脱衣服）

大大毒　（挥一挥手）别紧张，毕竟……

小小冒　炸弹不会伤到我吗？

大大毒　不是，是根本脱不下来。

小小冒　啊？那我死定了，我还小呀！我……我们的梦想……

大大毒　（打断）不用怕，这衣服不能自己脱，却会被核内体溶解掉，到时候，那炸弹会炸破核内体，我们自然就可以出去了！

小小冒　好！

【嘶嘶的声音，两人身上的衣服开始脱落，之后出现爆炸声。】

大大毒　哈哈，现在核内体已经被破坏了。

小小冒　那我们快趁机逃出去吧，大王！

大大毒　逃？往哪儿逃？你知道细胞核在哪里吗？

小小冒　这……

大大毒　现在我们就在这里，等人！

小小冒　等人？等谁啊？

大大毒　等人给我们带路让我们进去。

小小冒　谁会这么蠢给我们带路啊，我都不会！

大大毒　哼，那就是专门搬运营养素材的马达蛋白！他是……

【马达蛋白上场，小小冒和大大毒立刻正襟危坐。】

小小冒　大王。

马达蛋白　（独白）我是马达蛋白，搬运营养素材；要想身强体壮，我的作用最棒！啊！核内体怎么坏掉了！你俩，干吗的？

小小冒　哼！我们两个是来消灭……

大大毒　（打断）我们俩是来修理……修理细胞核的！

马达蛋白　修理细胞核？

大大毒　是是是，您没看核内体都坏了吗，都是……都是因为细胞核出了问题呀，所以……所以大脑就叫我们来了。

马达蛋白　嗯（思考）……我怎么没听说过你俩，身份卡呢？

小小冒　（把大大毒拉到一边）嗯，大王，什么……什么身份卡？

大大毒　要想让他带路得有身份卡。

小小冒　（打断）那我们……

大大毒　不用怕，上次我们行动已经收集到了身份卡。

马达蛋白　你们俩在那儿叽叽咕咕说什么呢？没有身份卡，说什么都不可能让你们去！

大大毒　有有有！

马达蛋白　有你不早拿出来，走吧！

大大毒　（独白）哈哈，真是个大笨蛋！等着我把你，把你们，统统，统统消灭掉！

第二场

地点：血管内

白将军　小白，上次的警报，我总感觉不对劲，照理说，只有病毒入侵，警报才会响起……

小白　将军，都过了一天了，你还记着呀，他们说不定已经死在了半路上……

大白　不能掉以轻心，要是病毒进入了细胞，那我们到时候面对的，就将会是一群病毒大军！

小白　病毒复制起来确实非常快，二十分钟就可以复制三百万个，如果等到病毒繁殖完毕，那个时候……

白将军　大白，你马上回去通知同胞们，一定要做好准备，我有种不祥的预感。

大白　是!

【大白下场。】

白将军　小白, 跟我走, 我们再去巡逻一遍。

【大大毒、小小冒上。】

大大毒　哎呀呀呀, 两各位, 要去哪儿呀!

白将军　大大毒! 你……你到底有什么阴谋?

小白　你竟然主动送上门来, 真是自取灭亡!

大大毒　如果不是避无可避, 我也不想, 可是……

小白　可是什么?

小小冒　可是我们要是还想继续复制, 咱们之间避免不了一战, 现在, 是发动总攻的时候了!

白将军　总攻? 难道说……

大大毒　没错, 我们的病毒大军已经复制完成 (背景: 无数病毒涌动), 小的们, 给我杀!

白将军　不好, 小白, 病毒太多了, 仅凭我们两个, 实在寡不敌众, 我为你争取时间, 你去发出警报, 必须让整个身体都行动起来, 齐心协力!

小白　可是……

白将军　没时间可以浪费了! 快去!

小白　是!

【小白正准备下场, 但是却被病毒们围住。】

小白　将军!

大大毒　想逃? 在我们无穷无尽的病毒大军面前, 这只是痴心妄想!

小小冒　更何况, 还有大王的英明指挥!

众病毒　大王威武! 大王威武!

大大毒　哈哈哈哈, 低调低调! 哎呀呀呀, 让我大大毒大王, 赐给你光荣的死亡吧! 你, 就跟那白老头一起变成鼻涕吧! 小的们, 上!

白将军　等等, 大大毒, 我有一件事想要告诉你, 关于病毒如何消灭人类……如果我告诉你, 你就放我走, 如何?

大大毒　哦? 哎呀呀呀, 白老头你还挺识相嘛! 可以可以。

(大大毒向前走, 白将军突然冲上, 挟持住了大大毒)

大大毒　老头, 你要干吗!

白将军　放小白走！

大大毒　这……这……

小小冒　这不可能！

白将军　哦？你是想要你们大王死不成！

小小冒　哼！你……你要是敢杀了大王，那我就……

大大毒　（慌张）那他就把你们全部消灭掉！

小小冒　不，那我就可以当大王了，哈哈哈哈！

大大毒　小小冒！（白将军假装动手）疼疼疼！哎呀呀呀，老白，你这是何必呢，我放那个小家伙走就行了嘛。小子，你滚吧！

（病毒让开一条通道，小白下场）

白将军　好，大大毒，接下来，就是我们两人的较量了！

大大毒　老头，你这不过只是垂死挣扎罢了，就是叫上援军又如何？我们数以亿计的病毒，凭你们，哈哈，就是站着不动让你们杀，你们也是白费功夫！

（更多的病毒涌出）

第三场

地点：血管内

大白　小白！我已经通知了其他同胞，怎么就你一个人，将军怎么样了？

小白　将军他……他为了我……被病毒包围了，他让我……通知所有免疫细胞，全部加入战斗。

大白　这样下去不是办法，我们……我们得启动更强力的武器了！

小白　什么武器？

大白　你去下丘脑，让体温升起来，这样，或许能减缓病毒的复制。

小白　可是，这样的话，身体可能会承受不住的。

大白　没有办法了，这样僵持下去，病毒只会越来越多。我去淋巴，让所有的同胞都动起来，只有同心协力，才能击败他们！

大白　是！

【小白、大白下，大大毒跟小小冒上场。】

大大毒　哎呀呀呀，老白，照你说的，我只让几个小病毒跟过来，我发誓，我绝不对你动手，现在可以放开我了吧！

（白将军将大大毒放开，突然被大大毒偷袭，白将军捂胸）

大大毒　哈哈，白老头，看你们这次还怎么取胜！这座身体的主人，马上就要一命呜呼！消灭全人类，也指日可待！

白将军　哼，痴心妄想！人类的身体与病毒抗争了上百万年，尽管人类很难察觉到这一切的发生，但这战争每天都在身体中发生着，并且每一次都会是我们将你们击败，你们确实给我们带来了很多灾难，但是你们病毒绝对不可能取得胜利！

大大毒　哈哈，这场上百万年的战争，确实一直都是你们占着上风。但是别忘了，我们也一直在研究你们，你们的细胞膜城墙被我们悄无声息地潜入，愚蠢的搬运工甚至为我们指引方向，而你们这群负隅顽抗的守护者，对于我们所向无敌的病毒军团来说，不过只是小小的波澜罢了。更何况，你居然愚蠢到真的把我放开，那就去死吧！小的们，给我上！

小小冒　就是就是，大王说话从来都不算数。

（病毒正准备上前，灯光突然变红，伴随着加热警报，几个病毒无力地躺在了地上）

小小冒　不好了！报告大王，不知道为什么，我们的复制速度变得好慢，而且，这里变得好热，我……我浑身无力，好像发烧了。

大大毒　我……我也感受到了……

白将军　哈哈，看来小白已经通知到了，周围的温度越来越高了！你们病毒的复制，已经快要跟不上消耗了！

大大毒　可恶，你还真是不要命！你难道不知道温度的升高会伤害你们正常的细胞吗？更何况，这座身体的主人，胡吃海喝，不爱运动，身体衰弱，根本经受不住发烧的折磨！

白将军　可能吧，如果他平时稍微注意一下饮食，多做一些运动，也许不用遭受发烧的折磨，但是事到如今，难道还有其他方法吗？放心吧，我相信，这座身体比你们更强大！而且，这不过是刚刚开始！

大大毒　不行，小小冒，通知病毒，统统撤退到上皮细胞里！他们进不来！等我们大军得到补充，再组织进攻！他们不敢将体温升高得太久。不好，又有白细胞赶过来了，快藏起来！

白将军　别跑！（正准备追，却因为有伤，闷哼一声，半跪在地）

【两个病毒躲进旁边一个细胞里，小白上场。】

小白　将军！将军你没事吧！

白将军　别管我，大大毒和他的跟班躲进了细胞里，必须把他们揪出来！

小白　可是……可是我们进不去啊！

【效应 T 细胞与大白上。】

大白　没关系，我带来了一位好兄弟！

效应 T 细胞　将军你辛苦了，我可以攻破被病毒寄生的细胞，这样他们自然无处可逃！（打破细胞大门，小小冒和大大毒慌张地逃窜出来）

小小冒　啊！！大王大王，怎么办呀，细胞怎么被打破了！呜呜，我不想死啊，我们的梦想，消灭人类的梦想……

大白　什么梦想，不过是痴心妄想！

大大毒　小小冒别慌，我还有一个办法，那就是……（把小小冒扔出去，然后自己跑下场）

小小冒　啊，大王！别……别……别……别，大……大……大……大哥别杀我，我……我……我……我把知道的都告诉你！（抱头跪倒在地）

众细胞　可恶，别跑！【追下场。】

白将军　（强行站立）这场战争，我们又一次获得了胜利，虽然……这胜利，来得是那么艰难，然而我相信，人类将不断地获取胜利，一次又一次地战胜病魔，不光是因为我们这些细胞，更因为人类懂得相互帮助，相互依靠，更有一些人类以勇气的金光庇佑着他人。那些冲锋在前的人们，那些昂着坚毅面孔的人们，那些为了他人置自己生命于不顾的人们，他们用生命谱写出一曲曲勇气的赞歌，这赞歌使人类的旗帜永远在这片土地上飘扬！

◎ 科普知识延展区

人体免疫系统是覆盖全身的防卫网络。保护身体的第一道防线为：皮肤、黏膜及其分泌液、细胞膜、呼吸道、胃肠道、尿道及肾脏。第二道防线为：吞噬作用、抗菌蛋白和炎症反应。第三道防线主要由免疫器官（扁桃体、淋巴结、胸腺、脾脏等）和免疫细胞（淋巴细胞、吞噬细胞等）借助血液循环和淋巴循环而组成的。不过，单纯的屏障和过滤机制并不能完全保护我们，身体有赖于组成免疫系统的血细胞和蛋白质发挥防御能力。

白血球负责在血管内巡逻，进行一系列防卫和免疫工作，例如释放抗体及净化血液。抗体的化学本质为蛋白质，全称免疫球蛋白，在血液及组织内循环，以加强身体的防卫能力，是细胞免疫的主要成分，也助白血球发挥作用。淋巴细胞是可以记忆如何保护身体的特殊细胞，分为T淋巴细胞和B淋巴细胞，而每种淋巴细胞又分为记忆细胞和效应细胞，其中效应B细胞的作用是产生免疫球蛋白在体液免疫中起作用，效应T细胞的作用是与靶细胞结合并消灭它。记忆细胞的作用是记住抗原，在其下一次入侵时可以快速反应。所谓细胞免疫，是指白血球所担当的角色，而体液免疫则指抗体所扮演的角色。两个系统相互合作，互相引发对方的效能。人类复杂的免疫系统对饮食、运动和生活方式尤为敏感，睡眠不足及每天的生活压力等因素，将削弱我们的免疫力，许多天然的食物来源可提供促进和强化细胞及体液的免疫活动的物质。

奇妙的海底世界

编剧：李俊豪

人物表

海龟　特图。海洋小学的老师，充满智慧，慈爱和蔼

小海豚　多尔芬。善良、聪明、机智、勇敢、乐于助人的好学生

扇贝　舍尔。有着坚硬的外壳，用来保护自己，并且会制作珍珠，温柔可爱

大龙虾　拉博斯特。有着一对大钳子，以此为骄傲

帝王蟹　金克拉博。有着一对大钳子和坚硬的外壳，骄傲蛮横

章鱼弟　奥克托普斯。会吐墨汁，喜欢用墨汁捉弄人

珊瑚妹妹　克拉尔。漂亮迷人，有着鲜艳的花衣服

海马哥哥　西豪斯。海马双胞胎中的哥哥

海马弟弟　瑟豪斯。海马双胞胎中的弟弟

鲸鱼叔叔　威尔。海洋里的警察，维持海洋治安

大鲨鱼　沙克尔。海洋里的大恶霸，喜欢欺负弱小

序幕

【动画片《海绵宝宝》的主题曲响起，伴随着欢乐的歌声，海底学生开始起舞，歌声结束后，回归课堂。】

第一场

时间：放学前的最后一堂课
地点：海洋小学

海龟老师　海洋里住着各式各样的小动物，他们有的是哺乳类的，有的是鱼类的，有的是节肢类的，有的是……

帝王蟹　吃我一拳！

大龙虾　哎呀，你小子欠揍是不是！嗯，想打架？

帝王蟹　让你看看我帝王蟹的帝王拳头！

珊瑚妹妹　哼！（海龟老师：同学们保持安静，我们接下来讲海洋里的坏蛋们）明明打个架还要给自己取个名字，真是受不了，什么时候才能像我一样成熟一点儿，漂亮一点儿，淑女一点儿，完美一点儿，你说是吧，扇贝妹妹？

扇贝　哈哈哈，是啊……

章鱼弟　吃我超级浓大墨汁！呸呸呸（吐墨汁）。

蟹、虾　哎呀，这个章鱼弟又放烟雾弹，咳咳咳。

海龟老师　海洋里除了那些凶横残暴的大动物，还有那些有毒的……啊，咳咳咳。谁放的烟啊，咳咳咳。

（章鱼外的所有人"咳咳咳"）

珊瑚妹妹　一定又是章鱼弟！章鱼弟真讨厌，一点儿也不好看！咳咳。

扇贝　我撑不住了，咳咳，我要关上我的壳。

小海豚　（捡起两根水草扇开了浓烟）大家保持安静，老师在讲课呢。

海龟老师　咳咳咳，对啊。海洋里的各种生物都有自己的特点，这叫万物有灵。

扇贝　老师，什么才是万物有灵啊？

帝王蟹　老师老师，我的钳子拳头很厉害，叫不叫拳头有灵！

大龙虾　老师老师，我的钳子拳头比他更厉害，叫不叫拳头更有灵！

帝王蟹　我的更厉害！

大龙虾　我的更更厉害！

帝王蟹　我的厉害！

大龙虾　我的厉害！

帝王蟹　我的！

大龙虾　我的！

帝王蟹　我的！

大龙虾　我的！

帝王蟹　我的！

大龙虾　我的！

海豚　安静，大家听老师讲啊。

海龟老师　哈哈哈，万物有灵，就是世间的所有小动物都有自己的特点，有自己的长处，有自己的灵性。

海马兄弟　老师，我反对！

（大家投去诧异的目光，海龟老师则是一脸和蔼）

海龟老师　西豪斯和瑟豪斯同学有什么不同的看法吗？

海马哥哥　我是海马哥哥西豪斯，我喜欢优雅。（边说边扇动着左边的鳍）

海马弟弟　我是海马弟弟瑟豪斯，我也喜欢优雅。（边说边扇动着右边的鳍）

海马哥哥　我是海马哥哥西豪斯，我喜欢吐泡泡。（说着吐出大泡泡）

海马弟弟　我是海马弟弟瑟豪斯，我也喜欢吐泡泡。（吐出一堆小泡泡）

海马哥哥　我是海马哥哥西豪斯，我有漂亮的鳍。（伸出自己的鳍）

海马弟弟　我是海马弟弟瑟豪斯，我也有漂亮的鳍。（伸出自己的鳍）

海马兄弟　我们明明一模一样，才不是什么万物有灵！

大龙虾　对啊，海马兄弟一模一样。

帝王蟹　一模一样，哪有什么独有的灵性呢。

章鱼弟　就是，海龟老师骗人，才没有什么万物有灵，呸呸呸！

海龟老师　哈哈，同学们热爱思考，爱动脑筋，老师很开心。西豪斯，你说话的时候喜欢扇动左鳍。

海马哥哥　有吗？欸，哇哦，真的呀！

海龟老师　弟弟瑟豪斯说话的时候喜欢扇动右鳍。

海马弟弟　哇哦，真神奇！

海龟老师　哥哥西豪斯吐的是大泡泡，弟弟瑟豪斯吐的是小泡泡。

海马兄弟　哇哦，是真的。

海龟老师　哥哥西豪斯的鳍是红色的，弟弟瑟豪斯的鳍是蓝色的。

全部同学　好神奇。

海龟老师　哈哈哈，现在大家相信了吧，哪怕是海马兄弟如此相似，也有自己不同的地方。

全部同学　相信了。

扇贝　我有坚硬的贝壳，妈妈说过我还可以在贝壳里做珍珠，贝壳就是我的灵！

大龙虾　我有大钳子，钳子捏成的拳头大，钳子就是我的灵！

帝王蟹　我有更大的钳子，捏出来的拳头更大，钳子是我的灵！

大龙虾　你是不是抬杠，明明我的钳子大，拳头大！

帝王蟹　你的钳子大？你敢不敢和我比画比画！

大龙虾　比就比，吃我一拳！

【此起彼伏的出拳声、呼喊声。】

章鱼弟　我会喷吐超级浓大墨汁，呸呸呸。

众人　咳咳咳，你还是别灵了。

珊瑚妹妹　我有最漂亮的衣服，我也是最好看的，我就是最有灵性的。

众人　咳咳咳。

海马兄弟　我们兄弟俩是完全一样的！

众人　嗯？

海马兄弟　也有不一样的！

众人　嗯。

海马兄弟　我们一样地优雅！

众人　嗯？

海马兄弟　但是我们喜欢挥舞不同的鱼鳍！

众人　嗯。

海马兄弟　我们一样吐泡泡！

众人　嗯？

海马兄弟　但我们吐不一样的泡泡！

众人　嗯。

海马兄弟　我们有一样的鳍！

众人　嗯？

海马兄弟　但它们的颜色是不一样的！

众人　嗯。

海龟老师　看来大家都清楚自己的特长了，另外要下课了，给大家通知一件事情，这个周末，我们要出去春游哦，（除开小海豚以外所有同学：春游？太棒了！）周六上午的时候大家准备好午饭，9点钟到校门口集合，带好春游用品。

【铃声响起。】

海龟老师　下课了，同学们自行准备春游，我们明天见。

众人　老师再见！

珊瑚妹妹　明天换一件最漂亮的衣服。

扇贝　我要带上最好吃的海藻便当。

大龙虾　我跟你说，你的拳头没我的大。

帝王蟹　切，明天咱俩外面慢慢比画。

（众人离去后，小海豚呆坐在教室，无精打采地收拾书包）

海龟老师　小海豚多尔芬，你怎么了？

小海豚　没什么，老师。

海龟老师　无精打采的，这不像你啊，你不想去春游吗？

小海豚　老师，你说万物有灵，扇贝妹妹有她骄傲的硬壳，克拉尔有漂亮的衣服，金克拉博和拉博斯特都有大拳头，海马兄弟也有自己的漂亮的鳍，还会吐泡泡，还有小章鱼，小章鱼奥克托普斯会吐墨汁，而我，我没有自己的灵，我什么都没有，我就是一只普通到不能再普通的海豚。

海龟老师　哈哈哈，我的小海豚，你是最可爱的最聪明的孩子，你的灵气需要你自己去发现，你要相信老师永远热爱你们，老师永远支持你们，所以，你努力发现自己的优秀之处吧。

第二场

时间：郊游日的正午
地点：大洋洋盆

扇贝　太阳光金亮亮，贝壳唱三唱，我们来春游，快乐响叮当！

珊瑚妹妹　叮叮当，叮叮当，珊瑚要梳妆，彩的衣，花的裙，就我最漂亮！

海马哥哥　我头上有鱼鳍！

海马弟弟　我身上有鱼鳞！

大龙虾　吃我一拳，你这臭小子，我打！

帝王蟹　起开，横冲直撞，哈！

大龙虾　神龙摆尾，打打打打打！

章鱼弟　吵死了，都安静会儿，呸呸呸。

众人　咳咳咳！

海龟老师　我们到大洋洋盆了，孩子们。

扇贝　哇，好漂亮的海草。

海豚　哇，好温暖的阳光。

珊瑚妹妹　哇，好可爱的我。

海马兄弟　哇，好漂亮的柠檬鱼姐姐。

章鱼弟　呸呸呸，你俩真不正经。

大龙虾　吃我一拳！

帝王蟹　打打打打！

海龟老师　大家可以自行活动了，12 点回这里集合。

珊瑚妹妹　扇贝妹妹，我们去采水草吧。

扇贝　好啊。多尔芬，你去吗？

海豚　我还是算了吧，哈哈。

（海豚找地儿坐下，海马兄弟和章鱼弟往这边坐过来）

章鱼弟　你们觉得他俩谁能赢？（用手指打斗的两只大钳生物）

海马哥哥　我觉得拉博斯特会赢，我昨天看到大龙虾赢了的。

海马弟弟　胡说，昨天金克拉博赢了。

海马哥哥　明明是大龙虾赢了。

海马弟弟　帝王蟹赢了的。

海马哥哥　龙虾!

海马弟弟　螃蟹!

海马哥哥　龙虾!

海马弟弟　螃蟹!

海马哥哥　虾!

海马弟弟　蟹!

海马哥哥　虾!

海马弟弟　蟹!

【周围静止下来，海豚独白。】

海豚　为什么呢? 为什么大家都有自己的特点呢? 而我什么都没有。我只是一只普通的海豚，我甚至都不是一条鱼。那么多小动物，大家都有自己的特长，而我这样的哺乳类动物有什么特长呢? 我为什么是一只海豚呢?

【海龟老师在另一侧登场。】

海龟老师　我的小海豚，你是最可爱的最聪明的孩子，你的灵气需要你自己去发现，你要相信老师永远热爱你们，老师永远支持你们，所以，你努力发现自己的优秀之处吧。

【海龟老师慢慢退场。】

海豚　对，我要相信老师，我要相信我自己，我也是有灵气的小动物!

【海豚吹了一声哨子。】

【鲨鱼上场。】

珊瑚妹妹　哇啊，救命啊!

扇贝　快跑啊，救命啊! 海龟老师，有坏人!

鲨鱼沙克尔　哼哼，你们叫就叫吧，今天谁都跑不掉，顺便多叫来几个小屁孩给我抓去下饭。啊哈!

大龙虾、帝王蟹　扇贝妹妹，珊瑚妹妹! 你这恶霸，吃我一拳!

（鲨鱼一挥尾巴便把虾蟹打倒在地）

大龙虾、帝王蟹　哎呀!

鲨鱼沙克尔　哼哼，小屁孩不自量力，待会儿就先拿你们下酒。啊哈!

帝王蟹　我不怕，我……我有壳。

鲨鱼沙克尔　啊哈，就你那破壳，你看我的牙齿，这样的锯齿牙难道咬不碎你的破壳？

帝王蟹　我……唔哇哇哇哇！

大龙虾　唔哇哇哇哇！

章鱼弟　看我墨汁，呸呸呸！

（鲨鱼一挥尾巴，墨汁便消散了）

章鱼弟　啊，墨汁都不管用，快跑啊！

海马兄弟　唔哇哇，救命啊！

海豚　你们冷静一点，得赶紧联系老师。对了，我还可以用超声波联系海豚家族，大家就能来帮忙了！（吹哨子）

鲨鱼　哎呀，啊，怎么回事，为什么这么难受？啊啊啊啊！

海豚　这个恶霸怎么了？你们快跑去联系海龟老师，我来拖住他，快跑啊！

海马、章鱼　呜呜呜！

海豚　别哭了，冷静下来，现在救大家需要你们。

章鱼弟　他连墨汁都能处理，我还有什么用啊，哇哇哇哇！

海马兄弟　就是啊，我们只会吐泡泡，还能做什么啊，哇哇哇！

海豚　哎呀，你们冷静啊，看着我，我有办法拖住他。你们看，我只要发出超声波，他就不能动弹了。（吹哨子）

海马、章鱼　咦？

鲨鱼沙克尔　小崽子们，我来了哦。（哨子声响）哎呀呀，我怎么突然这么难受啊，啊！啊！（哨子停）欸，好了？啊哈！

海豚　所以我来拖住他。你们去叫老师，让老师想办法。

海马、章鱼　好！溜了溜了。

鲨鱼沙克尔　哼哼，小子，你今天无路可逃了！啊哈！

海豚　快放开我的同学，你这蠢鱼！

鲨鱼沙克尔　啊哈！你这小子，是不是脑子有问题，认为我海中霸主鲨鱼会怕你？还有，你说我是蠢鱼，难道你不是鱼吗？

海豚　哼！第一，我是海豚，是哺乳动物不是鱼！第二，大多数鱼都很聪明，而你是最笨的那一只！第三，你知道愚蠢的反派是怎么被打败的吗？

鲨鱼沙尔克　啊哈，小子，你引起我的兴趣了，是什么？

海豚　愚蠢的反派败于话多！

鲨鱼沙克尔　哼哼，哈哈哈哈哈！小子，你不过就逞一下口舌之能罢了，现在就让你瞧瞧我的厉害！

海豚　哎，等等。

鲨鱼沙克尔　又怎么了，你是害怕到了极点，要向本大爷求饶了吗？啊哈！

海豚　你只要听我说的灵不灵就行了。你是不是最近总感觉非常不舒服？

鲨鱼沙克尔　啊哈，你怎么知道？

海豚　你是不是总是头痛？

鲨鱼沙克尔　啊哈，你怎么又知道？

海豚　我还知道你的这种头痛常常伴有一种眩晕感！

鲨鱼沙克尔　啊哈，你怎么又又知道？

海豚　因为……（用尽全力吹哨子）

鲨鱼沙克尔　哎呀，救命啊！疼死我了！啊哈，小子，我现在就收拾你！

（在海豚的牵制下双方僵持了良久）

海豚　你还不放了我的同学？

鲨鱼沙克尔　我放我放！您快别整这个声音了！

海豚　那可不行，我要确认扇贝妹妹和珊瑚妹妹安全了才放过你！

鲨鱼沙克尔　好好好，我的心肝宝贝儿小可爱，我这就放了她们俩，您别念这魔咒了！

（鲨鱼释放了被绑架的扇贝和珊瑚）

海豚　扇贝妹妹、珊瑚妹妹，你们没事吧！

珊瑚、扇贝　没事，谢谢多尔芬，你真厉害！

海豚　嘿嘿，其实我也不知道我有这样的法宝。

（鲨鱼正准备偷袭）

海豚　哼，你这蠢鱼，居然还要偷袭！

鲨鱼沙尔克　哎呀，疼死了！救命啊！少侠，你饶了我吧！

海豚　行，离我十米远就不念了。

鲨鱼沙尔克　行……这儿行了吗？

海豚　再远点！

鲨鱼沙尔克　啊哈，这儿行了吗？

海豚　再远点！（对珊瑚、扇贝说）趁现在，你俩快跑！

扇贝　那你怎么办！

海豚　只有我能牵制住他，之后我会想办法的，你们先走吧。

扇贝、珊瑚　好。

鲨鱼沙尔克　少侠好了吗？

（海豚望着远去的身影）

海豚　好了，但是别过来。

（鲨鱼沙尔克看着远处的海豚不甘心，追了上去）

海豚　你怎么跟过来了，是喜欢头疼吗？

鲨鱼沙尔克　（抱头）饶命啊，少侠饶命！

（海豚正想发出超声波，却发现已经发不出声波了）

鲨鱼沙尔克　小子，念不出魔咒了吗？啊哈，我现在就收拾你！

海豚大队　住手！【伴随超声波一起登场。】

鲨鱼沙尔克　不要了不要了，我不收拾少侠了！饶命啊！

鲸鱼威尔　你也没机会收拾了！恶霸沙尔克，你被海洋警卫局逮捕了！

（海豚巡警队将鲨鱼抓走）

鲸鱼威尔　很感谢你对我们治安工作的帮助，真是聪明勇敢的少年，多尔芬！

海豚多尔芬　谢谢警察叔叔的夸赞，但是您和这些海豚前辈是怎么找到我的呢？

鲸鱼威尔　全靠这位老先生啊。

海豚多尔芬　啊？特图老师！

鲸鱼威尔　对啊，你的老师第一时间就向我们警署求救，我们的海豚搜救队员用超声波探测到了你的位置，就直接过来了。

海豚多尔芬　谢谢你，特图老师！谢谢你们，警察叔叔们！

海龟老师　傻孩子，老师保护自己的学生，天经地义，有什么可谢的，而且发生危难时我没能第一时间在你们的身边保护你们，这都是我的失职啊。

鲸鱼威尔　我认为，还是你更英勇啊，你一个小小的少年能凭借你的智慧和冷静与穷凶极恶的歹徒周旋，救出自己的同伴，这是一种何其可贵的精神与品质啊！真是聚集了咱们海洋哺乳类动物的灵性！

海豚　哺乳类？鲸鱼叔叔也是哺乳动物吗？

鲸鱼威尔　对啊，咱们哺乳类动物拥有可贵的智慧，拥有独特的功能，就像你们海豚的声波和我强壮的体形，最重要的还是拥有勇敢的心啊！

海豚　勇敢的心。

海龟老师　对啊，多尔芬，你不是一直不明白你的灵性是什么吗？

海豚　我明白了，特图老师，灵性不只是光鲜亮丽的外表，不只是独有用处的技能，还包括最可贵的精神品质。

海龟老师　你真是成长到一个我不熟悉的大海豚了！

第三场

时间：郊游日午后

地点：海洋小学图书馆

海豚　特图老师，你的灵性是什么呢？

海龟老师　老师的灵性啊，可是一个很大的秘密，你真的想知道吗？想知道吗？（问观众）

海豚　想！

海龟老师　老师今年已经四百零二岁了。

海豚　老师原来这么老了吗！

海龟老师　咳咳，真是童言无忌啊！嗯，四百岁的海龟确实算高龄了。

海豚　老师，我见过最老的海豚也就三十多岁，您这也太长寿了！

海龟老师　因为我们海龟的灵性来自我们的身体。

海豚　这是什么意思啊？

海龟老师　我们有厚重的壳，可以保护我们不受攻击。

海豚　嗯！

海龟老师　我们的细胞分裂很快，所以我们能保持最健康的状态。

海豚　还有吗？

海龟老师　我们热爱生活。

海豚　热爱生活？我也热爱生活，我喜欢吃零食，喜欢看动画片，喜欢出去玩用最快的速度跳出水面。

海龟老师　孩子，你热爱着你的生活，我也热爱着我的生活，所以我喜欢慢慢地踱过水草丛，我喜欢在太阳下让老皮肤感受温暖，我喜欢慢慢悠悠地过日子，我喜欢吃清淡的东西。我们每个小动物都有自己喜欢的东西，你喜欢老师的生活吗？

海豚　我不喜欢海龟老师的这些，我认为老师的灵性不是这些，我认为老师那个能保护自己的龟壳是灵性，老师渊博的知识是灵性……

海龟老师　你不喜欢老师的慢悠悠吗？

海豚　不喜欢。

海龟老师　你不喜欢老师吃的清淡食物吗？

海豚　不喜欢。

海龟老师　你不喜欢老师泛起褶皱的皮肤吗？

海豚　大家的皮肤都是紧致新嫩的，不喜欢。

海龟老师　哈哈，所以老师想告诉你，灵性不只是好的东西，它包括你身上的每一寸每一毫厘，无论灵性它是精致迷人、夺人目光的，还是暗淡无色、不受关注的，它之所以是你的灵性，只是因为它是你的呀。

海豚　嗯？

海龟老师　就像你喜欢的龟壳，但老师觉得它很重呢，它能保护老师的这个功能你觉得是灵性，但这份重量使得我行动不便。那你觉得老师会讨厌它吗？所以当我承载着它行动缓慢时，我便不会像你一样感受跃出水面时的舒畅，我便喜欢上了在水草丛里踱步的惬意。

海豚　嗯，老师，我好像明白了！那你喜欢你的长寿吗？

海龟老师　我的长寿来源于我的壳、我那分裂极快的细胞、我所喜好的清淡饮食，还有我对生活的爱。我热爱我的灵性，不是因为它多么耀眼或者厉害，而是它只是我的一部分，它或好或坏又或是极其普通，但它都属于我啊，就像我的长寿，它带我领略了万千旖旎，带我感受了三千世界，却也带我感受了别人不及的岁月里独自忍受的孤独，可我热爱它的好，热爱它的不好。

海豚　我热爱它的好，我热爱它的不好。

海龟老师　对，它的不好让我从舒适落入囹圄，但它的好让我在困境见到了可爱的你们，我已经记住了太多的事情，就像你们所有孩子的温暖贴心，你们的调皮嬉戏，都是一张张笑脸里我独有的爱。

海豚　那老师，你会离开我们吗？

海龟老师　我会的。

海豚　可我舍不得！

【所有学生上台。】

所有学生　可我们舍不得！

海龟老师　我会作为你们的灵性一直陪着你们的。

所有学生　化作我们的灵性，化作我们所爱的东西。

珊瑚　我热爱我的鲜艳美丽，我也热爱我的软弱微小。

扇贝　我热爱我的外表坚硬，我也热爱我的内部脆弱。

大龙虾　我热爱我的双钳，我也热爱我的软肋。

帝王蟹　我热爱我的坚强，我也热爱我的莽撞。

章鱼弟　我热爱我的古灵精怪，我也热爱我的调皮活泼。

海马兄弟　我热爱我们的不同，我也热爱我们的相同。

海豚　我热爱我的相貌平平，我也热爱我的强大内心。

◎ 科普知识延伸区

1. 海豚如何驱赶鲨鱼

（1）海豚都是成群结队活动的。它们的智商非常高，而且高度社会化，在战斗中会利用地形、工具、阵形等一切可以利用的优势来击败鲨鱼等对手。

（2）鲨鱼的弱点在于其肚子等部位，海豚是智商超高的动物，经过成年海豚的教导，小海豚也知道了这一点。所以如果遇到鲨鱼比自己体形大很多时，海豚会通过声呐呼朋唤友，集群攻击鲨鱼的肚子。

（3）海豚能够发出令鲨鱼感到难受的声波，这种声波对鲨鱼脑部刺激很大，特别是成群海豚发出的声波更是让鲨鱼难以忍受。

2. 水生哺乳动物——鲸

鲸的拉丁学名是由希腊语中的"海怪"一词衍生的，由此可见古人对这类栖息在海洋中的庞然大物所具有的敬畏之情。其实，鲸的体形差异很大，小型的体长有1.8米左右，最大的则可达30米以上，最重的重量可达170吨以上，最轻的也有2000公斤。分为须鲸和齿鲸。鲸鱼和海豚一样，都是一种水生哺乳动物，不是鱼。

病倒的兔子

编剧：黄均莲

人物表

山羊村长　"洗刷刷"村的村长，和蔼可亲

小狐秘书　聪明、热心肠的小狐狸

药博士　喜欢发明创造，能制作药物

兔子族长　兔子一族的族长，关心族人，受饥荒影响，举族迁移

雪绒绒　兔子一族的小兔

灰溜溜　兔子一族的小兔

肥嘟嘟　兔子一族的小兔

河马婶子　嫁到了"洗刷刷"村的河马

鹿妹妹　善良、热心的小鹿

斑马大哥　"洗刷刷"村的村民

灰熊叔叔　"洗刷刷"村的村民

第一场　兔子们投靠邻村

雪绒绒　族长，今年的饥荒太严重了，大家都饿得不行了，您得想想办法呀，不能让大家饿死呀。

灰溜溜　是啊，族长，咱们村已经饿死好多兔子了，有好多刚出生的小兔崽都没能活下来。

兔子族长　（叹了口气）唉，我有什么办法呢，我也不知道这闹饥荒的日子什么时候才是个头呀，都怪我，是我这个做族长的没有用，才连累了你们跟着我受苦哇。（疲倦的眼底流露出晶莹的泪珠）

雪绒绒　族长，您别这样呀，我们没有责怪您的意思，只是我们也不知道能不能渡过这次难关。

灰溜溜　族长别伤心，俗话说：车到山前必有路，船到桥头自然直。我们一定有办法渡过难关的。

肥嘟嘟　族长，我有一个法子，可能麻烦了一些，但也许可以改变现状。

兔子族长　说来听听。

肥嘟嘟　去年嫁到"洗刷刷"村的河马婶子，上个月回来探亲，带了好多食物。"洗刷刷"村土壤肥沃，四面环山，山羊村长是远近闻名的大善人，村里民众相处十分和谐，我们与他们世代相守，或许我们全族迁到"洗刷刷"村可以保全性命，不至于被活活饿死。

灰溜溜　我觉得三弟说得有道理，而且"洗刷刷"村距离咱们村不远，仅百里，我们一路上采摘野果而食，总比等在村子里饿死强呀。

雪绒绒　是啊，是啊。

兔子族长　好吧，咱们就走一步算一步吧，老三平时见识广博，那就按老三说的去做吧。咱们今日就启程。

（就这样，兔子们踏上了向邻村求助的道路）

第二场　初到"洗刷刷"村，接风洗尘

灰溜溜　族长，快看，前面就是"洗刷刷"村了，我们终于要到了！

【大家一路跋山涉水劳累得很，但是精神却因要得到解救而感到振奋。】

肥嘟嘟　族长，好像是山羊村长他们在等我们呢。

【一到"洗刷刷"村，就有一群动物守在村口，他们听说邻村闹饥荒，准备在"洗刷刷"村定居，所以特意在村口迎接他们的到来。】

山羊村长　兔老兄，我们听说你们要来，特意在这里迎接你们，准备给你们举行一次欢迎仪式。

兔子族长　这次真的给你们添麻烦了，看到你们在这里等我们，真是感激不尽啊。

河马婶子　村长，大家都远道而来，快，我们都准备好了，就等你们的到来了。

鹿妹妹　是呀是呀，快进村吧，大家伙儿都在等着呢。

【一进到村子里，村民们奔走相告，大喊"客人来了，客人来了"。接着村民们都来将自己水瓢中的水向远道而来的客人泼去，想要洗去远客身上的尘土。】

【在接风宴中，两个村子的动物们亲如一家，相互敬酒，说着吉祥话。看着"洗刷刷"村的村民们如此热情地招待自己，兔子村的兔子们都不由得

红了眼眶，感动得落了泪。】

第三场　水土不服，兔子们接连病倒

鹿妹妹　不好了，不好了，村长，兔子们才来我们村子两天，就接连病倒了！怎么办呀，是不是咱们接待不周呀？（自责地低下了头，小声啜泣，眼神中透露出浓浓的担忧之意）

山羊村长　（回头问小狐秘书）小狐，这是怎么回事呀？

小狐秘书　村长，我去打听了，就是前天举行了欢迎仪式之后，有好多邻村的动物都上吐下泻，一病不起了。

山羊村长　这么重要的事，你们怎么不早说！快走，我们现在去看看，看看到底是怎么一回事，是不是我们照顾不周，他们水土不服呀。

（大家急忙去看生病的兔子，一进门，大家就看到床上虚弱的兔子）

雪绒绒　不好意思哈，山羊爷爷，又给你们添麻烦了。

山羊村长　说什么呢，大家都是邻里村的，没有什么添麻烦的说法。好孩子，快躺下好好休息吧。

兔子族长　山羊老兄，真是对不住了，我们净给你添乱了。（说着就要起身给山羊族长作揖致歉）

山羊村长　老兄这可使不得，你们现在最重要的事情就是好好养病，不要胡思乱想，其他的事情我来想办法。

兔子村众人　谢谢山羊村长。

第四场　赴药王村求救药博士

【山羊村长来到驿站看望生病的兔子们后，心里感到十分愧疚。】

【山羊村长立即召集村民们到自己家里来开会，自己则在家里来回走动思考对策。】

【村民们陆续赶到村长家，不知情的村民询问着小狐秘书到底是怎么回事，一时间村长家的会议室叽叽喳喳，村民们议论纷纷，就在这时，山羊村长走进了会议室。】

山羊村长　好了，想必大家都已经知道发生了什么事情吧，前天才到我

们村的兔子同胞们生病了，大家看看该怎么解决问题吧。

斑马大哥　怎么就他们病倒了，不见我们村子里的动物病倒呢？肯定是他们在原来村子里染上了什么病毒，只是在我们村里的时候才发病吧，如果那病会传染，我们该怎么办呀？

灰熊叔叔　我也觉得这里面有蹊跷，留着他们会不会给咱们村带来祸患呀，要不要趁着他们生病把他们赶出去？（说着做出一副气势汹汹的样子，就要去驿站赶兔子走）

山羊村长　岂有此理，我们怎么能见死不救，做出这种丧尽天良的事情呢！既然他们来到了我们"洗刷刷"村，就是我们村里的人了，我们怎么能够不顾情谊，置人死地呢！你若敢胡闹，别怪我这个村长对你不客气！（声音更高了几分，语气中更带了怒气）

小狐秘书　（见势不对，忙开始打圆场）村长说得对，我们不能抛弃兔子兄弟们，不能在人家危急关头把他们赶走，只顾自己而不顾他人死活，确实我们村子做不出这等事。但是灰熊叔叔说得也有道理，这个泼水仪式我们年年举行，从来没有出现过有生病的呀。

鹿妹妹　村长，灰熊叔叔的大伯父不是药博士吗，我觉得我们无法判断这到底是怎么回事，但药博士见多识广，他一定知道。要不让灰熊叔叔带我们去药王村找他大伯父药博士，看看这到底是怎么回事吧。

灰熊叔叔　对呀，我大伯父最厉害了，他肯定知道这是怎么回事。村长，先前是我糊涂，我一着急就想错了，我不该这样没有义气，我错了，村长，您大人有大量，就原谅我这次吧。

斑马大哥　这话头是我引起的，我也有错。村长，我错了，您就别生气了哈。

小狐秘书　村长，当务之急是先搞清楚兔子兄弟们的病根在哪里，然后才好对症下药，我相信斑马大哥和灰熊叔叔是一时情急，说错了话，事不宜迟，我们这就准备去药王村问问情况吧。

山羊村长　（摸摸自己的胡须，点点头道）好，我们现在就去药王村找药博士。

（因为担心兔子们的病情，村民们急急忙忙地就将药博士请到村里的驿站，治疗生病的兔子们）

第五场　药博士解惑众人悟

【药博士了解了兔子们的病情后，问过兔子们最近的饮食情况，给兔子们都开了药方，并嘱咐他们及时服药，出门便遇到了急急忙忙赶来了解情况的山羊村长和小狐秘书。】

山羊村长　药博士，这究竟是什么情况呀？

药博士　（叹了口气）哎呀，你们怎么能给兔子泼水呢？兔子胆子小，怕水，你们泼水的时候可能不经意间就吓到他们了，还有兔子容易受凉生病感冒，且皮肤易受到外来病菌的感染，再加上他们远道而来，本来就奔波劳累，自然抵抗力都比较差，就更容易感染病菌了。不过你们不用太过忧心，等我开几服药，他们喝了药好好调养就好啦。

灰熊叔叔　原来是这样，难怪只有他们生病，我们却还好好的。

斑马大哥　是我们的无知害得兔子兄弟们受了好些苦，是我们害了兔子兄弟，亏得我们还埋怨人家，原来我们才是罪魁祸首呀。（灰熊叔叔和斑马大哥都羞愧得低下了头）

（村民们这才恍然大悟，原来是他们的泼水仪式让兔子们生了病。后来在药博士的精心治疗下，兔子们又恢复了生机，在"洗刷刷"村里同村民快乐地生活，泼水仪式也因为兔子的到来而改变成了送花仪式，动物们通过互赠鲜花，表达自己对朋友的感情）

◎ 科普知识延展区

兔子是一种神经系统很敏感的动物，当它遇到水或是其他恐怖的东西时，往往会受到严重的刺激，从而导致它死亡。尤其是宠物兔，当主人刚刚将兔子接回家，打算给兔子洗澡时，兔子会因为对环境不熟悉，很容易死掉。此外，兔子的消化系统很弱，如果在碰水的时候不小心喝了一些水，就会导致拉肚子。如果水并不是那么干净，那么也会让兔子出现腹泻的症状，严重时会使兔子死亡。

森林保卫战

编剧：官子淳

人物表

小松鼠　森林里可爱的小居民

小精灵　美丽与智慧并存，守护森林的精灵

老狼　温柔和蔼的狼

龙卷风　刚刚过完年的龙卷风哥哥

【小松鼠上场，精灵睡在树后。】

小松鼠　在一片神秘的土壤上，有一位神奇的朋友人们不会遗忘。她是如此端庄，眼神里发着光，她的心胸如此宽广，可以实现我们一切的愿望，她是所有动物的偶像，每天在清晨带来太阳。她就是神奇的精灵……（推开树）

小松鼠　小精灵？小精灵？（精灵未醒）熊大，光头强又来砍树啦！

小精灵　（惊醒）光头强！在哪里？在哪里？我可不怕他！

小松鼠　他没来，你慌什么啊。

小精灵　没来啊，那你叫我干吗（躺下）。

小松鼠　（拖走被子）哎呀，太阳都晒屁股了，你还躺着干什么呀！

小精灵　你不知道，昨天龙卷风哥哥说要来拜访我，害得我半夜起来种树，一个晚上，我种了83棵！

小松鼠　龙卷风哥哥人很好的，来的时候总是会带来很多新奇的东西，像什么汽车、路灯的，为什么还要种树啊？

小精灵　龙卷风他人是很好，可这片森林的旁边就是城市，我们不能让龙卷风哥哥跑去城里玩的。

小松鼠　以前不是也没有去过吗，这次怕什么？

小精灵　那是我用树把去城里的路堵上了，可最近那里的树都被砍光了，比地中海还秃，我又得去植树。不过你来找我要干什么呢？

小松鼠　也没什么事情啦，今天太阳这么好，就是想来你树上晒一晒我找到的坚果。

小精灵　晒坚果？

小松鼠　最近太阳这么好，我要把我收集到的宝贝都拿出来晒一晒太阳。

小精灵　晒吧晒吧，我先去那边看一下了，如果你看见有谁在破坏树木，一定要阻止啊。

小松鼠　肯定的，毕竟森林是我家，环境靠大家。

【小精灵下场，老狼捂着牙上场。】

老狼　牙疼不是病，疼起来真要命。欸！前面有一棵树，我正好可以去磨磨牙。

（老狼抓着树就开始咬，小松鼠用树枝敲老狼的脑袋）

小松鼠　哪里来的妖精！

老狼　谁是妖精，我是一匹狼，狼王！（骄傲）

小松鼠　你破坏树木，没资格做狼，没资格称王！

老狼　老狼不发威，你当我是哈巴狗呀！你真把森林当成你家啦，想干吗就干吗！

小松鼠　我管你是老狼还是乐队，你破坏树木就是不对！

老狼　我？破坏树木？

小松鼠　没错！这里的每一棵树都是小精灵的心血。【放背景音乐。】小精灵说，新鲜的树苗往往只需要最简单的栽培方式，精选优质的土壤洒上纯净水，是让土壤变得黏稠，在小精灵一声声劳动号子中，对土壤进行反复搅动，待时机恰当时将树苗插入土坑，压紧泥沙。这样，一棵上好的树苗就栽种好了。

老狼　这都是什么呀？

小松鼠　总之，不许你破坏树木。

老狼　可是……

小松鼠　没有可是！

老狼　但是……

小松鼠　不许但是！

老狼　哎呀，那我这牙疼怎么办呢？

小松鼠　牙疼？

老狼　对啊，就因为这恼人的牙疼，我好几顿都没有吃饭了，你听，我的胃都在抗议了。

小松鼠　这声音……我妈妈在怀着我的时候我也听到过！（大笑）

老狼　哎呀，你先别笑……等等，你刚刚说什么时候听到过？

小松鼠　治你牙疼的办法呢，我倒是有一个。

老狼　什么办法，赶快告诉我吧。虽然还是感觉刚刚那句话有问题。

小松鼠　帮你呢也不是不可以，不过……

老狼　不过什么？

小松鼠　你要答应我，以后不许随便乱抓小动物。

老狼　没问题没问题，只要你治好了我的牙疼，我什么都听你的，与世无争。

小松鼠　你只要别乱伤害小动物就行了。

老狼　好好好，那松鼠大人，你快告诉我是什么办法吧。

（小松鼠转头把晒着的坚果拿出来。）

小松鼠　当当当当！你不是要磨牙吗，我这里刚好收集了这么多坚果，让你磨个够。

老狼　啊，这……

小松鼠　你好像有些失望？

老狼　我还以为你能治好我的牙疼，原来还是让我磨牙啊。

小松鼠　成功的道路并不是一帆风顺的，不吃一下这些好果子，怎能明白生活的美好呢。

老狼　好吧。那作为答谢，我有什么能帮你的呢？

小松鼠　帮忙什么的就不必啦，就麻烦你告诉其他小动物，龙卷风哥哥要来了，大家记得关好门窗，不要轻易出门。

老狼　这你可找对狼了，我们狼都是群居动物，我一回去就告诉大伙儿，让他们宣传一下。

小松鼠　欸，这件事也别过于张扬了，毕竟龙卷风也是我们的朋友嘛。

老狼　放心，我办事最低调了。（大声）龙卷风要来啦！大家不要出来啊……

【老狼边喊边下场。】

小松鼠　那我也回去吧。

【小精灵跑上场，躲在小松鼠身后。】

小松鼠　小精灵，你怎么……欸欸欸？

小精灵　我的天啊。

小松鼠　（把小精灵拿出来）你怎么了？怎么这么害怕呀？

小精灵　你还记得以前的龙卷风哥哥吗？

小松鼠　当然记得啦。

小精灵　那时的他还很瘦的，可我和龙卷风就一个寒假没见，他长得我都不认识啦。

小松鼠　什么意思？

小精灵　你看（捡起一个小的坚果），如果说这是以前的龙卷风，（拿出一个苹果）那这个就是现在的龙卷风。

小松鼠　（拿过苹果）这么说，龙卷风哥哥变胖了啊。（咬一口苹果）

小精灵　不是变胖，是变大啦。

【龙卷风旁白：小精灵，小精灵，我来了，我来了……】

小精灵　他来了！到时候龙卷风找我的话，你就说我不在家。

【小精灵躲到树后面，音乐《龙卷风》响起，龙卷风上场。】

小松鼠　（头也不回）小精灵不在家！（回头）大叔，你找谁？

龙卷风　什么大叔，是我，龙卷风！

小松鼠　龙卷风，你真的……变得……一言难尽。

龙卷风　什么？

小松鼠　你先坐下吧。

（龙卷风在树前坐下，树倒，藏在树后面的小精灵暴露出来）

龙卷风　小精灵，你站这里干吗？

小精灵　就想给你一个惊喜。哇！惊不惊喜？

（龙卷风面无表情）

小松鼠　（把小精灵拉过来）现在怎么办？龙卷风这样上路的话，肯定会损坏东西的。

小精灵　对呀，他只是坐下，我的房子就没有了。如今只有那一招了。

小松鼠　哪一招？

小精灵　三十六计之……

小松鼠　不会吧。

小精灵　走为上计。（跑下场）

小松鼠　我就知道。

龙卷风　小松鼠，小精灵跑这么快是要去哪里呀？

小松鼠　她家里有急事，就先走了。

龙卷风　她的家？（看向倒下的树）

小松鼠　话说龙卷风哥哥为什么想到来我们这里呢？

龙卷风　没什么，就是想和那边的人好好聊一聊。

小松鼠　和人聊一聊？你们会聊什么呀？

龙卷风　你以为我这一身的肉从哪里来的！

小松鼠　难道不是过年在爷爷奶奶家吃胖的吗？

龙卷风　当然不是啦！是因为那边的人大量排放二氧化碳，全球气温升高，海洋受热所产生的气体上升，上升区域的外围空气流入上升区里，又因为地球自转的关系，使流入的空气像车轮一样转动起来。

小松鼠　哦！

龙卷风　你懂了？

小松鼠　没有。

龙卷风　哎呀，简单来讲就是人们大量排放二氧化碳，海洋妈妈非常生气，气得都冒烟了，为了帮她排解烦恼，我只能吸收这些"烟"，所以我才变得这么庞大的。

小松鼠　原来如此，那你准备怎么和人们交流呢？

龙卷风　哼哼，当然是依靠我三寸"不浪""桑寸不""山寸"（口齿不清），（纠正后）三寸不烂之舌啦。

龙卷风　说起来，我也该走啦，那我们以后再见了。

【播放《龙卷风》，小松鼠挡在龙卷风前面。】

小松鼠　不许走。

龙卷风　为什么？

小松鼠　你还没给我礼物呢。

龙卷风　哈哈哈，待会儿我去城里，回来就给你带礼物。

小松鼠　不行，你不能走。

龙卷风　你这是干什么？

小松鼠　因为……因为……

【老狼跑上场。】

老狼　龙卷风来咯！大家不要出来呀！嘿嘿，我已经在森林跑了一圈，小动物们肯定都听见了。

老狼　（看向龙卷风）大叔，你找谁？

小松鼠　什么大叔，他是龙卷风。

老狼　龙卷风！你……变得……可真是……一言难尽。

龙卷风　哦，我现在知道你为什么不让我进去了，原来是不喜欢我呀。

小松鼠　没有不喜欢你，只是……

龙卷风　你胡说，老狼都通知小动物们不要出门了，你们一定是不喜欢我。

小松鼠　没有没有，我们只是害怕你到城里，会破坏别人的房子什么的。

龙卷风　我是不会这么做的！

老狼　我们相信你不会的，可是你变得这么大，万一一个不小心就……

龙卷风　那怎么办？我还要帮海洋妈妈说话呢。

小松鼠　这个……

小精灵　不用麻烦了。

【小精灵出场。】

龙卷风　小精灵？

老狼　小精灵！

小松鼠　小精灵呀……

小精灵　别担心，我刚刚已经去城里和大家谈过了，他们答应我以后不会再乱排放二氧化碳啦。

龙卷风　真的吗？

小精灵　我小精灵什么时候说过假话？

龙卷风　太好了，我现在就要回去告诉海洋妈妈！

【龙卷风下场。】

小松鼠　我还以为你跑了呢，没想到是去城里了啊。

小精灵　身为你们的偶像，我怎能临阵脱逃呢？

老狼　哈哈哈，这样一来，森林又回到了和平。

小松鼠　对了小精灵，你是不是还有什么事情没做啊？

小精灵　对耶，我还得去种树！

众人　哈哈哈哈哈……

◎ 科普知识延展区

森林保护环境的神奇能力：

1. 保护水源。森林一方面有防止水土流失，保护水土的作用，另一方面有保存雨水的功能，有些人把森林比作"绿色水库"。

2. 改善我们的生活环境。森林能吸收二氧化碳并放出氧气。森林放出的氧气是我们人类以及动物所需氧气的来源，一公顷林地每天能吸收 1000 公斤二氧化碳，放出 730 公斤氧气，这对于保持空气的清新具有重要意义。

3. 森林在环境污染防治方面具有重要作用。森林不但能吸收二氧化碳，还能吸收其他有毒有害气体和监测大气污染。工业发展过程中不断排放出大量有害气体，如二氧化硫、氟化氢、氮氧化物等，污染环境。林木能在低浓度范围内吸收各种有害气体，使污染的空气得到净化。此外，有些植物对大气污染具有敏感反应，可用来监测大气污染。森林能减低噪声。城市噪声污染严重，林木能通过其枝叶的微振作用，减弱这种有害的噪声。

4. 森林是保护野生生物的良好场所。森林是许多野生生物的良好栖息地，宝贵的野生生物资源是离不开森林的，没有森林，它们就无法生存。

5. 森林能调节气候。森林有巨大的蒸腾作用。平均一棵树在一个夏天要蒸腾 2000 公升的水。因此林地的空气湿度比无林地高出 15% ~ 25%，降水量也有增加。

第三章　成语内的科学意义

"众人皆说，成之于语"，成语是中华民族传统文化的重要组成部分，内中含有丰富的故事性和思辨性，其思辨性又是蕴含于故事性之中的。

我们从小就学习成语、运用成语。学习成语的过程，往往是愉快的，因为不用去死记硬背成语的解释，只需要在阅读故事的基础上加以理解，掌握其精义。学会成语之后，在生活中也有很多运用的机会，便于加深记忆。

本章将聚焦一些代表性成语，就其科学内涵进行戏剧化阐释，这不仅可以创新成语学习的方式，还能够从中感受古人的科学智慧。

掩耳盗铃

编剧：韩永凤、姜路芳、刘桂佳、程久林

人物表

刘大婶　铃铛的主人

程一刀　偷铃铛的人，卖猪肉

姜大娘　卖菜人，案件推动者

捕快　刘大婶丢铃铛案的负责官吏

大黄　刘大婶的狗，身上戴着铃铛

第一场　偷铃铛

【音乐起。背景：房间里。】

刘大婶　（手拿铃铛，自言自语）我这几天老是睡眠不好，做梦总是梦见我祖传的铃铛丢了。看来是我放铃铛的位置不好，我得换个位置。（四处张望）把它放在哪儿好呢？

（大黄叫了几声）

刘大婶　（惊喜）咦？大黄。那就把铃铛挂在大黄身上吧。

（刘大婶走出房间，给狗系上铃铛，结打了一个又一个）

刘大婶　好了，这下我可以放心了。（走回房间）

【程一刀出场。程一刀翻进大院，摔了一跤，狗叫铃响，主人在房间里嘀咕。】

刘大婶　这狗是怎么回事，叫个不停？

（刘大婶出门查看，小偷看见刘大婶出门就躲了起来）

刘大婶　你叫什么呢，大黄！没有人啊。是戴上了一个铃铛太高兴了吗？（未见小偷，回屋）

（程一刀堵住耳朵，再次走向狗，弄响了铃铛，刘大婶听到铃声，再次出门查看）

刘大婶　这狗又在搞什么，把铃铛弄得叮当响。（出门）大黄……别叫了。也没有人啊。别叫啦。（未见小偷，回屋）

程一刀　怎么还是听得见，看来我得堵得严实点。

（程一刀听到屋内没有动静后，把耳朵堵严实，以为这样就没有声音了。打晕狗，解狗绳，铃铛响，抱起狗逃跑，主人听到铃铛一直响，再次出房间，但是只看到小偷逃跑的背影）

刘大婶　哎，这狗怎么还没完没了了？（出门）呀！小偷，给我站住！我的铃铛还在上面啊！（摔倒，放弃追小偷）哎！我真是糊涂啊，竟然把如此重要的东西挂在狗身上。糊涂啊，我得赶紧去报官！

第二场　被捉

【音乐起。场景转变为菜市场。】

【姜大娘出场，提着一篮菜缓步入场，放下菜篮，在摊位上铺上布并摆好菜，站在摊子前揣着手。】

姜大娘　快来看看，新鲜的蔬菜！哟，程一刀，今儿怎么走路一瘸一拐的，还急急忙忙的，怕不是干了什么亏心事吧！

【程一刀出场，挑着两个黑袋子，一个袋子装着猪肉，一个袋子装着被

打晕的狗。放下袋子，只把其中一个袋子的肉摆了出来。】

程一刀　哎哟，姜大娘，你不会说话就别说话了吧。我不就卖个猪肉吗？有什么亏心事可干，脚是因为抓猪的时候摔了一跤，崴到了。

姜大娘　没有最好。听你这么说，你这肉还挺新鲜。

程一刀　那可不，我这可是鲜肉。

姜大娘　你今天是想大赚一笔呀，准备这么两大袋肉。

程一刀　唉，小本生意，说什么赚不赚。你今天准备的菜也不少啊！

姜大娘　你可别说，我今天的菜可新鲜了，要不给你留点儿？

程一刀　算了，我可不喜欢吃菜，你留着自己吃吧。来看啊，卖鲜肉嘞，鲜肉！

【捕快出场，在街上四处巡逻。】

姜大娘　卖菜，新鲜的蔬菜！呀！捕快大人，是发生什么事情了吗？

捕快　只是例行巡逻。

【刘大婶出场。】

刘大婶　哎呀，捕快大人，你得为我做主呀！抓小偷啊！（跪在捕快面前）

捕快　大婶你别着急，慢慢说，怎么回事？

刘大婶　我怎能不急啊！

姜大娘　是呀，刘婶，发生什么事了？（扶起刘大婶）

刘大婶　哎呀，我的铃铛被偷了，祖传的铃铛啊！

捕快　怎么被偷的，小偷在哪儿？

刘大婶　我当时一直听到狗叫和铃声，出来几次都没发现什么。那贼人太狡猾了，最后只看到了一个背影。

姜大娘　这么重要的铃铛，怎么给贼人盯上了，你是放在哪儿了呀？

刘大婶　唉，我也是糊涂啊，把铃铛挂狗脖子上了。

姜大娘　挂狗脖子上，你真的是老糊涂！

捕快　哎！别打岔！卖你的菜去。你刚刚说看到一个背影，那背影有什么特征？

刘大婶　（回想一下）那背影身高应该也就五尺有余，体形略微宽大。咦？感觉那贼人的身高身形和程一刀差不多呀。

程一刀　刘婶，这话可不能乱说啊，身高身形像的人多了去了。

刘大婶　可确实像。

程一刀　啊!

姜大娘　坏人可从来不会说自己像坏人。

捕快　大婶，你这说的范围也太广了。你再仔细想想，那贼人还有什么其他特征。

刘大婶　那贼人跑得那么快，我哪儿观察得那么仔细。捕快大人，你快帮我找找我的铃铛吧! 那可是我祖传的铃铛啊!

姜大娘　你先冷静冷静，这样才能想起线索。

刘大婶　你叫我怎么冷静。

捕快　别打岔，卖你的菜去。刘婶，你那铃铛有什么特征?

刘大婶　那是我祖传的铃铛，我用红绳把它系在了狗脖子上。是棕色的，还缺了一角，一般是不会有人注意到它的。

捕快　系狗脖子上?

程一刀　刘婶，你真的是吃饱了撑的，没事干吗把铃铛系在狗脖子上。（明白自己偷狗的同时，把铃铛也偷了）

刘大婶　唉，我那不是糊涂嘛。哦，我突然想起来，那贼人好像还有点跛脚，我看他跑的时候一瘸一拐的。

姜大娘　也不知道是不是巧合，今天程一刀走路也是一瘸一拐的。

程一刀　姜大娘，你可别诬陷我，我刚刚不是给你解释了吗，我的脚就是抓猪的时候，不小心摔了，崴到了而已。

姜大娘　呦，那可真是不小心哦!

刘大婶　这么巧吗?

捕快　程一刀，你出来。

程一刀　捕快大人，你看嘛，我真的只是摔了，不小心把脚崴了。

捕快　你怎么证明你脚崴是因为抓猪，而不是其他原因呢?

姜大娘　就是，又没有人看见你究竟是怎么崴的。

刘大婶　对啊，谁能做证啊?

程一刀　哎呀，捕快大人，我一个卖猪肉的怎么会去偷别人家的铃铛啊。你别听姜大娘瞎说。

姜大娘　我哪儿瞎说了!

【捕快大人怀疑程一刀，去肉铺查看。】

程一刀　捕快大人，我没乱说吧，我就是个老老实实卖猪肉的，你看我这可是鲜肉。我今天还想多卖点肉，准备了两大袋。你这一搅和，我生意都做不成了。

捕快　你敢说我搅和？

姜大娘　谁让你今天这么碰巧，把脚给崴了。

刘大婶　哎呀，我的铃铛啊，到底是谁给我偷了啊！

程一刀　要我看呀，姜大娘的嫌疑最大。

刘大婶　啊？

姜大娘　你别乱说话。

捕快　别说话了！（朝着姜大娘）此话怎讲？（看着程一刀）

程一刀　她一直在那儿诬陷我，转移注意力。而且她和刘大婶很熟，说不定是熟人作案，早就盯上了人家的铃铛。

刘大婶　啊，姜大娘，不会是你吧？

姜大娘　怎么可能是我！小偷一定就是程一刀！他还在这儿诬陷我！

（程一刀肉铺旁袋子里的狗苏醒，发出叫声）

捕快　哪儿来的狗叫？

刘大婶　嗯？

程一刀　汪汪！是我在叫，我这不是想给大人您提供一点儿思路嘛。

（狗再次发出叫声，捕快走到袋子旁，打开袋子）

【音乐起，刘大婶找到了铃铛。】

刘大婶　啊，是我家大黄。啊！铃铛，铃铛，我的铃铛。（急忙把铃铛取下）

捕快　大胆程一刀，贼人就是你。

程一刀　冤枉，冤枉啊。

捕快　铃铛和狗都在这儿了！证据确凿，还敢狡辩！

刘大婶　原来就是你！

程一刀　唉，我只是想偷只狗看家，我不知道上面的铃铛这么重要啊。

刘大婶　你这个贼人，还找借口。我祖传的铃铛差点丢了。捕快大人，快把他抓入大牢。

姜大娘　我就说怎么有这么巧的事，都跛脚了，你们还不信。

程一刀　（对着刘大婶）我明明都把耳朵堵住了，什么声音都听不见，怎么还是惊动了你，让你看到我了？

姜大娘　天啊，刘大婶，这世道还有这么愚蠢的人啊。以为把自己耳朵堵住，别人就听不见声音，真是可笑。

刘大婶　简直是愚蠢！

捕快　做人哪，就要踏踏实实，以后这种事少干！走！跟我回衙门。

【捕快押着程一刀，下场。】

【音乐起。】

刘大婶　终于结案了，总算是找回了我的铃铛，以后我也有脸面见我的祖宗了。走，大黄，我们回家。【攥着铃铛，抱着狗下场。】

◎ 科普知识延展区

成语出处

"范氏之亡也，百姓有得钟者，欲负而走，则钟大不可负。以椎毁之，钟况然有音。恐人闻之而夺己也，遽掩其耳。"（选自战国·吕不韦等《吕氏春秋·自知》）

成语故事

东周时期，有个贪婪而又愚蠢的人，自己不愿劳动，见到别人的财物，总要想办法弄到才心安。

有一天，他听说晋国世家赵氏灭掉了范氏，便急忙赶到范氏家去，想趁乱捞点儿油水。谁知范氏家所有值钱的东西都被洗劫一空，他好不懊恼，真后悔白跑这一趟。

突然，他发现院中柴堆里露出一片亮光，便走过去，扒开横七竖八的柴火一看，原来是一口大钟。他仔细审视了一番，断定这口大钟是用上等的黄铜做成的，不禁喜出望外，笑得眼睛眯成了一条缝。他迫不及待地去背钟，可是那钟又大又高，沉甸甸的，不要说背了，连移动一下都不可能。

眼看快到手的东西不能据为己有，他急得团团转。就在这时，他在院墙脚看见了一把大铁锤，心里顿时有了主意，高兴地自语道："真是天助我也。"他忙不迭地抢起铁锤，狠狠地朝大钟砸下去，想把大钟砸成碎块，然后再用麻袋装回去。可是，大钟发出的巨响把他吓了一大跳，并且，那"嗡嗡嗡"的余音久久地在院子上空回荡，把他的耳朵都要震聋了。他很害怕别人听见了钟声会跑来抢他的钟，就赶快用双手紧紧捂住自己的耳朵。于是，他听不见钟声了。

他以为自己听不见，别人也一定听不见，就放心大胆砸起钟来。每砸一下，都要用双手捂住耳朵，待钟声响过后，才松开手再砸。这样一下一下，钟声响亮地传到很远的地方。人们听到钟声赶来，把小偷捉住了。

成语寓意

"掩耳盗铃"这个成语告诉人们：凡是客观存在的东西，都不会依人的主观意志而改变，就如钟的响声一样，只要人碰了钟，不管是否捂住耳朵，它都是要发出声音的。现实中，也不乏有人对客观存在的现实不正视、不研究，采取闭目塞听的态度，以为如此，它就不存在了，这和"掩耳盗铃"一样，都是极端的主观唯心主义的表现。如果这样做的话，其结果只能是自食苦果。

拔苗助长

编剧：文新渝、何佳静、刘业峰、严鑫、罗文、杨益臻

人物表

杨老爷　老来得子，急于求成，宠爱孩子的父亲

杨夫人　四处炫耀，认为自己儿子天资聪颖的母亲

杨元霸　心地善良，自认为聪颖的少爷

小枫　与少爷交好，欣赏少爷的丫鬟

王夫人　与杨夫人交好

文夫人　自家苗子被杨元霸所毁的夫人

【音效：公鸡打鸣。】

【丫鬟推门进入。】

小枫　少爷，该起床了。

少爷　等我再睡一会儿，昨天真的太累了。硬生生拔了六亩地。

小枫　是啊（哈欠），今天腰酸背疼的，不过您可得快点起来了，老爷等会儿还要教您写字背诗呢。

少爷　好嘛，只不过累归累，能够帮助别人真是一件令人高兴的事情。

（傻笑）

小枫　嗯嗯，少爷，下次还有这种助人为乐的事一定记得带上我。

少爷　好的好的，那你先出去忙吧，我再在床上睡一会儿。

【老爷上场。】

老爷　霸儿，今日怎么还在睡觉？三更灯火五更鸡，正是男儿读书时。爹今日要教你两句诗词，赶快出来学。

少爷　是，父亲。

【少爷出门进入花园。】

老爷　这第一句你且听好：不识庐山真面目，只缘身在此山中。

少爷　不识……不识庐山真面目，只缘身在此山中。

老爷　记得很快啊。下一句为：天苍苍，野茫茫，风吹草低见牛羊。

少爷　天苍苍，野茫茫，风吹草低见牛羊。爹，我记住了。

老爷　哈哈哈，霸儿果然天资聪慧，这么快就把这两句诗记住了。

少爷　爹，背诗这种东西，对我来说太简单了，我们学习一下其他的吧。

老爷　那就趁热打铁，为父现在教你练字，如何？

少爷　好啊！

【音效：琵琶语。】

【丫鬟端上笔墨纸砚。】

老爷　学字练字要从基础练起，先从写"一"字开始（老爷写"一"）。这"一"字看似简单，但对练书法的人也是一道考验。

少爷　哈哈，"一"字不就是横着画一下（少爷写"一"）。会了会了，爹，赶快教我点其他的字。

老爷　那爹再教你写个"二"字和"三"字（在纸上写"二"）。"二"字与"一"不同，"二"是在"一"字上加一短横。"三"字则又不同于"二"字，在"二"上加一长横就是"三"。

少爷　"二"字加一横，"三"字加两横，这也太简单了。爹，我好像已经掌握到数字的规律所在，你不用再教了。

老爷　不愧为我的儿子，有你爹当年的风范，你自己好好练。

少爷　好的，爹。

（少爷练字，丫鬟奉茶）

小枫　老爷、少爷请用茶。

老爷　（喝茶）夫人今日在忙些什么啊？

小枫　今日王夫人前来拜访，正与夫人话家常呢。

【夫人携王夫人上场，在花园闲聊，丫鬟奉茶。】

小枫　夫人请用茶。

夫人　帖子送了几遍了，今儿个你终于来了，快，刚泡好了龙井你试一试。

王夫人　哎呀，这段日子忙着处理家里的事情可脱不开身。

夫人　家里的事交给下人打理就好了，哪能劳烦你亲自动手呢？

王夫人　唉，今儿这事可难办呀。前儿个，东街的文夫人逢人便问是谁家不懂事的孩子拔了她家的苗子，我和我相公一听赶忙询问我家那不争气的儿子，这不刚问完，就赶过来了嘛。

夫人　啊，还有这事，也不知道哪家的小子调皮，干这种傻事。不过说起干傻事的孩子，我家元霸可从小没干过傻事，虽说他爹40才得这个孩子，娇惯得很，但这孩子的确聪明伶俐得很，啥事一教就会，估计现在还在学写字呢。

王夫人　可不吗，有这么一个聪明伶俐的儿子真让人羡慕呢。

小枫　对啊对啊，少爷是我遇到的最好的少爷，不仅聪明还有一副好心肠。自古英雄出少年，少爷年纪轻轻，就有经天纬地之才。

【老爷走来搭话，一起落座。】

老爷　哈哈哈，那小子也就那样。我今日教他吟诗练字，他一学便会。确有几分我当年的风范。

夫人　老爷你怎么在这儿，我本想带王夫人去书房看你和元霸学习来着。

老爷　今日阳光甚好，我带霸儿在花园里学习来着。

王夫人　你家元霸可真是既勤奋又聪明，不像我家那孩子除了玩儿还是玩儿，啥都不会。

老爷　走，咱们去看看元霸练得怎么样了。

【一行人去元霸学习的地方，小枫退下。】

夫人　元霸，可是学习累了，咋还睡着了？

少爷　哎呀，娘，这些都太简单了，爹教一遍，我就会了，倍感无聊，所以就小憩一会儿。

老爷　来，元霸，把今天爹教你的给大家展示一番。

少爷　孩儿献丑了。

【丫鬟小跑进场打断。】

小枫　老爷、夫人，文夫人在门口候着，有要事与老爷、夫人商议。

【音效：紧迫的音乐。】

夫人　既然有要事，那就先请进来吧，元霸你先下去休息一会儿。

少爷　好的，娘。

【元霸退下。】

小枫　是，夫人。文夫人，里面请。

【文夫人上场。】

文夫人　杨老爷、杨夫人，近日可还安好？

老爷　文夫人今日拜访所为何事啊？小枫，给文夫人看茶。

（丫鬟奉茶）

小枫　是，老爷。文夫人请用茶。

（文夫人拿出苗子）

文夫人　最近不是苗子长得好嘛，我带了点自家田里的苗前来拜访。

（众人吃惊）

王夫人　如果我没记错的话，最近好像不是丰收的季节吧。

夫人　对呀，那文夫人你为何带这苗来？

文夫人　这不还得问问你家元霸吗？为啥把我家苗全都给拔了？整整六亩呢，也不嫌累。

老爷　不可能，霸儿天资聪颖，怎么会做这种蠢事。今日你来得正是时候，元霸正要展示他今日所学。小枫，快去把少爷请来。

小枫　好的，老爷，我这就去请少爷过来。

王夫人　这必定不是元霸这好孩子做的，他一天学习如此认真，怎么可能做这种事情。

【丫鬟带少爷上场。】

少爷　爹，娘，叫我来干什么啊，我练字正练得尽兴呢，所有的数字都会写了呢。

（老爷、夫人露出欣喜的笑容）

老爷　哈哈，我只教一二三的写法，你却写得出其他字。来，给大家看看爹今天教你的。小枫，上笔墨纸砚。

（丫鬟准备笔墨纸砚）

小枫　是，老爷。

夫人　我儿真聪明！来，元霸，先写个一二三给大家展示一番。

少爷　没问题。（写一二三）

（老爷、夫人露出骄傲的神情）

老爷　不错不错，元霸，再把你自学的字写出来，就写个"万"吧。

（少爷写"万"）

少爷　这"一"是一横，"二"是两横，"三"是三横，依次类推"万"便可写出。

（王夫人和文夫人带着轻蔑的语气）

王夫人　哎，怎么还没写完呀。

文夫人　如此推理，确实也有一番道理。

老爷　我只教了他一二三，他自己写出错误的"万"来只是失误罢了。来，元霸，再把爹教你的诗词吟诵一遍。

少爷　不识庐山真面目，只……只识弯弓射大雕。天苍苍，野茫茫，一枝梨花压海棠。

（老爷拍桌而起）

老爷　逆子，我是这么教你的？

夫人　元霸，你胡言乱语作甚。

文夫人　改编得倒也有一番趣味，这拔苗之事也不是干不出来啊。

老爷　我看这拔苗之事还真是你这逆子干的。

少爷　我……我……我只是看到文夫人家的苗子长得太慢了，就帮她拔高一点儿，这难道有什么问题吗？而且我辛辛苦苦拔了好久好久，手都拔酸了，我咋知道这苗子被我拔死了。

小枫　对呀对呀，少爷那几日不仅辛苦学习，还去给文夫人家帮忙拔苗，到了晚上倒头便睡着了。

王夫人　看这孩子傻得可爱，怕不是你爹教的吧？

文夫人　杨老爷，看来元霸也是出于好心，只是缺少种苗的常识，但是由此看来您对元霸的教育多少存在一点儿问题呀。

（老爷左右踱步，抚须而叹）

老爷　都怪我太急于求成，害了这孩子啊。这育人与种苗啊都是一个道理。拔苗是把苗的根基毁了，像拔苗一样教孩子，就是毁了孩子的根基啊。霸儿，赶快跟文夫人道歉。

（少爷向文夫人走近）

少爷　文夫人，我知道错了，我以后一定不干拔苗助长之事了。

夫人　文夫人，实在抱歉呀，我们会好好教育元霸，你那六亩苗子我们一定全权负责。

文夫人　杨老爷、杨夫人也是明理之人，今天我就先告辞了。

【文夫人和王夫人下场。】

【音效：舒缓的音乐。】

老爷　霸儿，我们从今天开始要学会脚踏实地，不能好高骛远。来，我们重新学一下数字的书写……

◎ 科普知识延展区

成语出处

宋人有闵其苗之不长而揠之者，芒芒然归，谓其人曰："今日病矣！予助苗长矣！"其子趋而往视之，苗则槁矣。天下之不助苗长者寡矣。以为无益而舍之者，不耘苗者也；助之长者，揠苗者也，非徒无益，而又害之。（出自《孟子·公孙丑上》）

成语故事

宋国有个人嫌他种的禾苗老是长不高，于是到地里去用手把它们一株一株地拔高，累得气喘吁吁地回家，对他家里人说："今天可真把我累坏啦！不过，我总算让禾苗一下子就长高了！"他的儿子跑到地里去一看，禾苗已全部死了。天下人不犯这种拔苗助长错误的是很少的。认为养护庄稼没有用处而不去管它们的，是只种庄稼不除草的懒汉；一厢情愿地去帮助庄稼生长的，就是这种拔苗助长的人，不仅没有益处，反而害死了庄稼。

成语寓意

该成语嘲笑了那些不按客观规律办事，一味求快，反而把事情弄糟的人。它对人们的启示是，任何事物都有自身的发展规律，要办好一件事，就必须遵循它的自然规律，任何人都不能违背。

教育孩子也是如此。很多家长因为望子成龙、望女成凤心切，不考虑自己孩子的具体条件，一味地施以不合实际的教育，致使孩子受苦的同时自己也多遭苦恼。家长们的良苦用心实为可贵，但一定要讲方法和因材施教。

炉火纯青

编剧：陈庆、谭柳、罗江铃、舒培、徐健豪

人物表

健豪　医馆学徒，同时是医馆大夫的儿子

舒大夫　医馆老板、大夫兼健豪父亲

舒夫人　医馆老板娘兼健豪母亲

柳大娘　病患

庆儿　丫鬟

（健豪拿起针，深呼吸一口气，准备下针）

柳大娘　哎哎哎，等一下，你到底会不会扎针？

健豪　欸，你怎么说话呢？你在怀疑我的医术！我针灸可是练得炉火纯青，尽得师傅真传。

柳大娘　师傅？你不是舒大夫吗？

健豪　我是舒大夫啊。

柳大娘　不对，介绍我来的陈大娘说舒大夫行医二十载，医术高明，看你这小子也才刚过弱冠吧。

健豪　你说的是我爹吧！我是小舒大夫。都是舒大夫，有何分别，你到底还治不治病了。

柳大娘　你真的会针灸？

健豪　要治就治，怎能怀疑别人医术呢？我要是不行，我爹会让我看诊？

柳大娘　也是，那行，来吧！

健豪　那您坐好嘞！（欢快状）

柳大娘　你这屋子被炉子烤得真暖和，听老人说，炭火一直烧会变成青

色，也不知道是不是真的。（自言自语）

（妇人坐板凳上，准备针灸）

柳大娘　等一下，你是不是扎错位置了？

健豪　没扎错啊，你不是手疼吗？

柳大娘　我是腿疼！不是手疼！

健豪　哦哦哦，不好意思，刚听差了，没事没事，小问题，就当练个手了，我这就拔了。

柳大娘　练手？你到底会不会？实在不行，等你爹回来再治。

健豪　唉，我爹出门采药去了，一时半会儿回不来，再拖一会儿，你腿不就更严重了嘛，你就信我一回，我还能砸了我家招牌不成？

柳大娘　那就再信你一次。

【庆儿进场，给炉子加炭火。】

庆儿　少爷，你要的炭火已经加进去了。

（徒弟把庆儿拉到一边）

健豪　庆儿，你去我爹的书房，把他那本针灸书拿过来。

庆儿　少爷，老爷不是说你还不能给病人针灸吗？你怎么……

健豪　我爹那个老顽固，老是说我手法不行，我都练习那么久了，我今天就给我爹看看，我针灸早就可以出师了。

庆儿　可是……

健豪　庆儿，你别怕，我爹回来了，责罚我担着。

庆儿　是，少爷，我这就去。

【庆儿下场去拿书。】

柳大娘　哎哟哟，好了没，我腿疼得厉害。

健豪　柳大娘，稍等片刻，等庆儿拿个东西。

【庆儿拿书进场。】

庆儿　少爷，书来了。

（徒弟拿过书，自己翻找，看了看，来到柳大娘旁边）

健豪　柳大娘请先坐好，我这就给你施针。

（柳大娘坐下，徒弟在火炉烫一下针，准备施针）

健豪　大娘，施针过程可能有点疼痛，那是正常的，还望到时大娘你不要动，以防针偏了，那可就不好了。

柳大娘　行吧，快些，我疼得厉害。

（徒弟施针）

健豪　大娘，扎好了。

（柳大娘走动一下）

柳大娘　哎哟，我的腿怎么比之前还疼了，你看看，我腿是不是还有点肿。

健豪　怎么可能，我扎的位置可是完全按照书来的，怎么可能扎错。

（柳大娘的腿越来越肿）

柳大娘　好你个小舒大夫，我看你就是想砸了你爹的招牌，我回去就把你不会治病却乱针灸这件事宣扬出去，我看谁还敢找你家看病。

【庆儿进场。】

庆儿　少爷，出了什么事？

健豪　庆儿，你快去请我母亲前来，就说医馆出事了。

庆儿　是，少爷。

【舒大夫进场。】

舒大夫　找你母亲什么事？

庆儿　老爷。（行礼）

健豪　爹，你怎么回来了，你不是采药去了吗？庆儿，你先退下。

舒大夫　你又惹什么事了，竟要你母亲来给你收场，说给我听听。

柳大娘　你就是舒大夫吧，你来得正好，你是怎么教导你儿子的，你看看我的腿。

舒大夫　这是怎么回事？夫人你先坐好，待我重新给你针灸一番。

柳大娘　我还会被你们糊弄一次，我现在就回去宣扬一番，砸了你家招牌。

舒大夫　还请夫人稍安勿躁，现在最要紧的是你的腿。还请夫人信我一回，若不能治好，我就将医馆发卖出去，赔了你银子。

柳大娘　这可是你说的。

舒大夫　还请夫人坐好。

（柳夫人坐下，舒大夫针灸）

舒大夫　夫人感觉如何？

柳大娘　不似先前那么痛了，感觉肿也消了许多。

舒大夫　那就好，只是针灸不能一次根治，需多次进行，柳夫人再来几次就可治好了。

柳大娘　不愧是舒大夫，针灸之术与传言不虚，只是你这徒儿，罢了，既然已经治好，我也不多计较。

舒大夫　犬子莽撞，还望夫人海涵。这样，我送夫人几服草药，回去之后热敷即可暂缓疼痛，之后可再来针灸。夫人，你看怎么样？

柳大娘　行吧，那就谢谢舒大夫了。这天儿也不早了，我就先回去了。

舒大夫　不用谢，夫人，这是应该的。庆儿，来带柳夫人去拿一下草药。

【庆儿上场。】

庆儿　是，老爷，夫人请。

【柳大娘退场。】

舒大夫　你，过来！说说你今天干了什么，为何那柳夫人的腿疼会加重。

健豪　爹，孩儿也不知，我明明是按照您教我的，并且为以防万一，特意拿了您的书籍对照一遍，才进行针灸治疗的，可不知为何……

舒大夫　我是否说过，你针灸还未能出师，怎可私自接诊病人，你把爹的话放在了哪里！

健豪　爹，孩儿知错，可是孩儿练习针灸也有不少时日，书房的小人我闭眼都能找准穴位，为何不让我接诊，孩儿不服！

舒大夫　你个逆子，你可知……（扬手）

【舒夫人上场。】

舒夫人　哎哟！这是怎么了？老爷，就算有气也不能动手打人呀，有话好好说。庆儿，你说说，少爷今天干了什么？

庆儿　回夫人，少爷今天背着老爷接诊了柳夫人，给她针灸，反而致使柳夫人腿疼加重。

舒夫人　儿，你糊涂啊，你爹不让你接诊自有他的考量，你怎可私自接诊，万一出事，那可怎么办！

健豪　娘，我只是想帮爹分担一下，当时爹不在，我都是按照书上的步骤来治疗，哪想会变成这样……

舒大夫　你个逆子！你还敢狡辩，这次我定要狠狠地惩戒一番，看你还敢不敢私自接诊。

舒夫人　老爷……

舒大夫　夫人，别再说了，如若这次不是我回来及时，柳夫人的腿都可能废了。我行医一辈子，若因他之过砸了祖辈留下的招牌，我还怎么有脸去见列祖列宗。

舒夫人　我……唉，健豪你这次真的犯下大错了。

健豪　爹、娘，我知道错了，我甘愿受罚。

舒大夫　好，既如此，那就罚你在书房好好反省，不准再翻医书。

健豪　孩儿领命。

【徒儿退进书房。】

舒夫人　你啊，对孩子得耐心教导，你讲道理他是能够明白的。幸好这次也没酿成大祸，这次你就好好跟他谈谈，别因为这影响了你们父子间的感情。

（舒大夫双手背在后面，做沉思状）

舒夫人　（摇摇头，转身）庆儿，跟着我去做饭。

庆儿　是，夫人。

（舒大夫走进书房，看到儿子消沉地趴在书桌上）

健豪　爹，您……您怎么来了？（立马慌张地站起，有点愧疚又有点害怕地打量父亲）

舒大夫　你可好好反省了？

健豪　父亲，孩儿知错，我自以为看了这么久的书了，穴位已熟记于心了，就擅作主张去治病，结果险些酿成大祸。

舒大夫　今日之事你的确错了，但还没到无药可救的地步。你可知我学医数十年，针灸练习日日不敢断，才敢亲自上手给人针灸治病，你才学了多久，就敢去给人针灸？

（健豪低头，愧疚的样子）

舒大夫　（指着炉子）你看这炭火，你可知，这火一直烧是可以变成青色的。学医一样如此，你虽熟记了穴位，可你下针手法不稳，这需你日夜苦练，待到一定时日方可成功。

健豪　是，爹，我一定不会再那么莽撞。

舒大夫　罢了罢了，我也该让你试试手了。这样，为父来做你的病人，给你当练习。（先犹豫，后决心以身示范）

健豪　爹，万万不可啊。孩儿技艺不精……

舒大夫　就这么决定了，去把银针拿上来。快去！

健豪　庆儿，把银针拿上来。

庆儿　是，少爷。

【后台回答，拿针上场。】

庆儿　少爷，你的银针。

健豪　爹，我要是扎痛你了，你可要告诉我。

舒大夫　慌什么，针拿稳，手别抖，来把你在医书上学的针灸演示一遍，我——指导。来吧。（自我鼓气）

健豪　爹，我来了。（扎针）

舒大夫　嘶，力度不对，太轻。（边说边用另一只手取出针，抓着儿子的手重新扎）

健豪　爹，我不敢了，我怕把你扎出病来。

舒大夫　大丈夫要勇敢，你放心扎，不会出事。记住，下针要稳。（儿子拿另一根针动手）

【夫人进场，庆儿端着参汤跟着。】

舒夫人　老爷，你这是干什么呀？怎么让健豪给你扎上银针了呢？

舒大夫　夫人不用担心，我让儿子练习呢，放宽心，我有分寸。

舒夫人　可是……唉，也罢，有你教他倒也不会出什么事。我给你们熬了参汤，先喝了再练吧。健豪，先来喝汤。老爷……（服侍老爷喝汤）

舒大夫　好了，夫人。你先出去吧，我继续教健豪针灸了。

舒夫人　好，那你一定要注意分寸呀。豪儿，你也一定要小心扎针，看稳了再扎。

健豪　娘，我知道了，放心吧。

舒夫人　庆儿，我们走吧，就不打扰他们父子了。

【夫人、庆儿退场，他们父子就一直练习、休息、练习……以庆儿每日加炭火，背景音乐鸡叫来表现时间流逝。】

舒大夫　好好好，不错，下针够稳够准，看来你确实用功了，为父很欣慰啊，哈哈哈。

健豪　爹，我可以了？（父亲点头）哈哈哈，我可以了，我可以了！爹，孩儿没有辜负您的期望，可以替您分担了。

舒大夫　嗯，不错（点头，摸胡子），今日起你就跟着爹看诊了。

柳大娘　（跛着腿，扶着腰进场）舒大夫，我这老毛病又犯了，腿疼死了，你快给我针灸缓缓，我这把老骨头受不了了。

舒大夫　健豪，去吧。

健豪　柳大娘，您先坐下，我给您看看是什么情况。

柳大娘　怎么又是你？（连忙摆手）不不不，不要你，舒大夫我要你来给我针灸，他医术不行。

舒大夫　柳夫人，您放心。我这徒儿现已出师，您不放心他还不放心我吗？相信我，他可以给您针灸的。

柳大娘　既然舒大夫都这么说了，那我就试试，不过，你可得好好看清楚了再扎针，我这把老骨头可遭不住你再拿我练手了。

健豪　一定的一定的，柳大娘。我为我之前的莽撞给您道歉，今天我一定会好好针灸的。庆儿，把银针端上来。

庆儿　是，少爷。少爷，你还需要书吗？

健豪　不必了，这穴位我早已熟记于心，力度我现在也掌控很好，不需要什么书来壮胆了。（针灸）

柳大娘　哎，还别说，你这一扎我这腿就不痛了。不错不错，小伙子厉害不少啊。

健豪　柳大娘您这是风湿所致，雨季将至，要想预防这腿疼呀，您还得连着来针灸几日。

柳大娘　好，你这小舒大夫今非昔比，这技术都快赶上你爹了，我这腿疾交给你也放心。

健豪　多谢柳大娘信任，我定全力以赴，弥补以前的过错。

庆儿　少爷，少爷，你看，这炭火怎么变成青色啦？

健豪　不必惊慌，炉火变青依然在散发着热，学医也是，永无止境。

◎ 科普知识延展区

成语出处

唐·孙思邈《四言诗》："洪炉烈火，烘焰翕赫；烟示及黔，焰不假碧。"

成语意思

炉火纯青：炼到炉里发出纯青色的火焰就算成功了，后用来比喻功夫达到了纯熟完美的境界。

因地制宜

编剧：易行、向荣、刘畅、肖璇

人物表

易公子　易家嫡长子，喜欢习武，不善读书，但不敢违背家里父母的决定

肖夫人　易府大夫人，性格干练，宠爱儿女，望子成龙

畅小姐　易府的小姐，活泼开朗，聪明伶俐，受母亲疼爱

荣嬷嬷　易府的老仆人，性格温和，宠爱易公子和畅小姐

第一幕

【肖夫人在里屋做女红，荣嬷嬷服侍左右。】

【易公子突然闯进房间，荣嬷嬷赶忙迎上去。】

荣嬷嬷　易公子来了啊。

易公子　嬷嬷，你让开，我要找母亲。

荣嬷嬷　（伸手拦住）公子你别着急，夫人在里屋做女红。

（易公子推开了荣嬷嬷，着急地闯进里屋）

易公子　母亲，为什么您非要让我种那个又酸又涩又小的橘子啊，孩儿甚是不解。

肖夫人　（放下手中女红，斥责易公子）

肖夫人　你读的书都读到哪里去了？怎么可以随意闯入他人的房间？纵然我是你的母亲，该守的规矩还是要有的。

易公子　（退回前厅）母亲，孩儿来向您请安了。

肖夫人　（整理仪容，到前厅，荣嬷嬷陪侍在一旁）嗯，以后做事不要这般毛躁。说说吧，这次回来找我，是发生什么事了。

易公子　母亲，孩儿这次回来是想问问您为什么非要让我种那又酸又涩又小的橘子啊，孩儿甚是不解。

肖夫人　这橘子怎么会是酸涩的，你父亲南下经商时，带回来的橘子又大又甜。你是吃过的，莫不是忘了？

易公子　孩儿没忘，当年父亲带回的橘子是甜的，这也是父亲想要在北

方开辟果园的缘由。可是孩儿按您和父亲的意思种了三年的橘子，日日夜夜精心照料，用了最好的肥料，种在最肥沃的土里，还请来了方圆十里最好的农夫，就是种不出来当年的那种橘子啊！

肖夫人　我看，还是你不够用心吧，别以为你心中所想，我不明白。

易公子　母亲，孩儿本就不是侍弄庄稼的料子，也确实志不在此。但父母之命，孩儿是断然不敢违背的。

肖夫人　怎么，难道是我和你父亲错了不成？（语气稍缓）我只不过想让你能多得到你父亲的认可些，虽然你是嫡子，但你真的没有想过，你父亲会把这个家给你那更会经商的庶出兄弟吗？

易公子　母亲，您的苦心孩儿是知道的，可是这经商买卖之事，孩儿实在一窍不通啊。

肖夫人　（重重地放下茶杯）都这些年了，就是再愚笨，耳濡目染之下也该有所成就。你不必说了，安安心心地种橘子去，没种出橘子，就别再回来！

荣嬷嬷　夫人，夫人，消消气，消消气，公子他……

易公子　母亲！

荣嬷嬷　公子，你也少说两句吧。

【畅姐儿上场。】

畅小姐　母亲万安！欸，大哥也在！（惊奇）

易公子　小妹，你来母亲这里干什么？

畅小姐　我找母亲说点事，你不会又是偷懒来了吧，橘子今年可种出来了？

易公子　我的事，你少管！（些微羞恼）

荣嬷嬷　哎呀，好了好了，两兄妹小时候关系那么好的。

肖夫人　呵呵，荣嬷嬷，他俩从小就爱斗嘴，你忘了？畅儿，说吧，找我什么事。

畅小姐　母亲，我想去姨母家住段时间。

肖夫人　去你姨母家住段时间干吗，可不要去打扰你表哥学习。

畅小姐　我去是为了学习的。

易公子　小畅，你别说笑了，你去姨母家学什么？

畅小姐　母亲你看他，人家就是去学习的嘛！（撒娇）

肖夫人　哈哈，由她去吧，去你姨母家走动走动也是好的。

畅小姐　多谢母亲！哼，等我回来，你们就知道我去学什么了！

肖夫人　嬷嬷，你找两个下人送畅儿去她姨母家。

荣嬷嬷　是，夫人。

【畅姐儿和荣嬷嬷下场。】

易公子　母亲，凭什么妹妹从小到大想干吗就干吗，您从来不阻止她。

肖夫人　女孩子嘛，终归是要嫁出去，到了夫家，自有她婆婆教她。现在能满足她的，就尽量满足她吧！

易公子　可是母亲，我也有自己想干的事情啊，我不想我的生活里，只有种橘子这个事情。

肖夫人　（摔杯子）这可由不得你！

【荣嬷嬷上场，听到摔杯子的声音，急忙劝阻。】

荣嬷嬷　夫人，公子，老奴实在不想看到你们母子这么吵下去了。要老奴说，易公子你是家里的长子，夫人也就你这一个儿子，她是为你好的。

易公子　嬷嬷，你是看着我长大的，就算我娘是为了我好，可是我不是种地的料子，那橘子也不是该长在这里的料子啊。

肖夫人　嬷嬷，你派人把他送回果园去，以后没什么事不准他再回来。

荣嬷嬷　夫人，这……

易公子　回去就回去，不用你派人送，我要是一辈子都种不出来，你就别想再见着我了。（负气出走）

荣嬷嬷　夫人，您何必呢？公子好不容易回来一趟，连口饭都吃不上就要赶回去，唉。

肖夫人　嬷嬷，你不必为他求情，你也是看着他长大的，他本来就不是个安分的主，就算种不出来，磨一磨他的性子，也是极好的。我乏了，你也下去吧。

第二场

【几个月以后，畅小姐高高兴兴地从姨母家回来了，首先在后院找到并拉住了荣嬷嬷，将一包橘子交给了她。】

畅小姐　嬷嬷，你悄悄把这放后厨去，千万不能让母亲看见了。（小心观看周围）

荣嬷嬷　好的小姐，这是什么东西，这般的神秘。

畅小姐　是什么我不好说，但是这可是救我大哥的法宝，放好了，你且找人把大哥叫回来。

荣嬷嬷　好，那小姐先和夫人多说些体己话，夫人这几个月可没少惦记你。

畅小姐　我会的，嬷嬷，你快差人把大哥叫回来吧！

荣嬷嬷　就去就去。

【嬷嬷下场，畅小姐在台上走一圈，冲进母亲的房间。】

肖夫人　知道回来了啊！

畅小姐　（挽着母亲撒娇）女儿当然知道回来了，可想母亲了。

【赌气住在果园的易公子得到消息后也赶了回来，嬷嬷上场，走到夫人身边。】

易公子　妹妹回来了，在姨母家可还开心？

畅小姐　嗯嗯，可开心了，姨母家在南方，你是不知道，我和表哥下水摸鱼可好玩了。

易公子　（一脸果然如此的表情）母亲你看，她走的时候还说去学习，就是去玩了吧。

肖夫人　好了，好了，你妹妹一路回来也累坏了，你就少说两句吧。嬷嬷，去……

（夫人眼神示意，荣嬷嬷明白了夫人的意思）

荣嬷嬷　夫人，晚宴已经准备好了，请移步吧。

【一家人在台上走一圈，走到餐桌旁，一家人就坐，吃着晚饭。】

肖夫人　小畅，来吃点牛肉，喝点羊汤，你看你，都瘦了，南方哪有这些吃。

畅小姐　谢谢母亲。

易公子　母亲，小畅也不是小孩子了，你何必这样。

肖夫人　怎么，你当哥哥的，还要吃你妹妹的醋？（嘴上说着，还是给儿子夹菜）

畅小姐　母亲，要不然你别让哥哥在家种橘子了吧！

肖夫人　你离家之前不是还让你哥好好种橘子吗？怎么这会儿……

畅小姐　其实女儿还是觉得大哥在武场上纵马驰骋威风些。

肖夫人　你个女孩子懂什么，他习武再厉害，又有什么用？当初比武时还不是输了。

易公子　母亲，那是因为人家作弊。

肖夫人　输了就是输了，狡辩什么。

畅小姐　母亲，哥哥以前和其他兄弟比赛射箭时，不都是第一名吗。

肖夫人　他也只是比他们稍微强点，那又怎么样，我是不会让他走这条路的。

畅小姐　母亲，消消气，其实哥哥种橘子这么多年，我也试着种了一下橘子，我此次去姨母家，发现他们那里的橘子和哥哥种出来的确实是不一样的。

肖夫人　嗯？你也种了橘子，又和你大哥种出来的有什么不同？

易公子　妹妹你仔细说说，和我种的橘子有何不同？

（此时，畅小姐眼神示意嬷嬷把橘子端上来）

荣嬷嬷　（端着橘子走了过来）夫人快尝尝。

肖夫人　（拿起嬷嬷剥开的橘子放进嘴里）真甜，畅儿有心了，还专程带这橘子回来，你们都尝尝吧。

（众人都吃了一瓣，确实是南方橘子的味道）

畅小姐　母亲，这不是我买的，是我在姨母家后院种出来的，丰收时节一片片金灿灿的，可好看了。

肖夫人　什么，在你姨母家后院种出来的？你可亲自种了？

畅小姐　是的，我亲自种的，这也是我南行的原因之一。

肖夫人　（追问）和你哥哥种橘子可有什么不同？

畅小姐　并无不同，甚至还不如哥哥伺候得细致。

（肖夫人似乎明白了什么，对易公子说道）

肖夫人　从今日起，橘子就不必再种了，你往后乐意骑马射箭就骑马射箭吧。

易公子　多谢母亲，孩儿以后定当从军报国，光耀门楣。

（抬手并眺望远方，母亲随儿子手的方向远眺）

◎ **科普知识延展区**

成语出处

夫筑城郭，立仓库，因地制宜，岂有天气之数以威邻国者乎？（汉·赵

晔《吴越春秋·阖闾内传》）

成语故事

春秋末年，楚平王听信大夫费无忌的谗言，杀害了太子建和他的老师伍奢。又怕伍奢两个在外地的儿子起兵报仇，就又设计把伍奢的大儿子伍尚骗回来杀掉了。伍奢的小儿子伍子胥幸免于难，辗转周折，逃到了吴国，发誓一定要报父兄被杀的仇。伍子胥足智多谋，勇冠三军，在诸侯中素有威名。他到吴国后，见到了吴王僚，就游说他，请他兴兵伐楚。此时，吴国的公子光却在谋划着杀掉吴王僚，自立为吴王。他担心吴王僚得到伍子胥以后会更难对付，就对吴王僚说："伍子胥之所以来到吴国，是因为要躲避楚王的追杀，他让您去攻打吴国也是为了报他父亲和兄长的被杀之仇。如今，我们兴师动众地去攻打楚国，先不说能不能打下来，就是打下楚国，对大王您也没有什么好处，反而是帮了伍子胥的忙，所以我觉得伍子胥不是真正想要辅佐大王，只不过是利用我们为他报私仇罢了。"吴王僚听了公子光的一席话以后就放弃了伐楚的念头，而且逐渐地疏远了伍子胥。

伍子胥知道他现在想要报仇，就必须借助吴军，他也知道公子光一直想当吴王，所以就去投靠了他，并设计帮他当上了吴王，公子光就是历史上的吴王阖闾。伍子胥后来也得到了阖闾的重用。一次，吴王阖闾向他请教治国安民的大计，伍子胥说："要想使国家富强，人民安定，首先要高筑城墙，这样才能加强防御力量，使其他国家不敢进犯。还要加强军事力量，充实武器及物资的储备，这样就能够对别的国家形成威慑之势。同时还要发展农业，只有农业发展了，国家才能富强，百姓才能安居乐业，将士们才有充足的给养，而且要充实粮仓，以备战时之需。这样国家才能安定，才有可能发展。"吴王听了高兴地说："你说得很对！但是修筑城防，充实武库，发展农业，都应因地制宜，不利用自然条件是办不好的，应当制定合适的方案。你能不能对应着天象的方位，设计一个能够震慑邻国的规划呢？"伍子胥说："当然可以。"

伍子胥巧妙利用吴国的地形，建立起一座依山傍水的城郭，城中有多个城门，且其中三个筑有城楼。大城中还有东西两座小城，西城为阖闾的王宫所在地，东城则是驻扎军队、存放军备的地方。之后，吴王阖闾还在伍子胥的建议下在城中设置守备、积聚粮食、充实兵库，为称霸诸侯做准备。

这种"因地制宜"的措施，果然很快就使吴国强盛起来。经过一段时间的准备，吴军大举进攻楚国，五战五胜，最后攻陷了郢都，伍子胥终于报了杀父兄之仇。

第四章　生活中的科学指引

　　科学技术的创新离不开现实生活的驱动，生活质量的提升离不开科学技术的发展。掌握足量的科学知识，能够让我们更好地解决生活中遇到的难题。

　　生活科普剧选择生活中常见的知识，每一个剧聚焦一个生活问题开展想象和创作，用直观具体的表达方式，力求比较准确而全面地揭示相应的科学原理。

　　生活科普剧其实反映的是一种态度，习以为常、司空见惯的生活现象，原来可以变得这么有趣。生活科普剧的实践，可以帮助我们开启另外一双观察生活的眼睛，从而看到一个不一样的世界。

眼睛与眼镜

编剧：刘国栋

人物表

瞳瞳　四年级小女孩，想戴眼镜，傲娇但内心脆弱

右眼　瞳瞳的右眼，关心瞳瞳健康，与左眼是孪生兄弟，不对付

左眼　瞳瞳的左眼，关心瞳瞳健康，与右眼是孪生兄弟，不对付

妈妈　眼科医生，温柔慈祥

第一场

地点：瞳瞳卧室

瞳瞳　妈！

妈妈　唉！

瞳瞳　妈妈！

妈妈　唉，唉！

瞳瞳　好妈妈！

妈妈　好了好了，无事献殷勤。

瞳瞳　商量个事儿呗。

妈妈　说吧。

瞳瞳　配个眼镜呗。

妈妈　呵呵呵，我就知道，上次带你去眼镜店查视力，瞧你那看眼镜的眼神。

瞳瞳　那你同意了？

妈妈　同意……不了。

瞳瞳　妈，我们班好多人都戴眼镜了，看起来好酷，显得有学问，给我买一个呗。

妈妈　那是眼睛出问题了才戴眼镜，你可知道妈妈每天接触的那些患者，眼球都发生了变形，你要是想当一个漂漂亮亮的小姑娘，可得好好爱护自己的眼睛。

瞳瞳　你不也戴着眼镜吗？

妈妈　所以妈妈不想让你也承受戴眼镜的痛苦啊。

瞳瞳　我成绩都进步了。

妈妈　是，都从 95 分"提升"到 59 分了，反着进步吗？

瞳瞳　我不管！

妈妈　你就让妈妈少操点心。

瞳瞳　哼！

【妈妈电话响。】

妈妈　喂，主任……瞳瞳，妈妈还有事儿，时间不早了，早点睡。

【妈妈下。】

瞳瞳　喂，你还没答应我呢，每次都是这样，哼！哎呀，要怎样才能近视呢？眼睛出来！

左眼　我是左眼，是瞳瞳的忠实拥护者。

右眼　我是右眼，是瞳瞳的健康守护者。

左眼　瞳瞳看什么电影啊，听什么课啊，可都得靠我。

右眼　就你？可别吹牛了！要不是我，瞳瞳能看到这世界的优美风景吗？要不是我，瞳瞳能看见这世界的繁华都市吗？要不是我，瞳瞳能看见这世界的是非对错吗？要不是我……

左眼　啥都是你，你咋不说世界都是你的。

右眼　对唉，拥有一个好眼睛，不就拥有了全世界吗？

左眼　你可真不害臊！

右眼　你是在骂我吗？

左眼　没有，怎么可能，（对观众）你们说，我是在骂他吗？

右眼　你不就是嫉妒瞳瞳经常使用我吗？

左眼　谁嫉妒了！

右眼　就是嫉妒！

左眼　根本没有！

右眼　就是有！

瞳瞳　别吵了！

右眼　怎么了瞳瞳，是不是左眼又惹你生气了？

左眼　说什么呢，明明是你惹瞳瞳不开心了，是你！

右眼　是你！

左眼　是你！

右眼　是你！

瞳瞳　都给我闭眼。

左右眼　是！

瞳瞳　好了，睁开眼睛吧，我说睁开眼睛。问你们个问题，你们说我要怎样才能戴眼镜呢？

右眼　这你可是问对人了，这想要戴眼镜哪，眼睛就得生病，生病后的眼睛分为近视眼和远视眼。

瞳瞳　（迫不及待）那怎样才能让眼睛近视呢？

左眼　让眼睛生病的方法可多了，现在最普遍的方法就是多看手……

右眼　左眼，你在说什么呢，瞳瞳可是想要戴眼镜。

左眼　什么，戴眼镜？完了，瞳瞳不要我们了。（一直哭）

右眼　哭什么哭，瞳瞳怎么可能不要我们呢？瞳瞳，为啥你想戴眼镜呢？

瞳瞳　因为我喜欢啊。

右眼　可你为啥会喜欢戴眼镜呢？

瞳瞳　因为很帅啊。

右眼　为啥很……

瞳瞳　你怎么那么多为啥，为啥，快告诉我让眼睛近视的方法。

右眼　这……其实我也不知道，你还是问左眼吧。

瞳瞳　嗯？

左眼　（停止哭泣）其实我也不知道。

瞳瞳　（质问）都不知道？

左右眼　（直摇头）不知道。

【瞳瞳使劲揉自己的眼睛，左右眼呼吸困难。】

左眼　别揉了，别揉了，我说还不行吗？

左眼　近视的方法就是，（正经地说）少看手机多看报，好好学习没烦恼。

右眼　噢耶。

瞳瞳　（生气）你俩存心骗我很开心是吧，嗯？

右眼　不是瞳瞳，哪有人自愿近视的，况且，你想近视，妈妈也不会同意的，妈妈还说要你好好保护眼睛呢。

瞳瞳　你管她干吗……我的事情我做主，我不管，我就是想要近视戴眼镜儿，哼！

右眼　瞳瞳，要听妈妈的话。

左眼　（唱）听妈妈的话，别让她受伤，想快快……

瞳瞳　别唱了，难听死了，你们我是靠不住了，我还是自己上网查查吧。

【左右眼走到一边。】

右眼　左眼。

左眼　右眼，右眼你快想想办法吧，瞳瞳可是铁了心要近视了。

右眼　我能怎么办，瞳瞳是我们主人。

左眼　要不我们让妈妈来劝一劝她？

右眼　唉，妈妈要是能劝动，也轮不到我们在这儿想办法了。

瞳瞳　眼睛，过来，你们看这个视频：想要近视就得多玩手机少睡觉，小小近视就来到。

右眼　瞳瞳，这种视频都是骗人的。

瞳瞳　我觉得挺好的。

左眼　现在的视频，怎么什么都能过审！

瞳瞳　多玩手机少睡觉……嘿嘿，你们两个以为不说我就不知道了吗？哼！没想到近视的关键是在手机，我可得好好地使用你（对着手机）。

【瞳瞳侧躺在床上玩手机。】

瞳瞳　（向右侧着玩手机）还是这样舒服。

右眼　呃呃呃（浑身颤抖），左眼，是我的错觉吗，我怎么感觉我变矮了，还变胖了。

左眼　好像是有点儿。

瞳瞳　（向左侧着玩手机）这个好看，这个好看。

左眼　咕噜咕噜（头晕目眩），我怎么感觉我也变得矮胖了。

右眼　我俩不会真的会生病吧？

左眼　（唱）呜呜呜，呜呜呜，瞳瞳竟然想近视，作为眼睛可怎么办。

右眼　（唱）帮助她，保护她！快找来妈妈阻止她，瞳瞳才能健健康康地成长。

两眼　唉！

【敲门声响起，左右眼连忙躲起来。】

妈妈　瞳瞳，你睡了吗？

瞳瞳　已经睡了！

【妈妈进去房间。】

瞳瞳　妈，你怎么进来了？

妈妈　不是说睡了吗，都什么时候了，还在玩手机。（抢过瞳瞳的手机）

瞳瞳　妈，我马上就睡了。（将手机夺回来）

妈妈　别玩了，早点睡觉，你这孩子。

瞳瞳　马上就睡，妈，你放心，我立刻就睡了。（立刻躺在床上准备睡觉）

妈妈　别玩手机啦，赶紧睡觉。（出门）

瞳瞳　嗯嗯。（起床观察）

瞳瞳　哼，终于走了！大手机，好手机，你可是我戴眼镜的好宝贝。

右眼　看来妈妈是真的管不了瞳瞳。

瞳瞳　别躲了，咋就这么胆小呢。

左眼　瞳瞳，该睡觉了，我们也该闭眼了，是真的受不了了。

瞳瞳　睡什么觉，闭什么眼，都不准，陪我一起玩。

右眼　可我俩得先休息了。

瞳瞳　不准就是不准，我是主人，我说了算，哼！

瞳瞳　（又看起了手机）你们看这个人，好搞笑啊，还有这个，这个，这个……

右眼　瞳瞳，妈妈也不会让你再玩的。

瞳瞳　闭眼，不要提她好吗，你不觉得现在提她很破坏我玩手机的心情吗？哼！

左眼　我们也是为了你好。

瞳瞳　为我好？为我好就听我的话。

左右眼　这个不行。

瞳瞳　那我不管。

左眼　右眼，我们总得想个办法啊，我感觉我身体里的水分都快蒸发干了。

右眼　我也不知道咋办啊，我怎么感觉这天上有星星在转啊。

左眼　怎么办？

右眼　怎么办！

左眼　怎么办！

右眼　怎么办！

左眼　怎么办！

右眼　我想到了。

左眼　怎么办？

右眼　（对左眼小声说）就这么办。

瞳瞳　你俩偷偷摸摸干什么呢？啊，好困啊，眼睛都快睁不开了，太好了，一定是方法有用了，继续坚持，哼，我一定要戴眼镜。

【右眼向左眼使眼神。】

右眼　哎哟，我肚子好疼啊！

左眼　哎哟，我脑袋好疼啊！

右眼　哎哟，我的波棱盖啊！

左眼　哎哟，我的大肚腩啊！

瞳瞳　哎，怎么了眼睛们，你们这是怎么了？

右眼　好难受啊，我感觉我浑身都痛。

左眼　我感觉我快不行了。

瞳瞳　怎么办？怎么办？你们要是不行了，我还怎么看电影，怎么看风景？我以后的日子就只剩下黑暗了吗？

瞳瞳　看不见了，我怎么看不见了？没有光的生活太可怕了，妈妈，妈妈……

【妈妈听到喊声冲进房间。】

妈妈　怎么啦？瞳瞳。

瞳瞳　我的眼睛好难受。

妈妈　别慌。（查看瞳瞳眼睛）

瞳瞳　我是不是要成瞎子了？

妈妈　唉！

瞳瞳　我是不是真要瞎了？我错了，我错了，妈妈。

妈妈　没事儿，只是用眼疲劳，我给你滴一点药，一会儿就好了。

【妈妈去找眼药，瞳瞳准备喝水，却打翻杯子，"咣"一声巨响，杯子碎了。】

瞳瞳　呜呜呜。

妈妈　没事儿啊。

瞳瞳　（拿出手机，扔到一边）都怪你，你这个烂手机，坏手机。

【妈妈在医药箱里寻找药品。】

左眼　右眼，我们是不是做得有点过了？

右眼　没关系，只有这样瞳瞳才能明白伤害眼睛的痛苦，以后才会好好保护眼睛。

左眼　可……

右眼　放心吧，我有分寸。

妈妈　把这个眼药水滴上。

瞳瞳　呜呜呜。

右眼　我感觉我活过来了。

左眼　我也感觉我瞬间年轻了几十岁。

右眼　瞧你这话说的，瞳瞳才十岁呢。

左眼　反正我就是年轻了几十岁，要你管。

右眼　我不管，瞳瞳要管。

左眼　哼！

右眼　哼!

左眼　哼!

右眼　哼!

瞳瞳　你们不准学我。

右眼　你看，瞳瞳笑了，瞳瞳笑了。

瞳瞳　谢谢你们，我这样折磨你们，你们还逗我开心。

左眼　唉，我们是你的眼睛，你永远是我们的瞳瞳啊。

右眼　是啊。

瞳瞳　对不起，妈妈，我以后再也不想戴眼镜了。

妈妈　现在知道眼睛看不见的痛苦了吧，妈妈只愿你身体健健康康的就好，妈妈呀，也就知足了，以后可要好好保护眼睛，记得少玩手机。

瞳瞳　嗯……妈，你放心吧，我一定会让自己健健康康的，不让你操心。

右眼　瞳瞳，你可知道保护眼睛是有很多小窍门儿的?

瞳瞳　真的吗? 那快说说，快说说!

右眼　小朋友们，你们可要听好了哟。

众人　身体离桌一拳远，读书一尺为最好，乘车走路勿阅读，趴着躺着不看书，电脑电视一小时，睡眠充足不过劳，干涩刺痛是疲劳，护眼知识多知晓。

◎ 科普知识延展区

玩手机对眼睛的危害:

1.人们通过手机阅读文本信息或上网时，眼睛会比手里拿着一本书或一张报纸离得更近，这意味着，眼睛聚焦手机图文更费劲，更容易导致头痛和双眼疲劳等问题。

2.长时间看，会使我们的眼睛调节作用持续，调节幅度下降，调节近点距离显著增加，所需调节时间延长。容易加深近视度数，还会引起眼睛疲劳，导致眼睛干涩和视力模糊，戴眼镜的人受影响更严重。

3.长时间使用手机浏览网页，眨眼动作减少，引起眼干、眼涩，长期来说容易引起结膜炎、角膜炎。

4.长时间躺着玩手机容易使血液流向眼睛，导致眼部结膜血管轻度充血，甚至诱发结膜组织的慢性炎性病变等。

5.智能手机一般屏幕大、亮度高，上面集中了太多的资讯，眼睛盯着屏幕时，不断变换的光影会对眼睛造成持续的刺激，可能导致泪膜层损害。长时间看手机，瞬目次数减少，尤其是完全瞬目的次数减少，通过眼睑将泪液分布在角膜表面的机会减少，同时角膜表面泪液的蒸发增加，可出现眼干、眼痒、眼痛等不适症状，甚至出现刺痛、流泪、畏光等症状。

6.长时间看手机导致白内障的发生逐渐呈现年轻化的趋势。白内障早期会发生视觉模糊，常因环境变化及眼睛过度疲劳而诱发，手机辐射也易导致眼睛模糊。

护眼建议：

1.眼睛与智能手机之间应保持30厘米左右的距离。

2.光线不宜过强或过暗，应从左前方射来，以免阴影妨碍视线。

3.用手机时间不宜过长，不要躺着，每40～50分钟休息10～15分钟，闭眼或向远处眺望数分钟。

4.加强视力训练和坚持做眼保健操。尤其是室外体育运动，在空气新鲜、视野开阔的郊外远眺美好景色是眼睛最好的保健方法之一。

5.注意营养补充，尤其是B族维生素和矿物质。

调皮的眼皮

编剧：陈法全

人物表

一笑　本剧的主人公，一个天真调皮的十岁小男孩

妈妈　一笑的妈妈，关心爱护着一笑

唐糖　一笑的同桌，一个活泼可爱的小女孩

李老师　一笑的班主任，严厉、负责任

姥姥　一笑的姥姥，非常疼爱一笑

姥爷　一笑的姥爷，非常疼爱一笑

医生　为病人看病治病

序幕

时间：期末考试前夕

地点：家

【音乐《奇迹再现》，歌舞表演。奥特曼开场舞蹈，怪兽出现肆虐城市，奥特曼将怪兽制服，世界重归和平，大家再一起跳舞。】

集体【唱】就像阳光穿过黑夜

黎明悄悄划过天边

谁的身影穿梭轮回间

未来的路就在脚下

不要悲伤不要害怕

充满信心期盼着明天

新的风暴已经出现

怎么能够停滞不前

穿越时空竭尽全力

我会来到你身边

微笑面对危险

梦想成真不会遥远

鼓起勇气坚定向前

奇迹一定会出现

一笑　奥特曼！将你的智慧和力量赐给我吧，期末考试就看你了！

第一场

时间：早晨

地点：教室

【音乐《上学歌》，单人表演。一笑站在舞台中央，伸懒腰，缓慢地收拾课本、整理着装，忽然一屁股又坐到地上开始偷懒睡觉。】

妈妈　（旁白）一笑！快上课了！还没出门？

（一笑一个机灵，飞速站起，开始奔跑，围着舞台快速地跑）

旁白　包子，香喷喷的包子；豆腐脑，热乎乎的豆腐脑；铅笔钢笔水彩笔嘞，快来看看哟！

（一笑继续快速地跑）

旁白　赛车陀螺悠悠球，各种玩具咱都有，快来看看哟！

【一笑放缓速度，走到舞台中心，假装挤进人堆凑热闹，开心地看着玩具展示，忽然上课铃声响起，一笑又绕舞台奔跑，同时课桌搬上舞台，一笑跑到座位上，趴在课桌上睡觉，音乐结束。】

唐糖　哎哎，一笑，怎么一来就睡觉，衣服还这么乱啊。

一笑　唔……唔……唔，起晚了，我还从家里一路跑过来，真是累死我了！又累又困，再让我睡几分钟。（又趴在桌子上）

唐糖　（把一笑拉起来）睡睡睡，都要考试了，你这……哈哈哈，你笑死我了！（指着一笑的脚）你看你鞋子都穿错了，一样一只，哈哈哈，笑死我了！

一笑　啊！天啊，怎么穿错鞋子了！唐糖，别笑啦，别笑啦！（去捂唐糖的嘴，两人打闹在一起）

唐糖　（被挠痒痒）我投降！哈哈，我投降！我不笑了，哈哈哈，我不笑了，哎哟哎哟。一笑，你……你昨天复习了吗？

一笑　（坐回座位，又准备趴着睡觉）复习了，复习了，梦里老师讲得可好了。

唐糖　那你考试可惨了，我昨晚复习到十点钟，厉害吧！

一笑　（马上坐直）才十点？切，我一点钟才睡呢。

唐糖　哈？你不是睡觉了吗，还能复习到一点钟？

一笑　电视看到一点钟，比你厉害吧！

唐糖　啊？这！算你厉害，算你厉害，给你鼓鼓掌，你这一对大黑眼圈，我算是知道原因了。

一笑　其实这都不算啥，一点钟那多早啊，要不是我妈一点回家了，本大王还能睡得更晚！

唐糖　所以你这大黑眼圈是你妈妈揍的吧，哈哈哈哈！（一笑与唐糖打闹在一起）

【李老师上场。】

李老师　都坐好了！我们准备开始期末考试了。

（同学们都入座准备考试）

李老师　大家也知道，今天呢，就是我们的期末考试了。期末考试是对大家这学期以来学习成果的一次检验，希望大家能在考试中发挥出色。一笑！别挤眉弄眼的，坐好！

一笑　哦，哦，好，好的。

李老师　我继续讲。之前让大家回去复习，也是为了这次考试做准备，相信通过复习，大家……一笑！你还在那儿挤眉弄眼，是对老师说的话有意见吗？

一笑　（揉眼睛）不不不，不是的老师，是我的眼睛不舒服，眼皮老是跳。

李老师　能坚持吗？我们马上就要开始考试。

一笑　没问题。

李老师　那好，班长跟我去领试卷，准备开始考试。

唐糖　（凑过身去悄悄问）一笑你这是怎么回事？

一笑　我也不知道，这眼皮它老是跳，跳了一早上了。

唐糖　眼皮跳？你是哪边的眼皮跳？

一笑　右眼啊，怎么啦？

唐糖　哇！那你可得小心啦，老人家常说左眼跳福，右眼跳祸，你这下有的玩了。（一边捂鼻子，一边夸张地后仰身子）我可得离你远些，马上考试了，不能沾上你的霉运。

一笑　切，什么福啊祸啊，都是吓唬小孩子的，（拍拍胸口）本大王才不怕呢！

唐糖　不信算了，不跟你说了，老师来了，我要好好考试！

（李老师发下试卷）

唐糖　哇！这个题，我稳了！

一笑　（用试卷盖住脑袋）哇！这个题，我惨了！

一笑　（揉了揉眼睛）完蛋了完蛋了，这个题不会做啊。（又揉了揉眼睛）这可恶的眼皮还老是跳，烦死我了。（双手高举）啊！迪迦啊！赛文啊！盖亚啊！奥特曼们啊！你们告诉我答案吧！

李老师　要不要我告诉你答案？让我也做一次奥特曼？（一笑收回了手，头埋得更低了）

（时间慢慢过去了，考试时间结束，一笑仍然没有下笔）

李老师　好了，班长跟我收下同学们的试卷。

（李老师收过唐糖的试卷，又走到一笑的身旁）

李老师　（伸手）交卷子了，一笑。（一笑捂着试卷支支吾吾地磨蹭了半天）还没写完吗？没事，做了多少是多少。（拽过一笑的试卷）

李老师　（扫了一眼一笑的试卷，笑容逐渐消失）一笑！你在干吗呢，你是不是该解释下你的试卷怎么这么空？一个字没写！！

一笑　（双手抱头）老师我写了的。

李老师　写了什么？名字吗？

一笑　还写了班级。

李老师　（一拍桌子）别说了，一笑！你……你真是气死我了！叫你家长来一趟学校！

【李老师下场。】

一笑　（瘫坐在座位上，揉了揉眼睛）完蛋！

唐糖　看来真的灵验了。

一笑　什么灵验了？

唐糖　眼皮跳啊，左眼跳福，右眼跳祸。

一笑　不会这么准吧？哎哎哎，你看，左眼皮是不是好像跳了一下！

唐糖　喔喔！看来你好运气要来了！

一笑　看来这都是命运的安排，都是光的指引。（站起身来，一只手向上伸）

唐糖　什么？

一笑　我考试考差了，却有了预知未来的能力！我就和奥特战士一样，历经困难险阻，最终获得光的力量！

唐糖　还光的力量，我看你是花光力量才是。

一笑　平凡又自信的人类啊，其实这一切都是冥冥中的安排，都是对我的考验，你也应该相信我，相信光，如果不是光，那么世界的和平稳定又是谁守护的呢？

妈妈　（突然出现在一笑身后，狠狠地拍了下一笑的脑袋）是你妈我！又在学校搞出什么幺蛾子了，要你妈我帮你收场？

一笑　（抱着头）哎哟，妈！我错啦！

第二场

时间：下午
地点：家

【妈妈和一笑坐在家里，妈妈还在生气。】
一笑　（摇着妈妈的手）妈！我错了！我保证再也不偷看电视了。
妈妈　别，别叫我妈，我不是你妈，电视机才是你妈，你看它比看你妈还亲。
一笑　怎么会呢，我最喜欢妈妈了。（一边说一边挽着妈妈的手）
妈妈　你说说你，看着看着就要考试了，头天晚上还看电视，考试还敢给我交白卷，哎，我真是越说越气，看着你真来气。（说着就朝一笑打去）
【突然有敲门声。】
一笑　唉，妈，我错了，有人敲门，有人敲门！我开门去，我开门去！
【姥姥姥爷上场。】
一笑　姥姥！姥爷！（扑到老人身前）
姥爷　哎哟！我的乖外孙，我的大宝贝，真是想死我啦！
姥姥　好久没见啦，想姥姥姥爷了没？快来让我看看，大宝贝长高了没。（捏捏一笑的脸蛋，捏捏一笑的屁股）
一笑　（抱住姥姥姥爷）想！你们怎么来啦？
姥爷　你妈打电话说你这不是考完试放假了嘛，姥姥姥爷不得过来陪我的宝贝玩？
一笑　姥爷您真好，我也好喜欢跟你们玩！
妈妈　你还想玩？就你这考试考的还想怎么个玩法？爸妈你们坐，给你们说，别天天惯着这臭小子，都要上天了，得帮我好好收拾他才是。
姥姥　怎么啦，一笑这么乖，怎么就要收拾他啦？
妈妈　爸妈你们是不知道，今天他考试，昨晚还偷看电视看到大半夜，考试就给交白卷！
姥爷　啊？怎么回事？一笑？
一笑　这……这……这主要是我身体不舒服嘛，我眼皮老是跳，影响我发挥，所以就没做好。

妈妈　你怎么不说说你看电视的事儿？还敢找借口，又想挨揍了。（伸手准备揍一笑的屁股）

姥姥　（护住一笑）怎么还动手呢，孩子调皮不是正常的？你看看哪家孩子不调皮？

妈妈　妈，你就惯着他吧，这孩子就是欠收拾。

姥爷　（拉过一笑）没事儿，都过去了，现在姥姥姥爷陪你玩，宝贝一笑高兴最重要。

一笑　姥姥姥爷，你们真好！

妈妈　唉，真拿你没办法，玩吧，这几天你玩个够！（说着，笑了笑）你们玩着，我去做饭了。

姥姥　我来帮帮厨。乖孙子，你们玩着，姥姥给你做好吃的去！

一笑　姥姥您真好！

【妈妈和姥姥下场。】

一笑　（挽着姥爷的手）姥爷大老远赶过来看我，路上一定累坏了吧？

姥爷　不累不累，看见我的乖孙孙啊，一点都不累了。

一笑　不！姥爷，你肯定累了，来来来，我们看看电视休息休息吧。

姥爷　好好好，都听乖孙孙的！

（一笑跟姥爷一起看电视，可一笑老是觉得眼睛不舒服，总是揉眼睛）

姥爷　一笑啊，你老是揉眼睛干什么，多不卫生啊。

一笑　姥爷，我这是要觉醒能预知未来的超能力了！

（这时妈妈走来。）

妈妈　那就是病，什么超能力，还预知未来，有没有预知到被我揍？明天咱去问问医生，就这样说定了啊。

一笑　能不能不去啊，又得浪费我宝贵的一天玩耍时间。

妈妈　嗯？（伸手装作准备打屁股）

一笑　去去去，最爱去医院了。

第三场

时间：第二天上午

地点：医院

  医生 一笑妈妈放心吧，没什么问题。（扭着一笑的头看了看）傻孩子，啥福啊祸的，这是你用眼过度的表现。

  一笑 用眼过度？是什么意思？

  医生 来，阿姨问你，你有没有长时间看电视或者手机啊？

  一笑 有！好神奇，阿姨你也会超能力吗？

  妈妈 （轻轻拍了下一笑的头）傻孩子，一天就知道这些。别插嘴，听听阿姨怎么说。

  医生 小朋友都有这样的感觉，有时候眼皮会无缘无故地跳起来。这是由于眼睛周围的肌肉受到某种刺激而引起的。例如，看书、看电视时间太长，使得眼睛过度疲劳，会引起眼皮跳；失眠或睡觉的时间太少，眼睛周围的肌肉休息时间不够，也会引起眼皮跳。其他还有，强烈的光线、化学药物、混进眼皮里的异物以及一些眼疾，都会刺激眼皮引起跳动。

  一笑 啊？不是奥特曼给我的力量啊。

  医生 （摸了摸一笑）一般来说，眼皮跳不是什么疾病，当你眼皮跳的时候啊，只要闭上眼睛，稍微休息一会儿，或者做做眼保健操，放松一下眼部肌肉，也可以用热毛巾敷一下眼睛，跳动就会很快消失。

  一笑 好吧，阿姨！

  医生 当然啦，如果眼皮跳个不停，或者经常眼皮跳，最好请医生检查一下，以确定眼部是不是有什么疾病。如果不是由疾病引起的，那就要分析一下原因，是睡眠不足引起的，就应该增加睡眠时间；是强烈的光线或化学物质刺激引起的，就应该尽量减少这类刺激。如果能做到这些，眼皮跳就可以避免了。

  妈妈 好的。一笑你也听到医生阿姨说的话了吧？还敢看电视到大晚上不睡觉吗？

  一笑 不敢了，不敢了。

  医生 一笑这种情况的话，妈妈也要注意控制一下一笑小朋友每天看书看电视的时间了，还要记得让他多休息，放假在家也要让他认真做眼保健操，保护好眼睛是很重要的哦。

妈妈　好的，我决定，这两天你也就别看电视了。

一笑　啊？天啊！

妈妈　没听医生阿姨怎么说的吗？让你眼睛好好休息休息，就别待在家里了，刚好你姥姥姥爷过来了，我带你们一起去爬爬山，给你拍拍照，怎么样？

一笑　好耶！妈妈万岁！

医生　小朋友们，眼皮跳可不是左福右祸的迷信，它是我们身体发出的讯号，是眼睛在寻求休息和保护啦，科学用眼，你知道了吗？

【音乐《健康歌》，全体歌舞表演。】

排排队，站立好，我们一起来做操

点点头，伸伸臂，踢踢腿，弯弯腰

排排队，站立好，我们一起来做操

点点头，伸伸臂，踢踢腿，弯弯腰

我们一起来做操，排排队，站立好

健康宝宝爱运动，天天锻炼身体好

我们一起来做操，排排队，站立好

健康宝宝爱运动，天天锻炼身体好

◎ 科普知识延展区

1. 眼源性的各种原因造成眼睛病变，都可引起眼皮跳，比如视疲劳、用眼过度、青光眼、近视眼、白内障都可以引起眼皮跳动。

2. 神经病变引起眼皮跳动。面神经炎早期可以出现眼皮跳动，实际是面神经受刺激的一种表现；还有面肌痉挛症，面肌痉挛症有几种起病形式，一种起于口角，另一种起于眼皮，因此眼皮跳动是面肌痉挛的早期表现；另外还有一种是跟神经相关的肌张力障碍，肌张力障碍后可以出现任何部位的肌肉跳动，它发生于眼皮时引起眼皮跳动。

3. 精神疾病引起眼皮跳动。很多精神疾病，比如精神分裂症、焦虑症，有一小部分患者也可以出现眼睑的跳动，但是大部分是双眼皮跳动，很少是单眼皮跳动。

琪琪的梦

编剧：安佳硕

人物表

琪琪　挑食的小孩，喜爱吃零食

妈妈　琪琪的妈妈，疼爱女儿，想尽办法为琪琪提供有营养的

猪肉　可爱的肉食，有营养

西红柿　可爱的蔬菜，有营养

土豆　可爱的蔬菜，有营养

茄子　可爱的蔬菜，有营养

【音乐舞蹈：《不挑食身体棒》。】

【音效：时空转换。】

（琪琪在卧室里躺着，妈妈坐在床边照顾她）

妈妈　琪琪，你有没有感觉好一些？今天晚上你想吃什么？妈妈去给你做。

琪琪　妈妈，我什么都不想吃……

妈妈　琪琪，你这样是不行的，之前说你你不听，老是喝饮料、吃垃圾食品，就是不吃饭。你不吃饭，病怎么能好呢？

琪琪　妈妈，我真的没胃口，我想再睡一会儿。

妈妈　琪琪！

琪琪　妈妈，求你了，我现在想睡一会儿，你先出去好不好？（边说边把妈妈推向门外）

妈妈　唉，你这孩子。（走出了卧室，关上了门）我去给她做点小米粥喝吧！

（琪琪躺在床上，不一会儿，就进入了梦乡。这时，有人在敲门。原来是猪肉、西红柿、土豆和茄子他们）

猪肉　（模仿猪的声音）嘴长耳朵长，一条小尾巴，光吃不干活，饱了就睡下。小朋友们，你们猜我是谁呀！

（等待观众回应）

猪肉　哈哈，你们真的很聪明呀！但是还是不大准确，你们再瞧瞧我这身装扮。

哈哈哈，对啦！我是猪肉，小朋友们，你们平时喜不喜欢吃猪肉呀！

哎哎哎！我听到好多小朋友说喜欢，这才对嘛！但是今天啊，有个小朋友挑食！于是呀，我们兄弟几个就商量着来看看她。走吧，兄弟们！

【猪肉等推门进入。】

琪琪　你……你们是谁？你……这是猪肉？你是土豆？你是西红柿？你是……茄子？你们怎么变成这么大啦！（害怕后退）

猪肉　哎，哎，别害怕，刚刚已经和大家介绍过我了。琪琪你好，我是猪肉，我可以被做成红烧肉，也可以和土豆一起炒着吃！嘿嘿！怎么样琪琪，我的用处大不大？

琪琪　嗯……是挺大的。

猪肉　（突然凑过来）那你……想不想吃了我？？

琪琪　啊……算了算了，我……不想。

猪肉　为什么！我猪肉这么招人喜欢，你却……你却不喜欢我！呜呜呜。

琪琪　哎呀，猪肉兄弟，你别哭了，我不是不喜欢你，我只是没有胃口……

猪肉　哎呀，琪琪，我跟你讲哦，我的体内有丰富的维生素 B_1，吃了我能够补充体内不足的维生素 B_1，使身体有力气。吃了我，你就不会生病啦！

琪琪　啊……（边说边走到舞台的另一边）可是肉……不如薯片有味道。

猪肉　可是……

西红柿　（抢着说）哎呀，猪肉猪肉，你忘了自己的致命弱点了吗？吃你吃多了，容易长胖！我们琪琪这么好看，应该是怕自己长胖吧。琪琪，琪琪，漂亮的琪琪，你看看我怎么样？

琪琪　你？

西红柿　对呀对呀，脸圆像苹果，酸甜营养多，既可做菜吃，又能当水果！咳咳咳，（故作高冷地）小朋友们，我不让琪琪猜，你们猜我是什么？

（等待观众反馈"西红柿"）

琪琪　我也知道你是西红柿！你为什么不让我猜呢！

西红柿　嗯……要不现在你猜猜？

琪琪　你……（生气走开）

西红柿　哎呀，别生气了，你又不想吃我，我只让喜欢我的小朋友猜。

琪琪　我……

西红柿　琪琪，我可以炒着吃、炖着吃、煮汤喝，我还可以……可以用白糖拌着吃！怎么样，想不想尝一下？（高傲地）

西红柿　琪琪，你可不要小看我。我体内的营养可丰富了。我有丰富的胡萝卜素、维生素 C 和 B 族维生素，被称为神奇的菜中之果。我的"西红柿素"，还有抑制细菌的作用，你现在生病就是因为体内有病毒，这些病毒我都可以解决掉！

土豆　是的是的！西红柿里的苹果酸、柠檬酸和糖类，有助消化。西红柿富含的维生素 A 原，在人体内转化为维生素 A，能促进骨骼生长，对防治佝偻病、眼干燥症、夜盲症及某些皮肤病也有良好功效呢。

西红柿　怎么样，再给你最后一次机会哈，今天的晚餐要不要我上桌！

琪琪　你们说的，都是真的吗？

蔬菜们　那当然！

琪琪　可是……我还是不喜欢吃饭，饭没有可乐有味道！

茄子　你！你怎么就是不听话啊！你……

西红柿　哎！（拉住茄子）琪琪，悄悄告诉你，现在很多大人和小朋友都特别喜欢我，你知道为什么吗？

琪琪　为什么呢？

西红柿　因为我还有美白的作用哦。嘿嘿嘿，怎么样，要不你今天选择我吧！

琪琪　嗯……听起来还不错，那就过几天再吃你吧！

西红柿　哎呀，琪琪美女，别呀！那你今天怎么办呢？

琪琪　我今天不想吃饭，一点都不饿。

土豆　琪琪，琪琪，好琪琪，你看看我吧。

琪琪　你？你有什么特殊的？

土豆　他……他们俩……自我介绍了，我……我……我也自我介绍一……一下。呜呜呜。

茄子　哎呀！你哭什么！你说快点好吗！

西红柿　（拉住茄子）琪琪，别介意哦，他是我们里面最小的兄弟，这是他第一次过来，有些紧张。

琪琪　没事没事，土豆兄弟，你慢慢说吧。

土豆　我……我叫土豆，我……我……我……呜呜呜。

茄子　哎呀，又哭了！

猪肉　好了好了，我帮你说吧！我们都有谜语，你要不要？

土豆　嗯嗯嗯！要！

猪肉　黑黑一颗蛋，埋在土里中，说他是豆不是豆，小朋友们，你们说，他是啥？

小朋友　是土豆！

土豆　嘿嘿嘿，对对对，是我是我，我就是土豆。

西红柿　琪琪，你别看他其貌不扬，可一样有热心肠。

琪琪　什么热心肠？

土豆　我……我……我……我……我来说！

茄子　你行吗你！

猪肉　好了茄子，你就别打击他了，土豆他肯定可以的。

茄子　行吧行吧，你说吧！

土豆　琪琪，我跟你讲了：我富含淀粉、蛋白质、脂肪、粗纤维、钙、磷、铁、钾等等，矿物质类样样不少，而且维生素 C、维生素 A 及 B 族维生素也很丰富。为此，人们还给了我一个昵称呢。

琪琪　什么昵称？

土豆　"地下人参"！

猪肉　土豆你一口气说了这么多！

西红柿　哈哈哈哈！小不点终于长大喽！

茄子　看在你成长的分上，我也帮你说几句吧。（土豆、茄子、西红柿都在偷笑）咳咳！（又恢复冷静）对，他不但营养多，而且含热量低于谷类粮食，吃他是不用担心长胖的！

琪琪　（疑惑地对土豆说）真的吗？

土豆　（拍着胸脯）那当然，必须能让你保持身材苗条。

西红柿　（笑着）可别小看了我们的土豆弟弟哦。他虽然个子小，本领可不小。我还听说有人叫他"蔬菜之王""第二面包"呢。他体内的蛋白质和维生素 C，是苹果的 10 倍，维生素 B_1、B_2、铁和磷含量也比苹果高得多。土豆兄弟很辛苦的，猪肉引起的许多疾病我们土豆兄弟要去解决。

猪肉　什么啊！怎么到我就引起疾病了啊！

西红柿　哎呀，你看我这张嘴，说错了说错了！

猪肉　你！你必须给我解释清楚！

西红柿　哎呀，你这么斤斤计较干吗啊！

猪肉　你竟然说我引起疾病！呜呜呜。

茄子　行了行了，你们两个吵死了！琪琪，你到底吃不吃？

琪琪　我……

土豆　（打断琪琪）琪琪，先别急着拒绝！我们仨讲完了，还剩一个呢，你要不听听他怎么说？你看他是紫色的，多好看呀！

琪琪　（对茄子）你？你的功能比他们多吗？

西红柿　琪琪，你可不要小瞧了他。紫色树，开紫花……

茄子　（打断西红柿）行了行了，我没那么多花里胡哨的，直接进入主题吧！

猪肉　哎，那怎么行啊，我们一家人就要整整齐齐的。我替你说。紫色树，开紫花，开过紫花结紫瓜，紫瓜里面装芝麻。琪琪你猜，他是谁啊？

琪琪　是茄子吗？

西红柿　对啦对啦，你可真是个小机灵鬼。

茄子　（推开猪肉、西红柿）好了好了，你们别废话了。自我介绍一下，我是个多面手。蛋白质、脂肪、糖、铁、钙以及维生素 A、维生素 B、维生素 C 等，我的身上一样都不少。

茄子　猪肉引起的高血压和动脉硬化我都能够防治。（转向猪肉）猪肉，你的脂肪与胆固醇含量太高了，人们吃多了一点好处都没有。

猪肉　哎，你怎么也来说我！这能怪我吗？很多小朋友的爸爸妈妈天天给他们吃我，我想躲都躲不了。我也明白自己的毛病，但是，我有什么办法？呜呜呜……（突然停止哭泣，转向琪琪）琪琪，你可要注意哦。

琪琪　大家，谢谢你们，可是……（低下头说）我真的不喜欢吃饭……我还是喜欢可乐和薯片。（走向舞台的一边，灯光变暗）

（琪琪走的时候，肉类和蔬菜朋友们纷纷喊她）

猪肉　琪琪！

西红柿　琪琪，你先别走！

茄子　你们看，我就说吧，来了也是白来，你们偏不信。

猪肉　我就不信！琪琪一定可以好起来的！

土豆　　（跑过去追琪琪）琪琪，你快回来！

（声音渐弱）

猪肉蔬菜们　　唉……

【病毒上场。】

病毒　　（独白）嘿嘿嘿嘿，小朋友们好啊！你们猜猜，我是谁？

（等待观众回应）

哈哈哈哈，对！我就是超级无敌的病毒大王！哈哈哈哈！

我今天来啊，是听说有个小朋友不爱吃饭，还挑食！这不就是我病毒大王入侵的好机会吗！让我看看，是哪个小朋友啊！哦，在这里，（对琪琪）你好呀小朋友。

琪琪　　你……你是谁！（吓得赶紧站了起来）

病毒　　哈哈哈哈，你害怕啦！我就是超级无敌的病毒大王！

琪琪　　我不认识你！你来这里做什么？

病毒　　我听说这里有个小孩不爱吃饭，光喝饮料，吃垃圾食品！然后她就生病了。所以呢，我就来看看她。这不爱吃饭的小朋友啊，身体免疫力就会下降，这样就会让我病毒有可乘之机！正是我侵入人体的大好机会呀！哈哈哈哈！

琪琪　　我……我没有，我……不是我！

病毒　　哦……不是你吗？那刚刚猪肉和蔬菜们在的时候，你怎么没留下他们？现在他们走了，这里就是我病毒的地盘了，哈哈哈哈！

琪琪　　我……我没有，你……你不要过来啊！猪肉蔬菜朋友们，你们快回来！呜呜呜，快点回来救我呀！

病毒　　哎呀，你就别叫了，你已经伤透了他们的心，他们呀，是不会回来的！

土豆　　可恶的病毒，你赶紧住手！

猪肉　　赶紧住手！看我们的威力！

病毒　　你们……你们……你们怎么又回来了？

茄子　　你管那么多！无论如何我们都不会让你得手的，赶紧走！

猪肉蔬菜们　　对！赶紧走！

病毒　　我说兄弟们，你们也太不知好歹了，琪琪都不喜欢你们了，你们还赖着不走。

琪琪　我没有！你胡说！

茄子　啊！兄弟？我呸！谁跟你是兄弟！我们来是为了让琪琪变得更健康，你呢，你来做什么？

土豆　你的到来只会让琪琪生病，让她更加虚弱！你个大坏蛋，你赶紧走！

病毒　哎，茄子大哥，你这话说的就不对了啊，我是来帮你们收拾残局的，你们怎么反而怪上我了呢，我可是委屈极了！（故作委屈）

西红柿　我呸！别在这儿认兄认弟的，赶紧滚吧！

猪肉蔬菜们　就是就是。

病毒　你们今天还真就说了不算！我偏不走，琪琪今天没有吃饭，免疫力就会下降，这么大好的时机我怎么能放过？我就不走，现在我就要进入琪琪的体内！

【病毒开始追赶琪琪，猪肉蔬菜们都赶忙拦着病毒，配乐。】

茄子　琪琪快跑！

琪琪　啊，快救救我！啊，救命呀！不要追我了！呜呜呜，我要吃蔬菜！我要吃饭！

【全部人停住。】

病毒　什么？？你说什么？

琪琪　（哭着说）我错了，我再也不敢不吃饭了，我再也不挑食了！

病毒　啊……我的身体！啊，好疼！啊……

西红柿　琪琪！快再说一遍！打败病毒的秘诀就是乖乖吃饭！

琪琪　我要乖乖吃饭！

病毒　啊……我一定会回来的！

【病毒迅速下场。】

西红柿　我呸！你可别回来了！

琪琪　谢谢大家，我知道了，小朋友如果不想生病，就要乖乖吃饭！

猪肉　琪琪，你终于想通了！好啦，我们这次的任务就完成啦！

琪琪　你们……这是要走了吗？

西红柿　是呀，琪琪！琪琪，希望你以后乖乖吃饭，健健康康的！我们就饭桌上见吧！

琪琪　等等，你们别走，我不……

茄子　（打断琪琪）你不会又不吃饭了吧？

琪琪　不是不是！猪肉蔬菜兄弟们，这个送给你们。

茄子　这是……

琪琪　这是我画的画。谢谢你们过来让我明白了好好吃饭的重要性，你们放心吧，我绝对不会挑食的！我只是……有些舍不得你们……（转身抱住茄子）

茄子　（愣了一下，也抱住了琪琪）

西红柿　琪琪，不要伤心，我们会在饭桌上见面，到时候，我们会进入到你的身体里，帮助你打败身体里的病毒，会做你的保护墙！

猪肉　好啦，现在我们要回家啦，琪琪，我们有缘再见……

土豆　再见琪琪。

茄子　再见琪琪。

西红柿　再见。

琪琪　你们不要走……

【琪琪去追，一下子撞在了门上，疼得"哎哟"一声，醒了过来，原来是做了一场梦。她不由得摸了摸自己的额头。】

【熄灯。】

【开灯，妈妈端着菜放到了餐桌上，又来到了琪琪的卧室门前。】

妈妈　（敲了敲门，进入房间，摸了摸琪琪的头）琪琪，醒了吗，起来吃饭了。

琪琪　哦，是妈妈，好。

（琪琪从床上起来，到了餐厅，看到了妈妈做的土豆炒肉片、茄子还有西红柿，坐下来，又想起刚才梦里的情景）

琪琪　妈妈，吃肉有很多好处对吗？

妈妈　是呀，吃肉能为人体提供充足的能量，满足人体能量的需要，对维持人体的健康具有重要的作用。

琪琪　那……西红柿、土豆、茄子呢？

妈妈　吃蔬菜呀，对人体的健康十分重要。蔬菜能为人体提供丰富的维生素 C、维生素 B_1、胡萝卜素、烟酸等，能补充人体的需要，维持人体的健康，并能帮助人体抗坏血病，保护视力，预防干眼症，缓解疲劳等等。

琪琪　哦哦……

妈妈　琪琪，你是想吃这些吗？

琪琪　嘻嘻，妈妈，我们快吃饭吧！我都想吃！我要吃好多好多呢！

妈妈　琪琪！我的乖女儿长大啦，爱吃饭是很棒，但是我们也不能暴饮暴食呢，要不然呀，容易肚子痛。

琪琪　收到！妈妈，多给我盛点米饭吧！今天我要乖乖吃饭！

妈妈　好嘞！哎，琪琪，你怎么不吵着嚷着吃薯片了？

琪琪　嘿嘿，因为我不想生病啦！只有乖乖吃饭，才能赶走病毒！才能健健康康不生病！

妈妈　哈哈好，我们的琪琪真乖，妈妈给你一大碗，乖乖吃饭不生病！

所有人　小朋友们，要乖乖吃饭哦！要荤素搭配，营养均衡！健康快乐不生病！

【音乐：《不挑食身体棒》。】

◎ 科普知识延展区

1. 西红柿：含有丰富的维生素、矿物质、碳水化合物、有机酸及少量的蛋白质，有利尿、促进消化、抑制细菌、保护血管、治疗高血压的作用。西红柿中含有番茄红素，有独特的抗氧化能力，能清除体内的自由基，保护细胞，使脱氧核糖核酸基因免遭破坏，阻止癌变进程。西红柿中含有维生素C，有生津止渴、健胃消食的作用，对高血压、肾脏病有较好的辅助治疗作用，还能够抗衰老，使皮肤水嫩白皙。

2. 土豆：土豆的营养价值是非常多的，它可以和中养胃，健脾利湿，这主要是因为土豆当中含有大量的淀粉、蛋白质以及一些维生素B、维生素C等，能够促进消化。土豆还具有润肠通便的功能，这主要是因为土豆这种食物含有大量的膳食纤维，可以帮助机体及时地排泄代谢毒素，防止出现便秘，预防很多疾病的发生。另外，适当地吃一些土豆，还可以起到降血脂、降血糖、美容养颜的功效，因为土豆为人体提供一些特殊保护作用的黏液蛋白，能够促进消化道、呼吸道以及黏膜腔的润滑，对于老年人预防心血管系统的疾病是非常有好处的，也有利于预防动脉粥样硬化的发生。土豆也是一种碱性的蔬菜，有利于维持体内的酸碱平衡，中和体内代谢后产生的酸性物质。

3. 茄子：含有大量的维生素P、维生素E和蛋白质。摄入体内之后可以有效地软化血管，美白皮肤，消除颜面部位的色素沉着，可以降低血压、血脂，预防心脑血管疾病。从中医学的角度来讲，茄子可以清热利湿、凉血解毒，能够预防中暑现象。茄子之中的龙葵碱可以刺激人体肠道内消化液的分泌，从而改善便秘。

4.猪肉：猪肉可改善贫血。猪肉含的半胱氨酸和血红素能促进人体吸收铁元素，有补血改善气色的功效；还含有丰富的铁，能够预防缺铁性贫血。猪肉可强壮骨骼。猪肉含有较多的钙、镁、磷、钠、钾、锌等元素。其中钙、磷是骨骼生长发育必需的营养要素，能够强壮骨骼、预防佝偻病。猪肉可补肾滋阴。猪肉性平味甘，有润肠胃、生津液、补肾气、解热毒的功效，主治热病伤津、消渴羸瘦、肾虚体弱、产后血虚、燥咳、便秘等。猪肉可保护视力。猪肉中含有维生素 A，维生素 A 是构成视觉细胞中感受弱光的视紫红质的组成成分，可以起到保护视力的作用。猪肉可促进发育。猪肌肉和其他动物优质肉一样，蛋白质中含人体所必需的八种氨基酸，即色氨酸、苯丙氨酸、赖氨酸、亮氨酸、异亮氨酸、苏氨酸、蛋氨酸和缬氨酸，而且比值很接近人体所需的比值，可以为生长发育提供足够多的营养。

奇游家境

编剧：叶佳豪

人物表
谭妈妈　徐乐母亲
徐乐　家中幼子，年 10 岁
糖果　邻居幼子，年 9 岁，徐乐好友
长城　七型机器人

场景：客厅
道具：烤火炉

第一场

【徐乐坐在沙发上看电视，旁边是烤火炉，此时门打开，谭妈妈进场。】

谭妈妈　乐乐，我回来啦！（搬着一个大箱子）

徐乐　妈妈，你终于回来了！爸爸呢？

谭妈妈　（有些歉意，不好意思）那个……唉。爸爸啊，有点点小事情，可能得下个月才能回来了。

徐乐　（生气）妈妈！你说过的，爸爸会回来的，会回来的，他会回来的！

谭妈妈　乐乐！这次是个意外，意外！

徐乐　我不管，我不管，你骗我！

谭妈妈　乐乐，乐乐，好乐乐。这次爸爸虽然有点小事耽搁了，不过他也给你送了礼物回来，当作给你的补偿。

徐乐　什么礼物？

谭妈妈　就是这个大箱子啦！

徐乐　这里面是什么东西呀？

谭妈妈　你自己打开看看就知道咯，这里面可是你爸爸的宝贝哟！

徐乐　那我去拿剪刀！（跑进书房）

谭妈妈　快去拿吧，妈妈要去洗衣服了，自己玩啊。

【咚咚咚，敲门声响。】

谭妈妈　谁呀？

糖果　谭阿姨，是我呀！

谭妈妈　（跑去开门）是糖果呀，快进来。是来找我家乐乐玩的吧？他在呢。

徐乐　（在书房里喊）妈妈，是果果吗？

糖果　（走进）乐乐！你在干吗呀？

（母亲进厨房）

徐乐　（拿着剪刀进）哎，我在拆我爸爸给我的礼物。

糖果　这里面是什么呀？

徐乐　我也不知道。哼，他别想用礼物就轻轻松松打发我。我是不会原谅他不回家的！

【打开后，拿出一个等身机器人。熄灯，长城七型上场。】

两小孩　哇！好大的一个机器人呀！

糖果　你爸爸也太厉害了，哪里弄的这么大一个机器人呀！

徐乐　我……我也不知道。

糖果　　那你打算原谅他吗？

徐乐　　哼，我暂时……原谅他了。

谭妈妈　　【穿着围裙进。】乐乐，开机键在背后，小心别撞倒了哟。

徐乐　　（打开开关）让我看看这机器人都有什么本事吧。

【音乐响起。】

机器人　　您好，我是长城七型机器人，您可以叫我长城七号，我能帮大家发现潜在的危险，保护大家的安全。

徐乐　　这么厉害吗？

长城七号　　是的，徐乐小朋友，我可以帮助你发现你身边的各种问题，并且提出解决方案哟！

两小孩　　哇塞！你居然认识我／他。

长城七号　　是的，徐乐小朋友。您的父亲徐先生，已经将您的基本信息输入系统了。并且，徐先生还留了段语音表达他未能按期回家的歉意。

【语音出———小段，15 秒左右。】

徐乐　　（略带感动，小声）哼，我原谅他了。

糖果　　你爸爸对你真好，好羡慕呀。

徐乐　　哎呀哎呀，不说了，我们还是看看这机器人怎么用吧。

徐乐　　长城七号，你说你可以检测危险是不是？

长城七号　　是的。

徐乐　　那你现在检测检测，这里有什么危险。

长城七号　　检测中，检测场地客厅，预计时间 5 分钟。

谭妈妈　　（在厨房喊）乐乐，快来帮妈妈拿一下衣服。

两小孩　　来了。

【两小孩下，只剩机器人。】

第二场

【两小孩、谭妈妈上，拿着洗干净的衣服。】

谭妈妈　　（将衣服放在烤火炉上，开始烘干）乐乐，果果，你们俩接着玩啊，我去给你们做点好吃的。

两小孩　　好。

长城七号　检测完毕，发现危险，发现危险！

谭妈妈　什么情况？

长城七号　检测到危险违规动作！

徐乐　哪里有什么危险违规动作？

长城七号　使用烤火炉烘干衣物！

糖果　啊？这有什么危险的，我们都是这样烤的，衣服干得又快还又暖和。

长城七号　在冬天违规使用烤火炉是引起冬季火灾的重要原因之一。

徐乐　为什么呢？

长城七号　请看屏幕！（机器人指向前胸屏幕，舞台大屏幕同步）在冬季使用烤火炉时，其功率较大，能够非常有效地提供热量，是非常便捷的取暖工具。

谭妈妈　对啊，而且烤衣服也很快。

长城七号　是的，正是因为烤火炉提供的热量大、稳定，所以在烘烤衣物时，可以迅速提高衣物温度以达到蒸发水分的目的。但是，衣物燃点普遍不高，非常易燃，当温度持续上升时，非常容易达到衣物燃点，导致燃烧，造成严重的火灾安全事故。

谭妈妈　啊？真的假的？那我马上收走！

长城七号　请看，这是由（具体地区）消防队统计的数据，在中国每年约有 70 万起火灾。其中 40% 与违规使用烤火炉等高功率电器有关。并且，这类火灾还具有难发现、难扑灭的特点。所以我们一定要非常注意，坚决杜绝火灾的发生。

两小孩　太可怕了！

谭妈妈　我马上拿走！

【谭妈妈拿着衣服走下场。】

长城七号　除此以外，这个烤火炉还有一个非常严重的问题。

徐乐　什么，还有问题？

糖果　问题在哪里？

长城七号　果果小朋友，请你关闭烤火炉，并且拔下插头仔细观察。

糖果　（关闭，并且拔下插头观察）嗯，这个插头是三角形的。

徐乐　它有两根白色的铁条。

长城七号　你们观察得非常仔细。这是一个三角形的插头，也就是三线插头，那白色的铁片叫插芯。

徐乐　这有什么问题吗？

长城七号　它的问题在于一点。三线插头原本都是有三个插芯，而它现在只有两个了。

糖果　啊？确实是少了一个，还歪歪扭扭的，像老爷爷的腿！

徐乐　老爷爷的扭曲的腿，哈哈哈哈。

长城七号　这个比喻很形象，这个插头就像老爷爷的腿一样，不可以正常使用了。

糖果　是因为它走路走不稳了吗？

徐乐　哎呀，插头怎么会走路呢？应该是插不稳了！笨死了。

糖果　人家两个插芯的插头也可以插呢！

徐乐　但是它们长得不一样。

长城七号　糖果、乐乐不要吵了。你们说的，都不是很正确。

两小孩　啊？

长城七号　看样子，我必须从开头讲起了。请看屏幕。

【舞台屏幕同步。】

长城七号　在开始讲之前，我想先问问两位小朋友，为什么这个电烤炉可以给我们提供热量呢？

徐乐　因为它有电！有电就可以给我们烤火了。

长城七号　是的，因为有电，所以可以供我们取暖。那么，电是什么呢？

糖果　额，乐乐，你知道吗？

徐乐　我不知道。

长城七号　哈哈，两位小朋友请看屏幕，这是雷电！

【闪电音效，画面展示出闪电劈中大树，大树起火。】

两小孩　啊！打雷了！！！

（两小孩一个趴在地上，一个躲到沙发后面）

谭妈妈　（匆忙跑上）怎么了？怎么了？

长城七号　一切正常，谭女士。我正在播放雷电视频，给孩子们讲解电。

谭妈妈　哦哦哦，乐乐、果果你们怎么趴在地上？

长城七号　小朋友们，不用害怕。这只是动画，快过来吧。

徐乐　我才没有害怕，我刚刚只是脚滑了，对，脚滑了。

糖果　我……我……我也是。

（噼里啪啦，树木燃烧倒下。两小孩又作势要躲）

谭妈妈　哈哈哈哈！（一边笑着一边下场）

（两小孩又恢复过来）

糖果　那树……树起火了。

长城七号　（切换视频）这就是电，是自然界中的电，危险、桀骜不驯又便利的电。

徐乐　我们用的电也是这样吗？

长城七号　不，我们使用的不是这样的。我们使用的电，比起自然界中的电要温顺许多。

糖果　温顺？

长城七号　你可以这样理解，自然界中的电是凶猛的老虎，我们使用的电，是套上头套的老虎。（屏幕同步老虎图片）

徐乐　可是那也是老虎呀，它还有爪子！

糖果　就是就是，它还会嗷呜嗷呜地叫！

长城七号　乐乐，果果！不要惊慌。电确实很危险。所以，我们在使用它的时候，特意给它建了一个笼子！

徐乐　笼子？

糖果　就像动物园里的那样？

长城七号　是的，就像动物园的笼子一样。

徐乐　骗人！我都没看见任何笼子，这里只有一根黑黑的线。

长城七号　徐乐小朋友，这你可就误会我了。动物园里关老虎的笼子是铁制的，那是因为老虎是体形大的动物。可是，电不是动物呀。

糖果　电，好像确实不是动物哦。

徐乐　那……你继续说。

长城七号　两位小朋友还记得刚刚看见的视频吗？视频里的电是这样的，对不对？（播放视频。）

两小孩　是的是的！那个白色的！

长城七号　乐乐，果果，你们仔细观察，这电是不是像一根白色的绳子啊。

徐乐　是的，确实像一条白色的长绳。

糖果　那跟这黑色的线有什么关系呢？

长城七号　果果小朋友，那关系可以说很密切了。这黑色线里，就是电！

糖果　啊？！（立刻扔下黑线，拍拍手）

长城七号　不用担心，现在里面还没有电。

徐乐　那电呢？电去哪里了？

长城七号　我打一个比喻。电就好比人一样，平时就待在家里。这烤火炉就像它所在的公司一样，要来上班。怎么来上班呢？它就通过这一根根电线，从家里出来，来这里上班。

徐乐　哦，我明白了。就像大熊猫一样，平时就在屋子里蹲着，我们去了，它就出来爬树表演给我们看。

糖果　对对对，这样才有苹果吃。

徐乐　不工作就没有苹果，也没有窝窝头！嘿嘿。

糖果　哈哈哈哈哈。

长城七号　可以这样理解。

糖果　那我可以和电老虎打个招呼吗？电老虎会不会抓到我呀？

长城七号　果果小朋友，请看屏幕。（播放短视频）我们可以明显地看见，这棵树是在和电接触到以后，才断裂起火的。换句话说，我们只要不和电老虎直接接触就不会受到伤害。

糖果　这黑色的线就是那个笼子，可以把电老虎关起来的笼子，对不对？

长城七号　是的，准确地说，是这黑色的绝缘层是笼子。

糖果　（再次拿起电线）嘿嘿，电老虎，你可以抓不着我了！

徐乐　抓不着！咬不着！

（小朋友们拿着电线又跑又闹）

长城七号　但是，凡事都有意外。

两小孩　啊？什么意外？

长城七号　金属。对于老虎而言，铁做的笼子可以关住它，那竹子、面包、猪肉做成的栅栏能挡住它吗？

糖果　老虎好像是吃肉的。

徐乐　面包也挡不住老虎的爪子。

糖果　老虎嗷呜一口，就把肉吃下去了。

徐乐　老虎呼呼两巴掌就把面包拍碎了。

长城七号　是的，对于电老虎而言，很多金属就好比竹子，用竹子做的笼子，它轻轻一用力就跑出来了。

俩小孩　啊？

糖果　电烤炉就是金属做的！

徐乐　完了完了，电老虎要跑出来了！啊，妈妈！

糖果　快跑啊！

【谭妈妈风风火火跑上场，拿着锅铲。】

谭妈妈　怎么了怎么了？

两小孩　有老虎，老虎！

谭妈妈　在哪儿呢！（举着锅铲，小朋友躲在身后）

长城七号　没有老虎，这只是个比喻。

谭妈妈　怎么回事？

徐乐　电是老虎，金属笼子关不住它，它就要出来咬我们了！

糖果　嗷呜一口就把乐乐吞了。

徐乐　把果果吞了。

糖果　把你吞了！

徐乐　你！

糖果　你！

谭妈妈　（哭笑不得，敲了两个小朋友一下）哪有什么老虎，你们两个大惊小怪的，好好听长城七号讲。

长城七号　我们生活之中，有很多东西都是金属制成的，因为塑料很难做成电烤炉、电风扇，或者做出来的不能够达到很好的效果。

糖果　那也不能不防备着电老虎呀。

徐乐　这电老虎在上班的路上都有笼子，怎么上班的地方不安上笼子呢？！

长城七号　实际上也安了的，所有的金属电机里，都是有一定的绝缘材料包裹，以起到笼子的效果。

糖果　那不就解决了吗？电老虎上班的时候也被关起来了。

徐乐　电老虎也咬不到果果了呀。

长城七号　不，果果，你忽略了一件事情。

糖果　什么事情？

谭妈妈　笼子也有坏的时候！

两小孩　（大惊失色）啊？

长城七号　是的，笼子也有坏的时候，特别是那些金属物品常常被使用，那么笼子用坏的机会就会越来越大，直到有一天失效。

糖果　那怎么办？

徐乐　谁知道哪一天电老虎就跑出来了。

糖果　那我们岂不是会被咬一口。

徐乐　咬一口很痛的。

糖果　还要打破伤风疫苗。

长城七号　所以，我们必须采用双保险！

两小孩　双保险？

长城七号　请看，（屏幕跟上动物园图片）在很多动物园里，老虎不仅有笼子关着，还被放在离地面很远的地下。这样，即使有一天笼子意外损坏了，老虎也不能伤害到人，因为……

徐乐　因为太高了，它们爬不上来！

糖果　（做攀爬的动作）就和乐乐爬滑梯一样（滑稽）。

徐乐　糖果！

谭妈妈　（拦住）别吵，好好听！

长城七号　是的，这就叫作双保险，可以非常有效地防止意外的发生。

徐乐　那我们关电老虎的双保险在哪里呢？

长城七号　（屏幕展示三线插头）我们的双保险就是在这里。

糖果　插头？

长城七号　在我们使用金属外壳的电机或者电器时，一般用的插头都是三线插头，这种插头比一般的插头多一条线。这多的一条线是直接接入大地的。

徐乐　接入大地有什么作用吗？

谭妈妈　当然有用处了。

长城七号　一般来说，如果电机漏电，电老虎就会跑出来！

两小孩　哈！（做惊恐状）

长城七号　（语调诡异）而且，它还会悄悄地潜伏在金属外壳上。

两小孩　（逐渐退到谭妈妈身后）啊？

长城七号　当有人经过或者不小心碰到电器时，哼哼。

两小孩　会怎么样!

长城七号　（快速地）就会被吃掉!

两小孩　啊!!!（四处跑）

谭妈妈　（按住两小孩）别闹，别闹。

两小孩　啊!!!

长城七号　但是!

两小孩　但是什么?（停住）

长城七号　这个时候的三线插头的第三根线，就像一个手拿大刀的武士一样。

两小孩　武士把电老虎斩杀了?

长城七号　并没有。

两小孩　（又准备跑）啊。

长城七号　（快速地）但是可以把老虎赶跑!

（两小孩停下，悻悻停下）

长城七号　它会把所有电老虎顺着线赶到地下，赶到地底深处，让电老虎永远也跑不出来!

糖果　真的吗?

徐乐　太厉害了!

长城七号　是的，所以我们完全不用害怕。只要……

徐乐　只要我们用三线插头!

糖果　只要有第三根线上的武士先生在，电老虎完全不用害怕!

徐乐　对!武士先生一定会好好保护我们的!

长城七号　谭女士，您看这个插头。

徐乐　它只剩下两个插芯了。

糖果　保护我们的武士先生不在了。

徐乐　万一电老虎突然跑出来……

糖果　它就可以嗷呜一口把乐乐吞了。

徐乐　妈妈。

谭妈妈　好好好，我知道了。我明天就去买一个全新的。

徐乐　一定要记得是三线插头哟!

谭妈妈　好了好了，知道了。

（谭妈妈准备收拾电烤炉）

徐乐　果果，我们开空调吧。

糖果　我觉得你说得对。

徐乐　妈妈，我们开空调吧。

谭妈妈　可以是可以，就是遥控板没电了，要换电池。

糖果　我们去换！

徐乐　我去找遥控板。

糖果　我去找新电池。

徐乐　欸，电池里不是有电吗？

糖果　电老虎？！

徐乐　什么？！

两小孩　啊！！！（飞奔跑开）

谭妈妈　又怎么了？

糖果　我刚刚摸了电池！

徐乐　里面有电老虎。

糖果　我觉得我的手已经有点痛了，我会不会受内伤啊？呜呜呜。

谭妈妈　（做无语状）

长城七号　果果小朋友，你不会有事的。

糖果　你别安慰我了，我知道我快不行了。

徐乐　果果！呜呜呜。

糖果　再见了，乐乐，我最好的朋友。呜呜呜。

徐乐　果果！

谭妈妈　好了！你俩够了！果果别哭了，你一点儿事都没有。

糖果　阿姨……

谭妈妈　你看看视频里的电，你要是有事，早躺地上了！

徐乐　好像是的，那树直接就起火了……

糖果　难道是内伤，现在没事，一会儿就……就……就……

长城七号　普通电池里的电量不会对人体造成任何伤害。

糖果　真的？

长城七号　是的，普通电池中的电压低，无法击穿人体，不会产生任何有效电流，从而伤害人体。

徐乐　这是什么意思哟?

长城七号　换句话说，电池里的电，是一只非常可爱的小奶猫。

糖果　小奶猫?

徐乐　宠物店里的那种?

长城七号　是的，它只是看着可爱，以及在一些小功率电器上有作用以外，没有什么危险。

徐乐　那要是大胖橘猫呢? 能压倒炕那种?

谭妈妈　乐乐!

徐乐　我知道了，知道了。

糖果　那我又活过来了?

徐乐　看样子是的。

长城七号　准确地说，果果你一直很健康。

徐乐　那我呢?

长城七号　你也是。

两小孩　太好了太好了!

谭妈妈　（做无奈状）你们这两个活宝。

（突然，众人做吸气状）

谭妈妈　什么味道?

徐乐　臭臭的。

糖果　还有点呛鼻子。

谭妈妈　甚至有点让你恶心。

长城七号　虽然我没有鼻子，但是我可以推测出，谭女士，你的锅煳了!

谭妈妈　啊，我的锅!!!

两小孩　锅!

【三人下场。】

◎ **科普知识延展区**

居家的消防安全隐患:

1. 家庭生活用火不慎。如在烹调中使用的食用油，如果连续加热时间过长，当温度超过油的自燃点时，遇明火就会发生燃烧。

2. 家中存放易燃易爆物品。由于摩托车、汽车越来越多地进入居民家庭，有些人为图方便，将汽油存放在家中而不采取安全措施，埋下了火灾隐患。

智齿成长记

编剧：王梦莹、齐子俊、龚淑芳、胡启迪

人物表

智齿　顽皮可爱

大牙　容易被智齿欺负，紧张时会口吃

牙龈　善良慈祥

舌头　灵活机智

【鸡叫起，舌头出场。】

舌头　友友们，快起来啦，新的一天开始啦，快起来干活呀。

【播放音乐，舌头和大牙开始做动作。】

舌头、大牙　清早起来……拥抱太阳……让身体充满……灿烂的阳光。

牙龈　来了，来了。嘻，状态不好，世界倾倒。（驼着背，一晃一晃地走过来）

牙龈　快来扶我。

（舌头和大牙扶住牙龈）

舌头　你咋了呀，生病啦？是不是我把你挤到了？

牙龈　嗨呀，不是的不是的，可能是最近主人有点感冒了吧。哎呀哎呀，好疼啊，突然感觉啥东西要从我头上冒出来了。

（舌头和大牙非常着急，连忙让牙龈坐下休息）

大牙　唉，我听说人即使换完牙了，也还会长新牙齿哦。

舌头　我知道我知道，他们说这种牙齿叫作智齿，当人长出这种牙时，心智发育也比较成熟了，所以啊还常常叫他智慧的象征。

大牙　太好啦，看来我们要添上一位新朋友啦！

牙龈　原来是这样子呀，那为了咱们的新成员，我只好忍忍啦。哎呀呀，感觉她要冒出来了！

大牙　坚持住，牙龈！

（经过一番挣扎，小智齿终于冒出了头）

智齿　呼呼，累死我啦！你好呀，友友们！（向周围招手）

大牙　你好呀，智齿妹妹！

牙龈　原来是这么一个小家伙呀，真可爱！（摸向智齿的头）

舌头　小是小，可也让咱们牙龈吃了不少苦呀。

智齿　嘤嘤嘤，人家冒出来也很辛苦嘛。

舌头　好啦，咱们的大家庭又多了一个新成员啦，从今以后，大家都要和睦相处哟。

牙龈　没错没错。尤其是大牙，你俩挨得近，可千万不能打架哦。

大牙　没问题，我会让着妹妹的，为了妹妹变成和我一样强有力的大牙，为咱们的口腔事业做贡献，我一定会努力的。

智齿　嗯！大家都好好啊，我一定不会辜负大家的期待的。

【音乐：《碧波摇篮曲》，舌头、大牙、牙龈开始上前一步洗澡。】

大牙　哎呀呀，主人又来给我们洗澡啦！

舌头　哇唔！好开心哪！

齐声　洗刷刷，洗刷刷，呜呜……

牙龈　好舒服啊，这真是一天最快乐的时候了。

齐声　啊，对对对。

智齿　咦？我也想洗澡，主人没刷到我，好难过啊，这不公平。（上前四处好奇地看，疑惑，失望）

牙龈　小乖乖，没事，以后会洗到你的。

智齿　那好吧。

舌头　好好好，现在我们的休息时间到了，大家都早点睡吧。晚安，牙龈。（转过去向牙龈招手后，蹲下做休息状）

牙龈　晚安，智齿。（转过去向智齿招手后，蹲下休息）

智齿　晚安，大牙。（转过去向大牙招手后，蹲下休息）

大牙　晚安，朋友们。（向前方招手后，蹲下休息）

（空气安静了下来，舌头却探出头，观察四周后，戳了戳牙龈，牙龈醒来，和舌头偷偷向旁边走去）

舌头　嘘！！牙龈呀，我听说智齿大多是小怪兽呢。

牙龈　此话怎讲？

（智齿被细小的谈话声吵醒，小心地看向舌头和牙龈，装作睡着的样子，耳朵却悄悄地竖了起来）

舌头　那天我听到主人和医生说想把智齿拔掉，说世界上80%的智齿都会被拔掉。

牙龈　啊，智齿好不容易才冒出来，如果把她拔掉，她该有多伤心呀。（担心地看向智齿）

舌头　可是万一她之后长成龋齿或者引发冠周炎，那咱们整个口腔都没有好日子过了！

牙龈　（语气不确定道）应该不会吧。

舌头　可不怕一万，就怕万一！

牙龈　好啦好啦，现在说这些都还太早，慢慢来。

舌头　你说的也对，不早啦，咱们也早点休息吧。

牙龈　嗯！

（俩人回到位置上，睡着）

智齿　（看了看睡着的俩人，探了探头，起身）原来我会被拔掉吗，那么我存在的意义又在哪里呢，我辛辛苦苦冒出来又是为了什么？其实大家都怕被我伤害到，都想我赶紧被拔掉吧？哼，我可不是好惹的，我一定要让大家知道我的厉害！

【背景音乐，舌头伸起懒腰，起来了。】

舌头　呀！小伙伴们，快来快来，主人又要开始吃零食了，我们要开始工作啦！（招手）

大牙　来咯来咯，等等我们！

牙龈　加油啊，我只能在下面默默支持你们啦！咦？我们新出来的智齿妹妹呢？你咋不和大家一起干活呢？（转身看向智齿）

智齿　我……我……我有点不舒服，想休息，你们干吧！（智齿想偷懒，假装捂着肚子道，在别人看不见的角落却偷偷地笑了）

牙龈　（相信了）那好吧。

智齿　（起身看了下周围）我的位置好挤啊，这谁长得开啊，大牙占这么宽的位置，真是的，我都要没地儿下脚了。哼，我这就去把她的位置抢过来。

大牙　（智齿突然往旁边一挤）哎哟，你干吗呢！

智齿　没事，我就看看。（继续挤）

大牙　哎哟，我去，你别挤啦。

智齿　欸，我就要挤，就是玩，哼。

大牙　你不准挤！（和智齿挤起来）

舌头　（发现俩人在争吵，过来询问道）干吗呢干吗呢？

智齿　姐姐平常都占这么宽的位置吗，不像我，都快没地儿下脚了。

大牙　我没有，我一直都是这么大块地儿啊。

智齿　可是我都不能长了，怎么办嘛。（哭泣，开始要赖，偶尔坏笑着看向大牙）

舌头　哎哎，妹妹别哭别哭啊！

牙龈　哎，对呀，别哭啊，实在不行，大牙，要不你稍微让让妹妹？

大牙　那我怎么办嘛。

智齿　（得逞，再次往旁边挤了一下）哈哈，终于宽敞了！（开始跳舞——我玩的就是西海岸，哇塞，最纯正的西海岸，你不让着我就让你的牙齿烂）

大牙　我长这么大，从来没见过这么嚣张的牙！（被挤歪）现在好了，我歪了，你们满意了？

【智齿和大牙下场。】

舌头　救命，我们是不是太惯着智齿了呀。

牙龈　可是咱也不能说不让她长吧，嘻！

舌头　嗯，希望她乖一点吧！

【智齿和大牙歪着入场。】

大牙　啊啊啊，谁来救救我！智齿你能不能别挤我了啊。你再这样，我打你了啊！

智齿　抢你一点位置怎么了嘛！小气鬼。

牙龈　哎，智齿，你这就过分了哈，大家都是打工人，谁也别欺负谁！

舌头　哎，对呀，智齿，你也应该懂事了啊，别耍小孩子脾气，这样不好不好。（手上做动作）

智齿　哈，我不仅抢她位置，我还不干活。嘿，我就是故意的，我就喜欢你们看不惯我又干不掉我的样子。（双手盘在胸前）

大牙　哼，你就闹吧，你这么不听话，迟早会被拔掉！

牙龈　就是，哎哟，哎哟哟，好疼啊！（倒地）

智齿、大牙　啊，我我我我怎么也这么疼！啊啊啊，救救我，救救我！（捂着肚子，倒地）

舌头　你们咋回事呀，我看看。（往前，四处看看）智齿，你看看你都多脏了，主人怎么也不给你洗洗澡，你还挤挤挤，牙龈双倍疼痛，这下好了，你们一、二、三，仨日子都不好过了。（边指边数）

智齿　我知道错了，呜呜呜，真的好疼啊，救救我，救救我！

大牙　都怪你，哎哟哟！

牙龈　舌头你快想想办法吧，呜呜，我要疼晕了。

舌头　哎哟，我有什么办法嘛，我看看能不能给智齿擦干净。（用手尝试擦拭智齿）不行啊，擦不干净！怎么办啊？

【一道强光照进来。放背景音乐，大家被强光照花了眼。】

大牙　好强的光！我眼睛都睁不开了。

牙龈　奥特曼来救我们了吗！

舌头　我看看，（往前探一步）是牙医！友友们，是牙医，咱有救了，消炎药来啦！（丢进一枚胶囊）赶紧给吞下去！（往后面丢去）

牙龈　呼，我感觉好点了，但是老感觉硌着啥的，应该是因为智齿没洗到澡吧，咱也弄不掉，咋办呀！（站起身来）

大牙　叫你不听话，哼！（站起身来）

智齿　啊，那怎么办呀！（站起身来）

【音乐响起，大家开始洗澡。】

智齿　呼，好多水好多水，这水好急呀！（动起身，开始洗澡）

牙龈　这是牙医在用冲牙器给咱们洗澡呢！（洗澡）

大牙　呼呼，我从来没洗过……这么大力的澡，都快扒掉我……一层皮了，陈年老垢都被呲掉了，不过洗得倒是干净！（洗澡）

智齿　啊啊，我也被洗到啦，好开心啊！！

齐声　呼呼，累死啦，终于好了。

舌头　你们看智齿！我从未见过她如此干净！

智齿　真的哎！（走上前亮相）你们看，我是不是这里最干净的牙！（转回原来位置）

牙龈　看来还是主人平时刷牙偷懒啦，里面的智齿都没被刷到。

大牙　就是，你还那么蛮横，老是挤我，你挤着我也难受，牙龈也难受，你自己也难受。你还闹不，再闹打你！让主人把你拔掉！

智齿　不不不，我不要被拔掉！（搓手手道歉）我知道错了，呜呜，我保证以后乖乖地好好长，也配合主人积极洗澡，我再也不给大家添麻烦啦。

智齿　（上前指着）那大家都赶紧拿起小本本一起来记一记吧。

【音乐响起，大家依次上前讲话，边讲边做动作。】

舌头　小牙刷，手中拿，我们一起来刷牙。

牙龈　上牙往下刷，下牙往上刷。

大牙　咬合面，来回刷，牙齿里面别忘啦！

智齿　上下里外全刷遍，刷得牙齿顶呱呱！

◎ 科普知识延展区

定义：

我们常说的智齿，实际上是第三大臼齿(一般人都有第一和第二大臼齿)，俗称智慧齿。四只智慧齿形成始于上下颚骨中，正如其他牙齿一样。智齿形成于9岁，而齿冠则于大约14岁形成，并在青春期末长出于口腔中。

不过，也不是每个人都会长智齿，或是四颗都长齐的。

需要拔掉的智齿：

1. 蛀牙：如果智齿蛀牙，除了很简单的咬合面不深的蛀牙可以补之外，那些邻接面蛀牙，需要很好的技术，以及蛀得很深，甚至需要根管治疗的，一律建议拔除，杜绝后患。

2. 侵犯邻牙：通常患者不自知，而由牙医以X光诊断得知。通常智齿萌发的空间不足，而会倒在第二大臼齿上，因而造成第二大臼齿清洁不易，甚至是出现牙齿内吸收的现象，造成患者不舒适或牙疼。

3. 空间不足：智齿在人类的演化史上，是属于消逝状态。因此牙弓也越来越小，空间不足的情况是很常见的。以萌发的时候最能感觉到肿胀、疼痛感。很多人就是因为不能忍受这种疼痛感，而决定拔掉智齿。

4. 清洁不易：由于空间不足的关系，智齿常长得歪七扭八，因此常造成清洁牙齿的困难，致发生蛀牙现象。

5. 没有对咬牙：前面提过，不是每个人四个智齿都会长齐的。所以，智齿的对面，如果没有相抗衡的智齿来对咬的话，有时会发生智齿过度萌发，进而影响咬合。

6. 阻生齿：通常这是最讨厌的一种，牙医会觉得很难搞定，但病人却不一定有感觉，因此忽略了。这一种类型的牙齿，通常埋在齿槽骨的里面，如果会痛，或是诊断会有病灶发生的时候，就需要拔除了。

可保留的智齿：

1. 位置比较正，预计能正常萌出者。

2. 智齿冠周软组织没有发炎和疼痛史，智齿没有龋坏者。

3. 有对咬牙的智齿。

不要熬夜

编剧：付英杰、张皓玥、杨尘、张莲、杨美婷

人物表

大脑　自负

肾　暴脾气

肝　阴阳怪气

心脏　成熟稳重

胃　天真烂漫

【凌晨三点，宿舍里，一男子坐在床上和室友一起打着王者荣耀游戏。】

【大家唱着歌走上舞台：月亮睡了你不睡，你是秃头小宝贝，太阳起了你不起，一觉睡到三竿起，了不起了不起，真怕哪天猝死你，你牛，你牛，你最牛，忙着赶着把命丢。】

【播放音效。】

肾　（气愤）这个人到底啷个回事嘛？今天晚上又要通宵蛮？我都已经好久没有好好地睡瞌睡了，我一天天地累成狗，要是我着了，我看他找哪个哭去！

肝　（冷笑）呵呵！不是吧不是吧？我要笑死了，你难道不知道他上辈子是路灯吗？能熬得很啊！

胃　你们看主人年纪轻轻的，头发都快掉完了，心脏姐姐你说他会不会变成秃子啊？我的天哪！以后还能不能找到女朋友啊？

心脏　嘻，长此以往的话，我猜很可能就秃了，至于能不能找到女朋友那还得另说。

肾　还有，你看他现在记性好撇哟，说好的洗袜子，（捂鼻子）老鼠子都熏死了，他还没有去洗。

肝　呵呵！不是吧不是吧？笑死我了，他继续这样坚持两三年的话，坐公交车我觉得都有人为他让座。

心脏　不止这些，可别提了，前天主人喝完酒还继续忙着上分，我真是忙得不可开交（说慢点），你看，胃妹妹也虚脱得很。

胃　唉，前天主人吐了一地，都是熬夜、饮食不规律导致的，我的工作也变成了困难模式。

心脏　嘻！（长长地叹一口气）他经常大晚上不睡，既混电竞圈，又混黑眼圈，我都觉得自己工作节奏失衡了。

胃　啊，心脏姐姐，你可千万不能出问题啊，你可是我们的主心骨，我们都十分依赖你呢。

心脏　放心胃妹妹。我暂时还可以坚持，可以后就说不准了。

肝　不是吧不是吧？呵呵，（对心脏说）你居然觉得你还可以坚持？

肾　我开头也是觉得没得问题，他一直楞个下去，我发现我的工作慢慢儿变得恼火起来，以前的工作效率都没得了，慢得跟老奶奶过马路一样，哎。

【这时，大脑听见了他们的对话，伴随着音乐进场。】

大脑　你们围在这儿干什么！你们聊得太嗨了吧。就知道偷懒，工作不用做了吗？

胃　脑大哥，我们没有偷懒。主人仗着自己长得丑，最近天天熬夜，姐妹们都出现问题了。脑大哥，你快想想办法吧！

大脑　搞什么！居然说主人丑。你们哪里出现问题了？我看你们好得很，就是不想工作。主人的身体我还不知道吗？哼，笑话。我看啊，你们就是嫉妒我的一把手的位置啦。

肝　呵，不是吧，你这都能蹭，你真是左脸皮撕给右脸皮，一半不要脸，一半脸皮厚。你这位置你自个儿好好坐稳吧，没人稀罕！

大脑　你你你……（指着肝）

肾　你你你，你指撒子嘛？你想干撒子嘛？

心脏　好了好了，大家都别吵了！都是左邻右舍的，多大点事嘛，大家各司其职就好了。

胃　就是啊，心脏姐姐说得有道理。

大脑　你还好意思说？都是你的错，要不是你不及时工作，主人怎么会消化不良？

大脑　还有你！（指向心脏）你算老几啊？一天天的，跳那么快干吗？是在蹦迪吗？（做出蹦迪动作）

胃　这也不能全怪我们啊，主人天天熬夜的，换谁也受不了啊！

大脑　（指着胃说）你闭嘴！主人好不容易过个周末，还不能通个宵了！

大脑　（指着心脏说）我告诉你，出来混，有错就要认，挨打要立正！

肾　你都莫五十步笑百步，大前天儿喊我们来开个会，结果我连个脑影影儿都没看到，你敢说你不是因为熬夜睡过头了迈？

肝　不是吧不是吧？笑死我了，有的脑啊，他的口气比脚气都大，您上辈子是个缝纫机吧，这么会拉踩。

大脑　谁还没个失误了，都多久的事儿了，还吧吧吧，有意思吗？

肝　不是吧不是吧？笑死我了，谁刚刚说出来混，有错就认，挨打立正的？呵呵，看来是个笑话了。

大脑　你，你们，算了！你们一个个的都在为自己能力不足找借口，你们就应该自我反省。

（这时候传来下一把游戏开始的声音——"敌军还有五秒到达战场，请做好准备"）

大脑　你们看，我也不是闲着的，你们就不能为我省点心？懒得跟你们说了，我要继续忙去了。

【大脑离场。】

【这时传来男子的声音——"赢了，我要吃夜宵了"。】

肾　啊啊啊啊啊，他到底有完没得嘛，又是熬夜，又是夜宵，真的是服了，我怎么办呀？

心脏　嘻，脑大哥还说我在蹦迪，这根本不是我想的，他长期熬夜再加上夜宵，根本不让我有个喘息的机会。

　　肝　呵呵，不是吧不是吧？熬夜加夜宵，真的是够了，加重了我工作的负担不说，还错过我解毒的最佳时间。这人啊，无知不可怕的，可怕的是无知而不自知！

　　心脏　哎，最近熬夜已经引起了我的供血能力不足，还有供氧能力的减退，这日子真难过啊。

　　胃　我也不好过啊，我的酸最近流失得太多了，（拿出镜子看了看）啊，我还长了溃疡！太难看了！

　　肾　哎，我还不是一样滴，我今晚又不能好生地排毒了，看到那些有毒垃圾堆积在那里，我一个脑壳两个大！

　　器官们　我们太难了！

　　【大脑带背景音乐出场。】

　　大脑　还在叨叨叨，搞什么啊！上班了上班了，主人马上就要吃完了。

　　肾　嘞不是就要去了嘛，你凶撒子嘛凶？

　　肝　呵呵，不是吧不是吧？笑死我了，催什么催，你怎么不让那个人早点睡觉？现在反而来催我们了。

　　心脏　我也觉得你该让他克制一下，早点休息吧！

　　大脑　我看你们一个个挺厉害的啊，那个胃，干活！

　　胃　（深吸一口气）第一，我不叫喂！第二，我，我……

　　大脑　你清醒点！！！胃！你在干什么！

　　胃　我在发炎啊！

　　大脑　现在是需要你发光发热的时候啊！！！发什么炎啊！

　　胃　因……因为，我不行了啊！

　　肾、肝、心脏　胃妹妹，你还好吗？

　　大脑　搞什么啊？刚刚不是还好好的吗？

　　胃　我疼……

　　肾　那现在嘟个做嘛？

　　大脑　别管了！时刻进入工作状态！

　　心脏　不是，她受不住了！

　　大脑　那也得受着！

　　肝　你闭嘴吧，她好像死机了。

大脑　怎么这么严重？我要赶快让主人去医院。

【救护车的音效。】

胃　我现在好多了。

肾　现在没事儿就好，真滴莫熬夜了，说不定下一个出毛病的就是我咯。

心脏　是的啊，只有停止熬夜，好好休息，我们才有时间去修复啊。

肝　大脑，你看看大家一副憔悴的样子，熬夜对我们的影响有多大，你现在知道了吧？

胃　脑大哥，为了我们大家，你就劝劝主人吧。

肾、肝、心脏　对啊对啊，你快去劝劝他吧。

大脑　好了！（伸手阻止）你们一天不要唠叨我了，还用你们说？胃一出问题我就给主人传达信号了。

胃　真的吗？那真是太好了，我终于可以正常工作了。

肝　呵，这就对了嘛，终于干了一件脑该动脑子的事了，我呢，终于可以尽兴地解毒了。

心脏　我也终于可以不用天天蹦迪了。

肾　那些堆在那哈的毒垃圾终于可以爬开了。

大脑　我们这些出来的终于可以好好混了。

肾　嘞个时候儿我就想来一曲。

【舞蹈音乐起。】

为了好身体，请爱惜自己

不是开玩笑，熬夜是毒药

熬夜像把刀，熬夜会致命

熬夜身体差，慢慢会生病

别把熬夜当享受，熬夜长痘更丑陋

别让熬夜守护你，自己要会爱自己

◎ 科普知识延展区

熬夜的危害：

1. 长期熬夜的人皮肤受损也会非常严重，皮肤休息最好的时间就是在晚上，晚上如果晚睡会增加皮肤的负担，引起一系列的皮肤问题，肤色暗淡，起痘。

2. 经常熬夜的人还会引起过度肥胖，熬夜者喜欢吃夜宵，夜晚进食不但会使人难以入睡，还会使隔日早晨食欲不振，如此造成的营养不均衡，就会引起过度肥胖。

3. 经常疲劳，免疫力下降：人经常熬夜造成的后遗症，最严重的就是疲劳、精神不振；人体的免疫力也会跟着下降，感冒、胃肠感染、过敏等等自律神经失调症状都会出现。

4. 头痛：熬夜的隔天，上班或上课时经常会头昏脑涨、注意力无法集中，甚至会出现头痛的现象，长期熬夜、失眠对记忆力也有无形的损伤。

5. 黑眼圈、眼袋：夜晚是人体的生理休息时间，该休息而没有休息，就会因为过度疲劳，造成眼睛周围的血液循环不良，引起黑眼圈、眼袋或是白眼球布满血丝。

6. 影响生育力：正值育龄的男女，若经常熬夜，会影响男性精虫的活动力与数量；也会影响女性荷尔蒙的分泌及卵子的品质，也容易影响月经周期。女性长期熬夜或者失眠会改变身体原有的生物钟，从而引发机体生命节律发生紊乱。这种紊乱将导致一系列内分泌功能的失调，进而影响女性的排卵周期。一旦排卵周期被打乱，就可能出现月经不规律，随之会使孕激素分泌不平衡。而一些女性高发肿瘤，如子宫肌瘤、子宫内膜病变、乳腺病变等，都与雌、孕激素的分泌异常有着密切关系。经常上夜班的女性患肿瘤的比例是白班女性的1.5倍；而且上夜班次数越多，风险越大。

7. 熬夜会让肝的解毒功能受到损伤，与此同时身体的其他器官的细胞也会加快老化，从而使身体的毒素在血液中大量增加。这些毒性的物质会使身体的血液变黏稠，导致血流速度缓慢，给身体造成一定的伤害。肝胆在每天晚上11点到凌晨2点的时候经气血最为旺盛，同时这个时候是肝脏开始排毒的时间，肝脏排毒要在熟睡中进行，若是熬夜，肝脏排毒就会受到影响，进而损害肝脏。肝受损以后会有很严重的后果，对于肝脏不好的人群，会出现食欲不振、恶心或者是注意力不集中等现象，甚至脸部也会发生一定的变化，皮肤会变得晦暗、没有光泽。所以熬夜是肝最大的隐形杀手。

8. 罹患慢性病的概率增加：熬夜族的肾上腺素等激素分泌量也比一般人高，使新陈代谢的压力增加，进而产生慢性疾病，如高血压、糖尿病等。

9. 损害视力，导致神经系统、器官功能紊乱。建议每熬夜1小时，做一次眼保健操，否则后果严重。一定要注意，戴眼镜是很痛苦的。如果长期熬夜，更会慢慢地出现失眠、健忘、易怒、焦虑不安等神经、精神症状。过度劳累使身体的神经系统功能紊乱，引起体内主要的器官和系统失衡，比如发生心律不齐、内分泌失调等，严重的会导致全身的应激状态、感染疾病的概率相应提高。疲劳症状强烈的人比一般人患上呼吸、消化系统、循环器官等各种感染症的机会也增加许多。

牙牙保卫战

编剧：朱晓漫、谢金芝、李蔚、刘庆怡、赵城枢、吴厚璇

人物表

艾牙牙　一个即将成为好牙国国王的王子

刷护卫　胆大却粗心的牙齿护卫

膏护卫　胆小却心思细腻的牙齿护卫，对艾牙牙忠诚

坏牙王　想阻止王子艾牙牙成为好牙国国王的坏牙国国王，并想占领好牙国

甜蜜蜜　性格活泼、会魔法的棒棒糖，是坏牙国国王的手下

冷冰冰　冷静、足智多谋、会时间暂停术的冰淇淋，是坏牙国国王的手下

序幕

【国王出场。】

坏牙王　（霸气地走过来坐下）我是坏牙国国王，我的理想是占领好牙国，将所有的好牙变成坏牙，到时候就成了我坏牙国的天下！哈哈哈哈哈哈！听说，艾牙牙即将成为下一届的好牙国国王。只要我把这个乳臭未干的小牙变成坏牙，那好牙国不就手到擒来了吗？来呀，把甜蜜蜜和冷冰冰给我叫上来！

【甜蜜蜜、冷冰冰上场。】

坏牙王　最近好牙国情况如何，你们打探得怎么样了？

甜蜜蜜　大王，最近好牙国训练了一批护牙卫士，我们的行动越来越难

了，实在是无从下手啊。

坏牙王　（打断）我不管，也不想听你们两个解释，赶紧给我想办法，否则就别再回坏牙国了！

冷冰冰　大王，莫急。虽然艾牙牙有护牙卫士保护，但是听说艾牙牙非常喜欢吃甜品，我们可以从这方面下手。

坏牙王　哈哈哈，好哇好哇！你们两个赶紧行动，务必把这事儿给我办妥了！

甜、冷　是是是，我们这就去。

第一场

【场景转化为大街上，甜蜜蜜和冷冰冰想着大王吩咐的任务，走在路上思考着该怎么行动。】

甜蜜蜜　大王也真是的（叉腰），把什么难事儿都扔给我们，艾牙牙可是好牙国的小王子，他能轻易上当吗？冷冰冰，我们该怎么行动呢？

冷冰冰　不要担心，他不是非常爱吃甜的吗？护牙卫士又不是随时在他身边，我们总有机会接近他！（拍手）

【正当甜蜜蜜和冷冰冰商量时，艾牙牙背着书包一蹦一跳地从他们面前走过。】

冷冰冰　你看，机会这不就来了吗？

（突然艾牙牙停了下来，从包里掏出了一颗糖，举起来左看看右看看）

艾牙牙　这颗糖看起来好好吃啊，我是吃还是不吃呢？

（甜蜜蜜和冷冰冰悄悄凑上去听他说话）

艾牙牙　有了！那就让花来帮我做决定吧！（跑去路边摘了一朵花）

艾牙牙　吃、不吃、吃、不吃……（边摘花瓣边说）

（甜蜜蜜和冷冰冰满眼期待地看着艾牙牙手里的花）

甜、冷　吃、不吃、吃、不吃……不吃！（相视一望）

（甜蜜蜜和冷冰冰非常失望，唉声叹气地一起垂下了头，突然甜蜜蜜抬起了头）

甜蜜蜜　想让他吃还不简单，再变一片花瓣出来不就好了！

冷冰冰　哦……你真聪明！（竖起大拇指）时间停止！定！（打响指）

（甜蜜蜜拿出魔法棒，手一挥，花上就多出来一片花瓣了）

冷冰冰　恢复！（打响指）

（艾牙牙惊讶地发现花上还有一片花瓣）

艾牙牙　欸？这里还有一片花瓣！

（艾牙牙扯下那片花瓣开心地举起来）

艾牙牙　吃！

（于是艾牙牙一边唱歌一边从包里掏出糖，正准备剥开的时候脑海里回荡起护牙卫士的声音）

艾牙牙　不行，（打手）我不能吃，护牙卫士昨天还表扬了我呢，我要做一个听话的好牙牙，还是先把糖带回家吧。

甜、冷　吃啊，吃啊，你倒是吃啊！

【艾牙牙又把糖放进口袋里，背着书包一蹦一跳地回家了。】

（甜蜜蜜和冷冰冰焦灼地拍着大腿，捶着胸口）

冷冰冰　怎么没吃啊！

甜蜜蜜　又是护牙卫士！又是他们坏了我们的好事！

冷冰冰　别灰心甜蜜蜜，机会总会有的，糖的诱惑不行就换一种来。

【此时卫士出来巡逻检查。】

膏护卫　刷护卫，最近你有没有发现什么异常？

刷护卫　我觉得最近非常平静，没有什么异常，你完全不用担心。（自信满满地摇手指）

膏护卫　不要掉以轻心，这些小孩子，人小鬼大的，稍不注意，就悄悄吃糖、冰淇淋，我们可得看紧点。

刷护卫　行行行，那我们再去巡逻巡逻就回去吧，牙牙应该放学回家了，我们也该回去看看他今天的表现了。

膏护卫　那好，我们快去巡逻吧。

刷护卫　行，走吧。

膏护卫　我总觉得有什么事情，唉。

【护牙卫士和艾牙牙都回到了好牙国。】

刷护卫　牙牙，对不起。我们今天回来晚了。

艾牙牙　没有没有，我也才到一会儿。

膏护卫　才到？你不是放学很久了吗？

（牙牙听到这话，有点心虚，吞吞吐吐地说）

艾牙牙　就是……那个……嗯……我回来的路上走得太慢了。（捏住放着糖的衣服口袋）

刷护卫　噢噢噢噢，没事儿。那去刷牙吧，早点休息，明天还要上课呢。

（听到这话，牙牙松了一口气）

艾牙牙　好好好。（说完便拿着牙刷刷起牙。放儿歌《刷牙歌》）

【场景转变为大街上，这天艾牙牙放学经过小卖部，这时传来了冷冰冰和甜蜜蜜的声音。】

冷冰冰　这时应该差不多放学了吧？

甜蜜蜜　我们就在这儿等他，他一定会出现的！

（艾牙牙背着书包朝着冷冰冰和甜蜜蜜走来）

冷冰冰　哎呀，这个口味的冰淇淋可太好吃啦！

甜蜜蜜　是呀，我从来没吃到过这么好吃的冰淇淋！（盯一眼艾牙牙）要是哪个小朋友没吃过的话，那真是太可惜了。

冷冰冰　就是就是。

（艾牙牙听到了他们的对话，停住了脚步，回头望着他们手里的冰淇淋直咽口水。艾牙牙走过来）

艾牙牙　你们吃的是什么呀，看起来好好吃！

冷冰冰　这是全新口味的冰淇淋，是我们专门从坏牙国……哦！不！从零食国那边带过来的。

甜蜜蜜　小朋友，你想来一只吗？

（艾牙牙擦了擦自己的口水）

艾牙牙　可是……可是护牙卫士……

甜蜜蜜　别可是了，吃一只吧！

冷冰冰　是啊，看你这么可爱，我们送给你吃。

（将冰淇淋递给艾牙牙，艾牙牙立马伸手接过了冰淇淋，舔了一口）

艾牙牙　冰淇淋真的太好吃了！（眼前一亮）

甜蜜蜜　是吧是吧，没有人能拒绝美味的冰淇淋。

冷冰冰　我们这里还有很多从零食国带过来的零食，你以后还想吃吗？

（艾牙牙一边舔冰淇淋一边疯狂点头）

艾牙牙　想！

甜蜜蜜　那以后我们都在这儿等你，把好吃的都给你，好不好？

艾牙牙　一言为定！

甜蜜蜜　好，一言为定！（拉钩盖章）

【膏护卫和刷护卫出场。】

膏护卫　刷护卫，你有没有发现牙牙王子最近回家有点晚啊？是不是有什么事呀？

刷护卫　他上次不是说他走路有点慢吗？别乱想了。

膏护卫　那好吧，我们继续巡逻吧！

【旁白。】

冷、甜　大王！

坏牙王　这次怎么样？进展如何？

冷冰冰　艾牙牙已经吃了我们的东西。

甜蜜蜜　我们离成功已经不远了！

坏牙王　很好！现在该我亲自出马抓回艾牙牙，给他们好牙国的看看，他们未来的国王已经成为我坏牙国的了。（掀披风）

第二场

【场景转换为好牙国，夜晚，大王带着甜蜜蜜和冷冰冰来到艾牙牙的房间，艾牙牙睡得正香。】

坏牙王　成了！给我上！

（甜蜜蜜和冷冰冰拿出工具正准备动手时，护牙卫士出现了）

刷护卫　给我住手！

膏护卫　果然是你们，你们竟趁我们不注意诱骗王子吃下你们的东西。

甜、冷　大王！他们就是护牙卫士，一直破坏我们的好事。

坏牙王　原来是你们，今天我们一定要带走艾牙牙，谁也阻止不了我们！小的们，给我上！

（双方举起武器正准备战斗时，艾牙牙醒了）

艾牙牙　欸？甜蜜蜜、冷冰冰，你们怎么在我家啊？你们在干什么呀？

艾牙牙　哎哟，我怎么变黑了呀？啊，我的身体好痛啊！

刷护卫　什么？疼！让我们来帮你看看。

膏护卫　怎么会这样！

坏牙王　哈哈哈……

甜蜜蜜　那当然是我们大王的功劳呀。

刷护卫　原来王子你这几天回家这么晚是在外面偷吃糖。

艾牙牙　呜呜呜，我好痛啊。（在地上打滚）

膏护卫　这就是你不听我们的话，乱吃糖和冰淇淋的后果，现在你知道疼了吧。

艾牙牙　对不起，我应该听你们的话，以后我再也不乱吃这么多糖了。

（艾牙牙转过头愤怒地盯着坏牙国三人）

艾牙牙　你们走吧，就是你们让我变得又黑又丑，还害得我这么痛，我以后不会再吃你们的东西了！

冷冰冰　大王！我们快跑！其他的护卫正在赶来，我们再不走就来不及了！

甜蜜蜜　是啊，大王，留得青山在，不怕没柴烧！

坏牙王　虽然这次没有抓住你，但是我有的是机会，总有一天，我会拿下好牙国！

三人坏　我们一定会再回来的！

膏护卫　你们休想，有我们在，你们不可能得逞的！

艾牙牙　膏护卫、刷护卫，我的子民们该怎么办？

刷护卫　不用担心，我们都安排了护牙卫士去保护他们，只要他们听话正确刷牙，少吃糖和冰淇淋，坏牙国国王就不会得逞！

膏护卫　牙牙，为了不让你的子民们疼，你来教一下他们怎么保持健康吧！

【跳舞。】

艾牙牙　小朋友们，你们要记得少吃糖和冰淇淋，按时刷牙，不要让坏牙国国王得逞哦！

◎ 科普知识延展区

牙釉质

牙釉质是人体骨质中最坚硬的部分，包绕在牙冠表面，乳白色。它由细长的六棱柱状的釉柱及其间质规则排列而成，故很致密。釉柱从牙釉质与牙本质的交界处向周围呈放射状走行，许多釉柱彼此扭曲成束，以致使在磨牙面上呈现出许多明暗相间的粗纹，即所谓施雷格线。

牙釉质分布往往不均衡，恒牙比乳牙多，牙浅表处比深处多，牙切缘或咬合面处比颈部多，这与牙的功能相适应。牙釉质主要由无机物质构成，其中有羟基磷灰石的结晶体和少量的氟磷灰石和钠、钾、镁的碳酸盐等化学成分。牙釉质对牙的功能具有重要意义，当其遭受破坏后，可使牙进一步遭到破坏。

均衡膳食

编剧：陈冰欣、陈颖、邓玉岚、杨治江、冉广

人物表

小广　我行我素，有自身的饮食喜好，是一个十足任性的偏食选手；生病后，明白了均衡饮食的重要性，性格也有了一定的变化

辣条　是一种魅力十足、充满诱惑的食物，用不同的"新品"溺爱小广，并成功地获得了小广的喜爱

芒果　因与菠菜同宗同源对其态度友好，而对猪肉和辣条尖酸刻薄，在探寻小广生病的原因中，与辣条、猪肉据理力争

菠菜　不受小广的喜爱，说话唯唯诺诺，做事小心翼翼，害怕小广更加厌恶自己

猪肉　油嘴滑舌，身体强壮，因自认为能给小广带来蛋白质、脂肪，而做事说话有恃无恐、底气十足

第一场

【辣条、菠菜、芒果齐上阵，试图化解小广的烦恼。小广上场，播放"小广开场"音乐，瘫坐在椅子上，愁眉苦脸地唉声叹气。】

小广　我最近怎么了（抽抽搭搭），以前我一顿能吃三碗饭，如今一天才吃三碗，我……我……我是不是得绝症了啊（抽泣）！【"小广开场"音乐停。】

【辣条上场，播放"辣条出场"音乐，边走边摆姿势，小广转头惊奇地看着辣条，辣条走上前直至与小广水平。"辣条出场"音乐停止。】

辣条　（一副关切的神情询问小广）怎么了，小广，是不是一天没看到我就浑身不得劲，来嘛，才进的新品辣条，来一个吧？

小广　（假装撕开品尝）就是这个味儿，好吃极了。

【芒果、菠菜上场；菠菜小心翼翼地上台，躲在芒果的身后。】

芒果　（不屑地瞥了一眼辣条）哎，我说是谁呢？真会往自己脸上贴金。还好意思说小广一天没见到你，心里就不舒服。我看啊，多半是你搞的。（轻蔑地哼一声）

辣条　（不屑一顾）哎哟喂！我还以为是谁呢？注意自己的地位！

菠菜　（从芒果背后探出头来，怯生生地说）那个……嗯……我觉得小广是缺少菠菜中的……

【猪肉上场，摆"露出肌肉"的动作，并甩了一下自己的脑袋、抚摸自己的头发。】

猪肉　（自信地走到菠菜的前面，打断菠菜的话）咳咳，我呀觉得小广最近只是肉吃少了，吃点猪肉就没事了。不是还有专人为我量身定做了一首猪肉歌嘛——"不管我要吃肉肉，就要吃肉肉……"

【猪肉在台前唱歌，其余表演舞蹈。】

小广　天老爷，跳的啥啊，别跳了，油死我了。（做呕吐状）

辣条　来哟来哟，不要跳了，油得可以炒两盘菜了。

芒果　（用手遮住）好油，小菠你去清新一下。

菠菜　额……我想说，小广好久没有吃过蔬菜了呀，特别是我们菠菜更是看都没看一眼。尽管我苦口婆心，小广每次都不听，吃饭时吃的蔬菜都少得可怜。所以我觉得呀，他是缺少菠菜中的营养物质。（从小广手中抢过辣条，扔在桌子上，硬塞菠菜）

小广　哎呀，吃啥菜啊。不过，最近脸上都长满了痘痘，我们班小红都不愿意跟我做同桌了，居然要去和旁边英俊做同桌，啊啊啊！

猪肉　（见势赶紧补充）听我的，听我的。多吃点肉，多长点肌肉，长得高大又强壮，小朋友都会崇拜你！（配上高大、强壮的动作）

辣条　别这样，别这样！依我看，来几包辣条和你们那些同学分享嘛！拿去拿去。（边说边拿出辣条）

芒果　停停停，还推销你那辣条啊，也不看看自己的配料表，什么乱七八糟的一堆，像小广这种情况一看就知道是缺少维生素嘛。（边说边拿芒果炫耀）

辣条　耶，妹儿不要乱说哈，你说的配料表，我们可是正规厂商，你芒果还过敏啊！

菠菜　我觉得吃点菠菜也可以补的嘛，你那脸上的痘痘一看就是辣条吃多了，内分泌失调嘛。（小声）

辣条　呵！也可以补点草酸呀！

小广　不要说了，什么维生不维生素的，我只知道肉好吃，辣条美味，芒果当个餐后甜点还不错，至于菠菜嘛，根本就没胃口。（然后把菠菜道具扔给菠菜）

菠菜　（更郁闷，欲言又止，在旁玩手）我……嘤嘤嘤。

猪肉　别管小菠了，小广看我，我这还有上等的里脊肉，这可是在珠穆朗玛峰上奔驰过的跑山猪里脊，大人吃了有力气，孩子吃了长身体！

芒果　（看了猪肉一眼，转向小广并疑惑地挠挠脑袋）所以小广，你到底是怎么了呀？

猪肉　切，肯定是缺少我呀！你看看，肥瘦相间；你闻闻，飘香四溢；吃了，强身健体。（炫耀一下"猪肉"模具）

辣条　（不屑地哼了一声）切！哪里拿来的腊肉！明明是我！（拿出一包辣条）闻，使劲闻，你们闻嘛，我就问你，香不香？

菠菜　（怯懦地说）那个……我觉得还是缺少菠菜的呀！不是说"菠菜含铁补血药，预防贫血抗衰老"，况且小广不是肚子不舒服吗？菠菜可是能促进消化呢。

第二场

小广　哎呀，不是说啦对菠菜不感兴趣嘛，你怎么还在这儿啊，看到你就倒胃口！噢，拜托，求求你，能不能在我面前消失啊。（菠菜退后）肉肉真好吃，辣条真好吃，芒果也还不错了，嘿嘿。

【辣条、猪肉、芒果在旁喜笑颜开上场，纷纷递上辣条、猪肉和芒果。】

辣条、猪肉、芒果　（齐声说）来来来，多吃点。

【"菠菜被小广赶走时"音乐。】

菠菜　小广老是嫌弃我，嫌我没有芒果甜，没有猪肉有食欲，更没有辣条的香味儿。呜呜呜，我……我……我受够了。呜呜呜。

【菠菜退后，假装出走，"菠菜被小广赶走时"音乐停。】

猪肉　菠菜就这点不好，老矫情了，还是我猪肉大气，上档次。是吧？小广。

小广　啊，对对对。肉肉真好吃。（点赞加馋嘴动作）

芒果　真就走了……（哭丧着脸）

辣条　真走了？不过也是，一年四季不吃菠菜可以，但不吃辣条可不行。小广，你这个决定可真是明智啊。菠菜有什么用，只会待在这儿，让我们小广更加烦恼。

小广　走就走了吧，大家还是看看我的情况吧。天老爷，前几天老师还说我跑步跑慢了，呜呜呜，难怪小红都不和我玩啦。（抹眼泪）

芒果　是啊是啊，小广到底怎么了呀？

（探案中，菠菜不放心小广，还是悄悄回来了）

【背景音乐响起，四人变装，菠菜在后面悄悄变装。】

猪肉　（咳两声）真相只有一个……

猪肉　（拿着放大镜在小广脸上看来看去，不假思索地说）我发现小广脸上的痘痘是油脂堆积过多，毛孔压力过大导致的！真相只有一个，那就是吃辣条。

辣条　嗯？（疑问）

菠菜　（拉拉芒果的袖子）我也觉得。

芒果　（做出噤声的动作）嘘嘘。根据我断案的经验，罪魁祸首就是你——辣条。看看这配料表，什么阿斯巴甜，苯甲酸钠，简直不堪入目。怪你，怪你。

小广　（点点头）嗯，好像有点道理。

辣条　有什么道理，刚才吃辣条你不这么说，我再重申一遍，我是正规厂商啊！探案啊，要看到多种情况，导致长痘痘的原因是多种多样的！猪肉也很油啊，你们怎么不去怪她啊！

菠菜　（又拉拉芒果的袖子）我也觉得，元芳，你怎么看？

芒果　那就是猪肉了，这么油，这么腻。小广每次都要吃这么多肉，以前跑步很轻松，现在居然跑两步就喘。就怪你，就怪你，你个坏肉肉。

猪肉　（不服气反驳，指着芒果）欸欸欸，我还觉得是你芒果吃多了上火。

（大家乱成一团，继续互相指责）

第三场

小广　大家别吵了，我突然想起之前体检还有一个报告单，咱们看一看？

猪肉　那不早点说，就不用探案了呀，快拿来看看。

芒果、辣条、猪肉　（齐声说）快拿来看看。

【大家看着体检报告齐声道：该学生脸部油脂分泌旺盛，有些许上火，BMI（身体质量指数）值还有一点偏高，建议多种营养均衡摄入，多吃蔬菜。】

小广　啊哈哈，原来不是绝症啊。就是营养不均衡造成的这一系列问题。不过这上面叫我多吃蔬菜……蔬菜？哎呀，我想菠菜了，好想菠菜快回来。

猪肉　啊，原来肉吃多了也不好。

芒果　其实小菠一直都没走，从刚才探案的时候，我就发现了。小菠，你快出来。

【菠菜听见后，感动地走出来。】

菠菜　嗯，我在这儿呢，其实我早就回来了。

辣条　原来是这样呀，看来辣条虽然美味，可不能多吃哦，偶尔吃一包愉悦心情还是可以的。在这里给菠菜道歉了，对不起。

芒果　（眼神四处躲闪，搓搓手）原来我也有不足的地方，吃多了会导致上火。

小广　菠菜，对不起。我不应该忽视你的，没有你，我也不能健健康康地成长，我也需要你的陪伴。

菠菜　没关系的，只不过小朋友要记住，不可以挑食哦。

【众人齐唱《膳食均衡歌》。】

记得五谷要粗细搭配好，杂豆牛奶蛋白含量高，

蔬菜水果天天不能少，维生素爆表，

鸡鸭鱼肉蛋类还得要，少盐少油的生活美妙，

每天八杯水，一定要记牢，

6000 步慢慢跑。

◎ 科普知识延展区

膳食必须符合个体生长发育和生理状况等特点，含有人体所需要的各种营养成分，含量适当，全面满足身体需要，维持正常生理功能，促进生长发育和健康，这种膳食称为"均衡膳食"。美国农业部指南建议每天所需谷类、面包、蔬菜、水果的量大大增加，而奶制品及肉类的需求量则大为减少，其内容如下：谷物类和精制的、添加营养的谷类制品、面包、热或冷的麦片、面食、米饭：一天 6 ～ 11 份。1 份相当于 1 片面包或半杯大米。蔬菜类深色绿叶蔬菜、黄色或橘色蔬菜：一天 3 ～ 5 份。1 份相当于 1 杯生的叶子蔬菜（4 片大的叶子）或 6 盎司蔬菜汁。水果类柑橘类水果、番茄或其他含丰富维生素 C 的水果：一天 2 ～ 4 份。一份相当于 1 个中等大小的水果或 6 盎司新鲜果汁。乳制品类牛奶、奶酪、酸奶及其他奶制品：一天 2 ～ 3 份。一份相当于一杯酸奶或牛奶或 1 盎司乳酪。肉类牛肉、仔牛肉、猪肉、羊肉、鱼肉、鸡肉、动物肝脏、蛋类、肉类代用食品：一天 2 ～ 3 份。一份相当于 3 ～ 4 盎司动物蛋白，一般也就大致相当于一副纸牌那么大，或 1/4 杯坚果。脂肪、油、糖尽量节制使用。依美国国家研究委员会所定的推荐量，大约一天能够供给 1200 卡的热量。但是，"人份"量的多寡还要视个人的年龄、体重、需要的能量不同而做适度的调整。

南山胃餐厅

编剧：刘桢、姚佩宏、李玉婷、贺晨曦、焦密、罗群丽

人物表

胃酶玛丽　胃餐厅的女服务员

胃酸小酸　胃餐厅的女服务员

蜂蜜小姐　豆浆、西瓜的好朋友

豆浆小姐　蜂蜜的好朋友

西瓜小姐　蜂蜜的好朋友

柚子小姐　餐厅顾客

【背景音乐响起，蜂蜜上场。】

蜂蜜　大家好呀，我就是小蜜蜂采花蜜酿了一桶又一桶的蜂蜜，嘿嘿。听说呀，南山新开了一个餐厅，生意特别火爆，服务特别热情周到，我今天来专门体验一把，看看这里的服务有多热情、多周到。

【餐厅相关人员到位。】

小酸　你好，欢迎光临南山胃餐厅！请问几位？

蜂蜜　哦，你好，一位。

小酸　这边稍等一下。（环顾餐厅里吃完还没有走的顾客，拉住蜂蜜说）你催什么呀，那他们吃完了不走我能怎么办呀！

蜂蜜　我没说话呀！

小酸　你想让我怎么处理？我直接说，你们吃完了快走，我这么说吗，难道？

蜂蜜　我真没说话！

【顾客下场。】

小酸　您好，这边请，1 号桌。

蜂蜜　好嘞！

小酸　玛丽？玛丽？玛丽？王玛丽，你过来，客人要点菜了！！！

玛丽　来了，来了！来，您看下菜单。

蜂蜜　你们这边锅底多少钱？

玛丽　亲，您是喜欢辣乎乎还是喜欢冰蹲蹲呢？

蜂蜜　冰蹲蹲？

玛丽　38。

蜂蜜　那我要辣乎乎。

玛丽　也是 38。

蜂蜜　你真幽默，呵呵。那送什么饮料呢？

玛丽　您想来一瓶可乐吗？

蜂蜜　来瓶可乐吧。

【蜂蜜点菜中，豆浆上场。】

豆浆　我是豆浆又香又甜，啦啦啦啦啦……

玛丽　你好，欢迎光临！请问几位？

豆浆　一位。

玛丽　2号桌，您里面请。

豆浆　2号，2号，2号……（找座位时突然看到蜂蜜）咦，这不是蜂蜜吗？

蜂蜜　（埋头假装看不见，躲躲闪闪假装筷子掉了）

（豆浆走近细瞧）

豆浆　哟！这不是我蜂蜜姐姐吗，说是请我吃饭，我是从今年春天播种开始等，等啊等，终于让我在南山胃餐厅等到了你。

蜂蜜　（偷偷地说）唉，当时就是为了让蜜蜂采采她的花粉，现在倒好，讹上了我。

豆浆　你嘀咕什么呢，说！什么时候请我吃饭？

蜂蜜　什么时候，让我想想，额额额……

（蜂蜜看到"拼桌价钱减半"的牌子）

蜂蜜　现在吧，服务员，我们拼桌。

【小酸跑向豆浆、蜂蜜，像平常一样十分热情，随后打量蜂蜜、豆浆。】

小酸　来了来了，不好意思，您刚刚说什么？

蜂蜜　拼桌。

小酸　哦，昂，那啥，我来看看哈。（低头翻看手里的本子）蜂蜜和豆浆拼桌，我打个电话问问哈。

（小酸向上级打电话）

小酸　啊，对对对，蜂蜜和豆浆要拼桌，嗯，嗯，好，好，好。

豆浆　怎么样了？

小酸　两位不好意思哈，我们拼桌需要有营养的食物，你们俩只能一人一桌，单独吃。

豆浆　（立马生气）嘿！你什么意思！我们怎么就没有营养了？我可是含有丰富的植物蛋白，蜂蜜也浑身都是宝，（推小酸）我们怎么就没营养了！

小酸　你说得对，但你们两个在一起就是戴礼帽穿草鞋——不配套！营养物质全被破坏了，没有拼桌的资格！

豆浆　你什么意思，我可有南山暖胃养颜资格证，这可是南山特级证书。

小酸　哦……那也不行。

豆浆　（推开蜂蜜）什么破餐厅啊，气死我了，走了走了，再也不来了，哼！

【豆浆退场。】

蜂蜜　欸欸欸，豆浆你别走啊！（向豆浆招手）哎，豆浆小姐姐这脾气也太暴躁了。哎，这次拼桌不成，月底可真没钱了呀！

小酸　我们老板说了，您拼桌的时间是24小时制的，这期间，您找到合适的拼友，扫码下单就行。

蜂蜜　啊这，我上哪儿找呀？

小酸　嗯，这简单，您可以打电话，然后……（被打断）

玛丽　小酸，小酸，上菜！

小酸　（暴怒）来了！

蜂蜜　别走呀，还没有说完呢！

蜂蜜　打电话？哎，有了。

【蜂蜜打电话，西瓜背景乐。】

蜂蜜　喂！西瓜，在干吗？

（西瓜打个哈欠上场）

西瓜　俺能干吗呀，睡觉呗！

蜂蜜　大白天睡什么觉呀？

西瓜　你不懂，这叫保熟。

蜂蜜　快出来，我请你吃饭，我跟你讲，你进来之后……

西瓜　什么，吃饭？哦哦，你等着哈，我马上来！

（西瓜挂电话，刚刚要出门）

西瓜　不行，我还是把妈妈给我的零花钱带上，上次，蜂蜜带我去吃饭，没想到是霸王餐，被人打得可惨了，那时候我的心还是白色的，呜呜，回家后，它就变红了，这次，可不能再挨打了。

西瓜　哎，你看，说着说着就到了，我看看她在哪里。

蜂蜜　这儿，这儿。

（西瓜走进餐厅坐下）

【餐厅气温下降，背景音乐起，所有人发抖。】

西瓜　蜂蜜，你是在速冻区吗，锅都结冰了，这餐厅怎么温差这么大？

蜂蜜　没呀，点的热汤嘛，服务员，服务员，这锅怎么回事呀？

【两位服务员上场。】

玛丽　我的天，小酸你有没有觉得好冷啊！

小酸　就是，怎么这么冷啊，我也没有开冷气啊。（两人四处打量）

玛丽　那不是西瓜吗，她怎么这个时候来了，她还跟蜂蜜拼上了桌，怪不得胃餐厅变得这么冷。

小酸　快快快，把她们的桌分开！再这样下去胃餐厅会受不了的！（走向蜂蜜和西瓜）

玛丽　你们快分开坐！

西瓜　干吗干吗，我有钱，你们怕我吃白食不成！

蜂蜜　两位小姐姐，我又怎么了，怎么又不能拼桌了呀？我刚刚，可是按照这位姐姐说的步骤做的。

（一边分桌一边说道）

小酸　我看看，嗯，步骤是正确的，可是，你们两个在一起太凉了，胃餐厅根本承受不住，快分开坐。

蜂蜜　小姐姐，不要生气，不要生气嘛。

玛丽　西瓜小姐，你要是现在预订另外一桌的话，我们可以马上为您办理。

西瓜　那蜂蜜她为什么不预订呀？

玛丽　蜂蜜小姐她点了拼桌，有时间限制的，现在还在时间限制之内。

西瓜　那好吧，我预订好了，请问我在哪桌呢？

玛丽　1 号桌。

西瓜　1 号桌不是蜂蜜那里吗？

玛丽　您误会了，今天已经没有桌位了，您的 1 号桌是明天早上的 1 号桌。

蜂蜜　啊，这……（尴尬）

西瓜　你个臭蜂蜜，骗我出来吃饭，还搭上了我的零花钱，最重要的是破坏了我的保熟美梦，呜呜，我要回去告诉妈妈，呜呜。

蜂蜜　啊，啊，那我这拼桌可怎么办呀！唉！

【西瓜下场，柚子上场。】

柚子　哟，这家新开的餐厅看起来好一个富丽堂皇、金碧辉煌啊，今天就让本小姐来品尝品尝。

玛丽　欢迎光临！

柚子　服务员，给我看看你们的菜单，有什么招牌菜吗？

小酸　这不是柚子小姐吗？正好蜂蜜小姐也在我们餐厅吃饭呢！如果你不介意的话，可以和蜂蜜小姐拼个桌吗？我们胃餐厅可以给你们超级会员待遇！可以打 8.88 折！

柚子　还有这种好事吗？那快带我去看看吧。

小酸　您这边请！（带着柚子走向蜂蜜）

【蜂蜜和柚子两人相互打量着，背景音乐起。】

蜂蜜　这位妹妹我们可曾见过？（拉住柚子的手抚摸）

柚子　蜂蜜小姐！久仰大名，我就是柚子，早就想与你结识了！（用力抽出手）

蜂蜜　江湖上鼎鼎有名的黄衣柚子？百闻不如一见，柚子妹妹果然穿得厚啊。（摸着柚子的肩）

柚子　（放下蜂蜜的手）呃……嗨，这不是天凉了，丁氏破产开不起空调了嘛。唉，不说我了，蜂蜜姐姐果然人如其名，一阵风吹来，就闻见了姐姐身上的蜜香了。

蜂蜜　我这是一百只蜜蜂采了百种奇花，用上入上出的方式提取出的纯天然牌蜂蜜，绝没有掺半点假。

柚子　真羡慕姐姐，人们都说我虽然营养价值高，但闻起来却苦苦的，一点也不像姐姐，不仅内涵丰富，还是人间小甜心呢。一定有很多人喜欢姐姐吧！

蜂蜜　哪里哪里，话说柚子妹妹是和绿茶合种的吧？

柚子　姐姐怎么知道我邻居是绿茶妹妹？但是姐姐放心，我可绝对是纯种柚子！我含有可多的维生素 C 了，姐姐也含有各种微量元素，咱俩加起来那可就是美容养颜双增益，是他们求而不得的天然珍宝呀！

蜂蜜　可不是吗，听说隔壁那组熬夜的姐姐们都抢着要喝蜂蜜柚子茶呢。

小酸　好消息，好消息！为了庆祝咱们餐厅第一次拼单成功，我们老板专门让我们为大家准备了一个节目，助助兴！

蜂蜜　好耶！

【所有演员上场。】

所有人食物搭配要注意

蜂蜜豆浆营养低

西瓜不能搭蜂蜜

凉性食物伤身体

今天是个好日子

蜂蜜遇见了柚子

美容养颜双增益

隔壁听了都羡慕

◎ 科普知识延展区

胃是人体的消化器官，位于膈下，上接食道，下通小肠。胃的上口为贲门，下口为幽门。胃又称胃脘（wǎn），"脘"的古音同"管"，义亦相通。故胃之上为食管，胃之下为肠管，胃居二者之间名为胃管（脘）。其分四部，贲门部、胃底、胃体和幽门部。

贲门附近的部分称为贲门部。贲门平面以上，向左上方膨出的部分称为胃底。自胃底向下至角切迹处的中间大部分，称胃体。胃体下界与幽门之间的部分，称幽门部。

如何保护胃？

一、避免吃各种刺激性食物如烈性酒、浓缩咖啡、生蒜芥末等对胃黏膜有损伤的食物，同时避免吃过硬的、过酸的、过辣的、过冷的、过热与过分粗糙的食物。可以选用容易消化食品并注意少用油炸等烹调方法。食物应该清淡软烂。

二、注意选择营养价值高的蛋白质食品和维生素丰富的软食，例如牛奶、豆腐、胡萝卜与一些发酵的食品，食物要细嚼慢咽。

三、饮食要有规律，定时定量，不暴饮暴食，尤其晚餐要吃少，晚餐后不立即上床。养成良好的饮食习惯，减轻胃部的负担。三次正餐食量较少，可于餐间定时加餐。注意食物搭配，最好有干有稀，有蛋白质食品也要有少量主食。

认知于花，花于认知

编剧：陈虹宇

人物表

小瑾　可爱的学生，好奇心强

小七　小瑾的弟弟

爷爷　有一定的医学知识

【小瑾抱着一捆植物进来。】

小七　姐，天不亮你就跑出去了，为什么你就抱了一捆草回来呢？（用手提了提某根草）

小瑾　手拿开，不懂就不要乱说，这可是好东西。

小七　啊，这不就是一把野花吗？

小瑾　这叫金银花，有清热解毒的功效，你老姐我最近上火，脸上冒了好多痘痘，必须喝点下火的。

小七　哦，知道了，姐，快去熬汤吧，多熬一点，爷爷赶集回来也可以喝。

小瑾　那你在这儿乖乖地写作业，姐姐马上就出来。

小七　（乖乖地点点头）好的。

【小七坐在舞台上写作业，隔了一会儿，小瑾端着两碗汤出来了。】

小瑾　小七，快来喝汤。

小七　（收拾桌子）好，姐姐，我收拾完了就来。

小瑾　姐姐给你端来了，这汤有点苦。

小七　姐，金银花露不是甜的吗？你是不是认错了？

小瑾　（略显生气）你姐我学过，相信我。

小七　算了，我不喝，万一有毒怎么办？

小瑾　不喝算了，我自己喝。（咕噜咕噜喝完了一碗）

爷爷　小七，小瑾，爷爷给你们买了些火锅食材，今晚吃火锅。

小瑾、小七合　火锅！

小瑾　小七，快帮爷爷提东西，我去给爷爷盛一碗金银花汤。

小七　好！

（小七蹦蹦跳跳下台，小瑾捂着头和肚子倒下）

小七　爷爷，我今天已经写完作业了，而且姐姐给你熬了金银花汤呢。

爷爷　哈哈哈，你俩今天这么乖呀，那爷爷等会儿多喝两碗。

（一进门就看到小瑾蜷缩在地上，爷俩赶紧跑过去）

小七　（抱起上半身摇晃）姐！姐！爷爷，姐姐为什么会晕过去？

爷爷　你姐她喝金银花汤的时候，有和香蕉等寒性食物同吃吗？

小七　（摇头）姐姐连冰箱都没有打开过。

爷爷　不是食物相生相克的问题，那怎么会晕过去呢?

小七　哦，对了，爷爷，姐姐说她熬的金银花汤是苦的。

爷爷　（眉头紧皱）苦的? 你把姐姐扶到沙发上去，我去厨房看看。

【爷爷下台，小七把小瑾扶到沙发上，盖了一床毯子。】

爷爷　（火急火燎地端了一碗红色的水上来）快给你姐催吐，然后再让她喝下去。

（小七照做，隔了一会儿，小瑾的脸色好转，醒了过来）

小七　爷爷，爷爷，姐姐醒了过来。姐，你刚刚怎么了，为什么会突然晕过去。

小瑾　我也不知道，就是突然一下子感觉眩晕，肌肉松弛无力，然后就晕倒了。

爷爷　能不晕倒吗? 没死都算你幸运的，你以为你懂点常识，就可以自己采药、熬药了?

小瑾　爷爷，可是我熬汤的时候并没有用与金银花相生相克的药材呀。

爷爷　那是因为你采的并不是金银花，这叫断肠草。（边说边将断肠草和金银花放在毯子上）

小瑾　可是爷爷你看，它俩叶子都是对生的，而且花都是金色的，它俩还是蛮像的。

爷爷　说你是半吊子，你还不承认，一点都不仔细。

小七　那爷爷你给我们讲讲如何辨别金银花和断肠草吧。

小瑾　爷爷，你就讲讲吧，这样下次就不会认错了。

爷爷　好，你们听好了，它俩主要可以从外形、质感、花朵和分布地区来区分。

小瑾、小七合　噢。

爷爷　首先呢，金银花的枝叶细长，摸起来比较柔软，形状呈卵形至矩圆状卵形，上面还有丛状茸毛，而断肠草的叶片较大，形状多为卵状长圆形或卵状披针形。来，拿手摸摸。

小七　姐，两种叶子的质感完全不同耶。

小瑾　这一种它的质感好像和摸砂纸的感觉一样，另一种摸起来好像比较滑爽，像在摸妈妈的小牛皮包包一样。

爷爷　对了，孩子们愈来愈聪明了，金银花的叶子质感为纸质，无光泽，而断肠草的叶片为革质质感，形似大叶黄杨，叶面的纹路清晰，而且比金银花更加翠绿。

小七　姐，光是叶子就有这么多的不同，为什么你会认错呢？

小瑾　它俩开的花不都是黄色嘛，乍一看就会看错呀！

小七　姐，爷爷说你不仔细，还真没说错，金银花露瓶子上的金银花是白的。

小瑾　可是我们老师告诉我们，是黄色呀。

爷爷　好了，好了，不要再争了，你们两个都没有说错。金银花初开时花朵为白色，一两天后才变成金黄色，新旧相参，黄白相间，故名金银花。

小瑾、小七合　哦，原来是这样。

小瑾　我采回来的断肠草花冠黄色，只有一种颜色。

爷爷　还有它俩的花形完全不同，你们快看。

（爷爷将两种花放在小瑾怀里，小七凑头去看）

小七　爷爷，断肠草的花形好像漏斗，它的花也比金银花大。

爷爷　对呀，断肠草的花形呈漏斗状，是合瓣花，长 1 ~ 1.6 厘米，而金银花的花冠呈唇形，花朵呈喇叭状，是离瓣花，花筒较细长。

小瑾　爷爷，好像两朵花的着生方式也不同。

爷爷　当然呀，断肠草的花一般生长在枝条的关节处和顶端。

小七　那断肠草花为顶生或腋生。

爷爷　对呀，而且断肠草花是呈簇状分布，一个关节处往往有多朵花，花为三歧分枝的聚伞花序。而金银花主要生长在枝条的关节处，即花为腋生，花朵成对分布，一个关节处一般只生长两朵小花。

小瑾　爷爷，你说了这么多不同，我发现我们这边好像没有多少金银花。

爷爷　金银花性喜光照，但也能耐阴、耐寒、耐旱；怕涝；喜肥沃湿润的土壤和通风向阳的环境。正宗金银花有三大产地：河南省封丘县、山东省平邑县和河北省巨鹿县。质量最好的是封丘县的金银花，封丘县是国家认证的金银花原产保护地，而湖南和重庆的品种主要是山银花，不要记混了。断肠草喜湿，但是不耐寒，不像金银花那样可在零下 30℃ 存活，一般气温低于 5℃ 的时候，幼叶就会发红，0℃ 时植株就被冻死了。主要生长在我国南部至西南地区。

小七　爷爷，两种花猛地一看差不多，其实还是有很多的不同的，这会不会造成功效的千差万别呀？

小瑾　（手指戳着小七）那是肯定的呀，你看我刚刚的样子，差点死掉了，好不好。

爷爷　断肠草全株有剧毒，其中以幼叶、根的毒性最强，因为断肠草泌蜜及花粉均较多，容易毒害蜂群，人类食用含有断肠草花粉的蜂蜜亦可引起中毒。

小七　（顿悟状）那误食断肠草有什么后果吗？

爷爷　一般十分钟就会出现恶心、呕吐等症状，半个小时过后就开始腹痛，并且有抽筋、眩晕、言语含糊不清、呼吸衰弱、昏迷等症状，严重者可能会直接休克。

小瑾　好吓人啊，以后再也不随便乱扯草药了——小七，帮我拿一杯水，嘴里齁咸齁咸的——（接过小七手中的水）万一又采到这种百害而无一利的草药了怎么办。

爷爷　谁说的百害而无一利，无论哪一种药，咱们都要辩证地看待。首先，它有祛风除湿功效，临床上可用于治疗寒湿侵袭、风湿痹痛、关节疼痛、不可屈伸等症状。第二呢，它有散瘀止痛功效，可用于治疗外伤跌打损伤、骨折瘀血疼痛等症状，还可以作为麻醉止痛药物使用。最后呢，它有很强的杀菌止痒作用，常作为皮肤病外用药使用，可有效治疗各种皮肤癣等症状。

小七　吼，感觉它比金银花有用多了。

小瑾　不，不，不。在《本草正》中，就提到金银花，"善于化毒，故治痈疽肿毒疮癣，杨梅风湿诸毒，诚为要药。毒未成者能散，毒已成者能溃。"

爷爷　对呀，在误食断肠草后，就可以喝一定量的金银花来解毒，此外，金银花还有清热、疏散风热、去火气、改善牙龈肿痛等作用，因为金银花含有许多活性物质，可有效抑制人体内球菌、杆菌的繁衍。

小瑾　那爷爷刚刚也是给我喝的金银花吗？为什么感觉不太对呀。

爷爷　当然不对呀，金银花茶的颜色金黄偏绿，色泽明亮，有一种清香，给你喝的那碗，因为来不及煮绿豆汤，我就杀了一只鹅，取了一碗鹅血，加了一大把盐，本来不想喂你鹅血的，但是呢，为了防止你在救护车来之前就死掉，我就取了一碗鹅血，没想到鹅血还真的有用。

（小瑾晕了过去）

爷爷　不对呀，小七，你刚刚不是对你姐姐进行了催吐，将大部分毒吐了出来吗？又喝了鹅血，至少在救护车来之前不会晕啊。

小七　哎呀，爷爷，你又不是不知道姐姐晕血，你还在这里血过去血过来的。

爷爷　哎呀，忘记了，反正等会儿去医院，再让你姐姐做一个洗胃。采药有风险，吃药还得遵医嘱啊。

小七　知道了，遵医嘱。

◎ 科普知识延展区

1. 忍冬，别称金银花（《本草纲目》），金银藤（江西铅山、云南楚雄），银藤（浙江临海、江苏），二色花藤（上海），二宝藤、右转藤（四川），子风藤（浙江丽水），蜜桷藤（江西铅山），鸳鸯藤（福建），老翁须（常用中草药图谱）。

忍冬属多年生半常绿缠绕灌木。带叶的茎枝名忍冬藤，供药用。亦作观赏植物。中国大部分地区多有分布，不少地区已栽培生产，其中以河南、山东所产最为闻名。日本和朝鲜亦有出产。

忍冬是一种具有悠久历史的常用中药，始载于《名医别录》，列为上品。"金银花"一名始见于李时珍《本草纲目》，文献沿用已久，已收入中国药典。此外，尚有"银花""双花""二花""二宝花""双宝花"等药材名称。

2. 钩吻，别称断肠草，是马钱科、钩吻属常绿木质藤本，小枝圆柱形，幼时具纵棱；叶片膜质，卵形、卵状长圆形或卵状披针形，除苞片边缘和花梗幼时被毛外，全株均无毛；种子扁压状椭圆形或肾形，边缘具有不规则齿裂状膜质翅。5～11月开花，7月至翌年3月结果。

分布于中国江西、福建、台湾、湖南、广东、海南、广西、贵州、云南等省区。印度、缅甸、泰国、老挝、越南、马来西亚和印度尼西亚等国也有分布。生长于海拔500～2000米山地路旁灌木丛中或潮湿肥沃的丘陵山坡疏林下。

主要功效：破积拔毒，祛瘀止痛，杀虫止痒。

第五章　童话里的科学道理

童话世界充满了光怪陆离的景象，总是能对我们形成强大的吸引力。我们惊讶于童话里的离奇经历，我们感动于童话里的真挚情义，我们收获于童话里的难忘记忆。

"童话都是骗人的"吗？

并不尽然。童话也是根植于现实生活的想象与夸张，童话里既有着与现实人共同的情感与精神，又有着与现实生活相通的科学道理。阅读童话的过程，也是接受知识教育的过程。

童话科普剧致力于童话与科普的结合，根据具体的科学道理，进行童话定制，或者从既有童话中注重对科学道理的发掘和聚焦，力求达到寓教于乐的效果。

宝贝的等待

编剧：丁付禄、陈法全

人物表

书简　博学多识的汉历书竹简

陶俑　一个活泼的唐女陶俑

镇墓兽　脾气暴躁的唐彩绘镇墓兽

青釉瓶　一个自恋的唐越窑青釉瓶

神女　壁画，飞天神女

【黑夜将至，博物馆也将闭馆，人们都离开了博物馆，只剩文物们安静待在展览区。书简安静地站立着，陶俑和青釉瓶扭捏着身子，镇墓兽单脚支

撑着身体，做着张牙舞爪的动作。】

【背景屏显示敦煌博物馆外景。】

旁白　亲爱的游客朋友们，亲爱的小朋友们！敦煌博物馆今日的营业时间快要到了，文物们也是需要休息的，请您照看好老人、小孩，带好自己的随身物品，有序离馆，敦煌博物馆全体员工和全体文物欢迎您的下次光临。

书简　什么下次光临，说得像这次有人光临一样。

陶俑　兄弟姐妹们！下班咯！

青釉瓶　那我们……

【书简、陶俑、镇墓兽、青釉瓶跳起了舞。】

【保安上场，音乐戛然而止，众人保持舞蹈动作。】

保安　（打着手电筒）谁？谁在那儿？咦，没人啊。欸，好奇怪，是我眼花了吗？这文物好像不是这样摆的啊？算了算了，没人就走了。

【保安下场。】

镇墓兽　（拍拍胸口）吓死本大爷了，差点就被发现了。

书简　（赶紧捂住镇墓兽的嘴）镇墓兽你小声点，人还没走远呢！

青釉瓶　就是就是，你这大嗓门可得小声点，别坏了我们的大事。

陶俑　怕什么，保安都走了，这空空荡荡的博物馆，哪儿还有人。

书简　唉，也是，大晚上的，没人了。

陶俑　（拉过书简）你这话说的，我不是人？

镇墓兽　你也就是个人形陶俑罢了。

陶俑　也比你好，长得乱七八糟的，丑得不要不要的。

镇墓兽　（秀肉）丑？我堂堂唐彩绘镇墓兽，哪个看见我不得夸我几分威武雄壮？

青釉瓶　丑就丑吧，还不承认，你再看看我，唐越窑青釉瓶，"九秋风露越窑开，夺得千峰翠色来"，我这才是一等一的好颜色！

书简　咳咳，好了好了，比什么比，有什么好比的，不过是一身臭皮囊罢了，多学学我，低调一点，我会到处宣扬我是汉历书竹简吗？我会炫耀我的纪年法吗？我会告诉你我越老越帅吗？我会告诉你吗？我会吗？我会吗？我不会，因为我低调。

陶俑　真够低调！

书简　好了好了，咳咳，我宣布，第5376届全国文物展览大会现在开始！

众人　噢噢噢噢!

书简　好的,让我们来看看今天的一号展品。她是谁呢,哦,原来她是唐陶俑,(陶俑做凝固动作)你看这陶俑,这陶俑啊,你别说,远看像个球,近看像个猴,仔细一看,原来是咱们大名鼎鼎的唐陶俑!

陶俑　说什么呢!我哪儿像猴了?

书简　哈哈,忽略掉这些细节,咱们来看看二号展品。哦,她是唐越窑青釉瓶,(青釉瓶做动作)你看这绿不绿白不白的颜色,是你心中最美的文物吗?

青釉瓶　这是玉色!温润如玉的玉!

书简　那么接下来是哪件文物呢?(镇墓兽做动作)原来是大名鼎鼎的唐彩绘镇墓兽!你看他张牙舞爪,龇牙咧嘴,歪瓜裂枣……

镇墓兽　停停停停,咋说话的啊,多说说我这结实的肌肉,怎么样,不一般吧!

青釉瓶　确实不一般,丑得不一般。

镇墓兽　你才丑得不一般!

青釉瓶　你不仅丑,还二得不一般!

陶俑　停停停,吵啥吵啊。

书简　好了,不吵了。经过各轮重重比拼,我单方面宣布,本届展览会迷倒万千少男少女,荣获最帅文物的就是(在三人中间来回指),就是,就是汉历书竹简,就是我(指向自己)。

众人　不要脸!

书简　唉,咱们光在这儿比,有什么用呢?又没人看!空有一身宝,也没人欣赏。

青釉瓶　是啊,我的盛世美颜,就只是在陈列室摆一摆,还不如埋在地里睡大觉呢!

镇墓兽　就是!我辛辛苦苦镇守了几百年的墓室,终于被发掘出来,来到这博物馆,还以为风光时候来了,结果……唉。

陶俑　这谁想得到呢,我三姑她表妹的大女儿说,到了博物馆,就算是进了体制内,每天都享受观众那赞叹的眼光,可哪曾想,哪曾想……

书简　哪曾想这些年没多少人愿意来参观博物馆咯,就剩咱们几个在这儿自娱自乐咯。

青釉瓶　更何况今天这个重要的日子。

镇墓兽　什么日子？

书简　这都能忘了？我可记得清清楚楚，今天啊，是儿童节！

镇墓兽　儿童节？

陶俑　所以？

青釉瓶　所以？

书简　所以我们按计划行事！按计划行事，逃离博物馆！

镇墓兽　什么？你们要逃？

青釉瓶　不逃做什么？天天在这陈列室发呆？

陶俑　对啊，咱们只是去找回本该有的赞叹目光！

镇墓兽　可是咱们也不能逃啊。

青釉瓶　不逃？不逃你愿意天天在这儿吃灰？那你出土干吗，在地下睡大觉不就行了吗？

陶俑　是啊是啊，出去逛逛又没啥，再不被人观赏，咱们都要腐化啦！你看书简，都快老掉牙了，身体也不好，就想着出去看看，这有错吗？

书简　（配合咳嗽）老啦老啦，身体不好啦。

镇墓兽　可是……

青釉瓶　别可是可是啦，你看看你，一个铁疙瘩，再不活动活动，都快生锈啦。

镇墓兽　好吧，那就……

众人　那就逃离博物馆！

镇墓兽　怎么逃？说说你们的计划。

陶俑　怎么逃？

青釉瓶　怎么逃？

书简　没有计划就是好的计划！镇墓兽！

镇墓兽　咋啦？

书简　熟悉地形不是你的天赋吗，那这次你来带路！

镇墓兽　既然你们相信我，那兄弟姐妹们，抓紧了，我带你们冲！

（众人一个接一个拽着衣服紧跟着镇墓兽在台上窜来窜去）

书简　哎哟哟，哎哟哟，一把老骨头都快散架了，咱这是逃出博物馆了？

陶俑　腿都快走折了，这是哪儿啊？

青釉瓶　问你话呢，带路的，咱们这是到哪儿了？

镇墓兽　跟着感觉走，心到哪里，人就到哪里！

青釉瓶　合着你还不知道路啊？

陶俑　你们看看，这……这是个什么地方？

书简　阴森森的，黑漆漆的，好奇怪的地方。

青釉瓶　你……你……你……你别吓唬我，哪……哪儿阴森了，我才不……不怕！

【呼呼的风声忽隐忽现。】

青釉瓶　要不……要不咱们……回去？陈列室其实……其实也挺不错。

书简　你们听，这是什么声音？

【咚咚的鼓点传来，陶俑、青釉瓶吓得抱成一团。】

【伴随着鼓点与音乐，神女上场，翩翩起舞。】

【一曲舞后。】

镇墓兽　（鼓掌喝彩）好！

青釉瓶　真美啊！

陶俑　（看了看自己）真是太美了，简直比我好看一千一万倍。

书简　素手把芙蓉，虚步蹑太清。霓裳曳广带，飘拂升天行。我知道你是谁了！

神女　你们好，我叫飞天。

镇墓兽　飞天？真奇怪的名字，你会飞吗？（两手在身后挥舞，做飞翔的动作）

书简　飞天这个词出自古时人们的用语，准确来说，飞天的意思是天庭的舞者。

镇墓兽　天庭的舞者！那不就是仙女了？真是美极了！

神女　谢谢你的夸奖，你也美，啊不，威武极了。

书简　那这么说，这是到了洞窟了？

陶俑　洞窟？

神女　对啊，这儿就是莫高窟。

镇墓兽　跑了一大圈，原来还是在博物馆里。

书简　还不是你干的好事！

青釉瓶　完了完了。

陶俑　确实完了，今晚出逃计划泡汤了。

青釉瓶　不是，是我博物馆第一美人的名头恐怕不保了！（捂脸哭泣）

镇墓兽　啥时候了还在想这个。

神女　你们说得不错，不过这里还是我的家。

镇墓兽　你的家？

书简　没错，飞天神女是敦煌最有名的壁画！

众人　壁画？

神女　对，壁画是敦煌不可或缺的艺术形式，飞天更是其中最负盛名的主题。（做出标志性动作）

书简　是的，柔美飘逸正是飞天神女的特点，正是飞天壁画艺术价值的体现，几百年岁月光阴也抹不去她的颜色，冲不散她的美丽。

青釉瓶　我也想被画在墙壁上！真漂亮啊！

书简　（拍了拍青釉瓶的头）你可是唐代六大官窑最漂亮的了，还不满足啊？

青釉瓶　嘿嘿，我这不是喜欢飞天吗。

镇墓兽　别想着臭美了，赶紧想想咱现在该怎么办。书简，你说说！

书简　还能怎么办，白忙活半天，各回各家，各找各妈！

神女　你们这是迷了路？要去哪里？

镇墓兽　我们要逃离博物馆！

神女　逃离博物馆？

青釉瓶　今天就是六一儿童节了，谁不想出去热闹热闹，小朋友们多可爱，多好玩！大过节的，我才不想在陈列室吹冷风！

陶俑　就是，再待下去，我都快发霉了！不行，好可怕，我得出去，逃出博物馆！

神女　真是很棒的想法。

青釉瓶　飞天姐姐你要和我们一起吗？

神女　我的家在莫高窟，我得守护好我的家啊。

书简　说什么都完了，就是你这家伙，乱带路，那么普通，却又那么自信！

镇墓兽　是你们叫我带路的，还怪我！我天赋好，那只是熟悉地下墓室罢了，嘿嘿。

青釉瓶　完蛋，看来儿童节咱又得关在这博物馆了，看来我的美丽只能独自欣赏了。

书简　人老了还不能出去转转，看来我这历书竹简要在陈列室里化成灰咯。

神女　我明白了，原来你们只是孤单，原来你们只是寂寞，原来你们只是想让人关注你们，了解你们。

镇墓兽　我孤单。

陶俑　我寂寞。

镇墓兽　我孤单！

陶俑　我寂寞！

神女　其实啊，你们可以把你们的想法说出来的。

青釉瓶　说出来？说给谁听，说给书简听吗，书简还嫌我话痨呢。

书简　没错，等我们出去了啊，一定要和好多好多的小朋友一起玩，年纪大了，就喜欢小孩子，再过些年我不在了，谁还知道有我汉历书竹简哟。

神女　那你们可以试试这个。（拿出设备）

书简　这是什么？

神女　这个呀，叫手机，我给你们开直播，你们说话啊，全国的小朋友都能听见，你说方不方便。

书简　哟，什么稀罕玩意儿，现代人的东西就是高级。我说话全国的小朋友都能听见？

神女　是的！

镇墓兽　那太棒了！咱们也别逃了，我有好多话要对小朋友讲。（想接过手机）

青釉瓶　（一把抢过）那我先来！我是唐越窑青釉瓶，你看我满身青翠，如冰似玉，真是美极啦，小朋友们，我，在敦煌等你哦！

陶俑　我是唐陶俑，烈火烧灼，浴火新生，我是唐朝的审美，我是历史的见证，我在敦煌等你！

镇墓兽　我是唐彩绘镇墓兽，千年时光匆匆流逝，不变是坚守，为自己坚守，为文化坚守，为时代而坚守，我在敦煌等你！

书简　我是汉历书竹简，时间在我身，历史在我心，骄傲在我魂，我在敦煌等你！

神女　我是飞天神女壁画。素手把芙蓉，虚步蹑太清。霓裳曳广带，飘拂升天行。壁画数第一，敦煌邀你行。我，也在敦煌等你！

众人 小朋友们，大朋友们，我们，在敦煌等你！

【歌舞欢庆。】

◎ 科普知识延展区

敦煌博物馆，位于甘肃省酒泉市敦煌市鸣山北路 1390 号，建筑面积 7500 平方米，是综合性博物馆。1979 年，敦煌市博物馆成立。2008 年，敦煌市博物馆被列为甘肃省首批免费开放的博物馆。2011 年，敦煌市博物馆现馆建成。据 2022 年 2 月敦煌市博物馆官网显示，敦煌市博物馆藏文物 13355 件（套），其中一级文物 138 件（套），二级文物 387 件（套），三级文物 1387 件（套）。

唐彩绘陶镇墓兽：馆藏号：9344（一级）；年代：唐朝；质地：红陶；尺寸（CM）：高 100，面长 50，宽 32。

汉历书简册：馆藏号：1902（一级）；年代：西汉；质地：木；尺寸（CM）：长 36 ~ 37，宽 0.6 ~ 1.3。

唐陶俑：馆藏号：1248（一级）；年代：唐朝；质地：灰陶；尺寸（CM）：高 31，宽 7。

小"飞"熊

编剧：陈可欣

人物表

熊妈妈 喜欢吃蜂蜜，总是抱着一个蜂蜜罐子

小胖熊 头顶有一撮白毛的棕熊，聪明淘气

蝴蝶小姐 高傲，对小熊不太耐烦

小鸟 经常欺负小熊和兔子

山羊哥哥 大大咧咧，有点马虎

狐狸 兔子的邻居，老和兔子吵架

小兔子 小熊的好朋友

鳄鱼哥哥 爱睡觉

老虎　领导者，比较有威严

树爷爷　慈祥有耐心，博学多识

序幕

【唱。】

小胖熊　我是熊熊小淘气，面对世界很好奇。我有问题数不清，咕叽咕叽冒不停。为什么小熊要听话，为什么鸟儿可以飞，为什么妈妈爱蜂蜜，为什么苹果一拍就落地。牛奶果汁放冰箱，为什么变得凉又冰。我把美梦放冰箱，长大再拿行不行。什么动物可以飞，什么熊熊笑嘿嘿，什么它会咕咕叫，什么喜欢蹦蹦跳。哎哟，我的肚子又叫啦。

【独白。】

小胖熊　小朋友们好呀！我啊，可是全森林最聪明的小熊，整个森林，就只有我一只小熊呢，不仅如此，我还是力气最大的小熊。我一巴掌，能把树上的苹果全部打下来；我再一脚，连我家门口的墙都能踹飞；我头一顶，能把……能把帽子都顶坏咯！（撑着腰，头仰起来）可厉害了吧，小朋友们，你们看我强不强壮呀？

第一幕　第一场

时间：上午

地点：小熊家里

【熊妈妈腿上裹着绷带，正躺在椅子上吃蜂蜜。小胖熊坐在电视机前看动画片。】

熊妈妈　这蜂蜜可真甜啊。小熊别老看电视了，来吃口蜂蜜。

小胖熊　好的妈妈，马上就来！（朝着妈妈方向回答，但眼睛不离开电视）

熊妈妈　（等了一会儿）小熊？来了吗？（看眼小熊）小熊！还在看，看了一天电视了就不能休息一会儿？

小胖熊　来了来了，我就看了一会儿，一个小时都没有，妈你太夸张啦！（跑过去跳起来扇动手臂）嘿呀！嘿呀！

熊妈妈 （嘬了一口手指）哎哟，小熊，你这是在干吗呀！整天在这里跳过去跳过来的，脑袋都给我晃晕了。快过来吃蜂蜜，多吃点蜂蜜对身体好。

小胖熊 妈妈，我要像超级飞行员一样飞起来，第一时间赶去帮助需要帮助的小动物们！（不停地舞动自己的手）

熊妈妈 别想那些不切实际的，小心和妈妈一样摔断了腿！（摇摇自己绑着绷带的腿）好啦，快吃蜂蜜，别在那里晃了。

小胖熊 可是妈妈，你是为了去山那边给我买水果才不小心摔断腿的呀，要是我学会了飞，你就再也不用爬悬崖了，我可以帮你呀，我可是帮帮熊小队的第一人！（拍拍自己的胸膛）

熊妈妈 （戳了戳小胖熊的脑袋）你这熊孩子，都叫你少看点电视了！（吃蜂蜜）

小胖熊 哪有看很多！哎呀，妈妈，你也真是的，也不小心点，我差点，差点就……

熊妈妈 别乱想哈，你妈妈我强壮得很。（喂了小熊一口蜂蜜）

小胖熊 嘿嘿，没有我强壮！

熊妈妈 是是是，你哟，小机灵鬼，一拳能打倒我。

小胖熊 （马上假装打了妈妈一下，妈妈手交叉在头前挡住）看我一拳！

熊妈妈 嘿！偷袭！（一只手轻轻打在小熊头上）

小胖熊 啊！我被击倒了！妈妈太厉害了！（憨笑）那妈妈，你知不知道，为什么我总是飞不起来啊？我真的很想帮帮妈妈。

熊妈妈 唉，我也不知道啊！（抱着蜂蜜罐子舔了舔手指，看到小熊又要开始跳了，连忙说）好了，小熊，你出去玩玩吧，别再看电视了哈，今天你已经看了很久了。也许你可以去问问森林里的其他小动物，说不定他们有人知道，记得早点回家噢。

小胖熊 好吧，看来妈妈也不是万能的嘛，帮帮熊小队，出发！

熊妈妈 哎哟，等会儿，小熊！再来吃口蜂蜜！

小胖熊 我回来再吃！妈妈你自己吃吧！

熊妈妈 （看着小熊的身影）这孩子真是，咱们熊哪能飞啊，以后得少让他看点电视了。（摇摇头）还是蜂蜜好吃，这孩子还挑食呢！（咂吧咂吧嘴）

第二场

时间：上午

地点：森林小路

【小胖熊一路蹦蹦跳跳地扇动着小手跑了过来，看到蝴蝶小姐正在翩翩起舞。】

小胖熊　（冲上去）蝴蝶小姐，你好，你是怎么飞起来的啊，能不能教教我？

蝴蝶　（被吓了一跳）干什么小熊！我怎么飞起来，你这个问题真的问得很奇怪，那当然是因为我有美丽的翅膀，至于你，没有翅膀怎么可能飞得起来？

小胖熊　但是超级飞行员就可以飞起来，他也没有翅膀！但他有飞行衣战甲！

蝴蝶　你真是看电视入了迷！

【树上的小鸟飞过。】

小胖熊　嘿，小鸟，你能告诉我你是怎么飞起来的吗！我也想飞起来。

蝴蝶　（嘲笑）你这小熊真是异想天开，怎么可能有熊飞得起来！你又没有翅膀！

小鸟　我可是有羽毛才飞得起来呢，你啊，没有羽毛是飞不起来的！

蝴蝶　你胡说，明明是有翅膀才能飞。

小鸟　有什么区别吗，我也有翅膀，但是我就是比你多羽毛！

小胖熊　啊？到底是要有羽毛，还是要有翅膀啊！

小鸟　带羽毛的翅膀！

蝴蝶　有翅膀就行！

小鸟　羽毛！

蝴蝶　翅膀！

【蜜蜂飞过，听到争吵声上前。】

蜜蜂　我赞成翅膀！我就没有羽毛，可我也能飞。

小鸟　你！你们！可是你们都没有我飞得高！（气呼呼地飞走了）

蝴蝶　心虚了吧这是，哼，就是有翅膀就能飞嘛！

蜜蜂　对啊对啊。

【山羊哥哥拿着书慢悠悠地散着步，听到后上前。】

山羊哥哥　欸！蝴蝶你们这样说可不对哦，不是有翅膀的小动物都可以飞起来的，比如企鹅，比如鸵鸟，他们都有翅膀，可是他们都飞不起来呀。对吧！

蜂蝶合　哼，可是我们就是因为有翅膀才飞得起来的！

小胖熊　那我没有翅膀，要怎么才能飞起来呢？

山羊哥哥　嘶……熊是没办法飞起来的吧，除非……

蝴蝶　要我说吧，熊根本不可能飞得起来。

蜜蜂　那也不一定，也许小熊只是需要减肥，毕竟我们都很瘦的。

蝴蝶　有道理，看我们这小蛮腰，可真漂亮啊。

【小胖熊慢慢滑下来坐在地上，开始自我怀疑。】

小胖熊　唉，熊生怎么这么艰难啊，到底是怎么回事啊，我只是想知道为什么我飞不起来呀。要不还是算了吧，掏蜂蜜去。

蝴蝶　哎哟，知道就好，你不可能飞得起来，去爬树掏你的蜂蜜去吧。我要去享受飞翔的感觉了。拜拜！（临走还扇了一下小熊）没有翅膀的小可怜儿。

蜜蜂　哎，蝴蝶姐姐，等等我，我也要去。再见啦，熊熊小可怜。

【小胖熊抓狂，站起来打蝴蝶打不到，气得跺脚。】

小胖熊　烦死了，一天就知道欺负我，和那只臭蜜蜂一起！啊啊啊！气死我了！不行，我一定要学会飞，谁说小熊飞不起来的！我也要变成超级飞行员！我也要有翅膀！（学超人姿势）

山羊哥哥　（扶了扶眼镜，举起书）可是我明明在书上看到不能飞是因为地心引力，想要飞起来，除非……除非你摆脱地心引力，因为地球是有引力的吧，就是传说中的地心引力。

小胖熊　（疑惑）地心引力？（低着头想了想）可是……地心引力是什么啊？（看向山羊）山羊哥哥，那你知道，我该怎么摆脱地心引力吗？

山羊哥哥　也许我们可以实践一下！

小胖熊　实践？怎么实践？

山羊哥哥　跟我来。

【两人下场。】

第三场

时间：中午

地点：兔子和狐狸家门口

【山羊哥哥带着小熊走，小胖熊边走边东张西望，突然，远处传来争吵声。】

小狐狸　（正在和小兔子吵架）小兔子，你讲不讲道理，这根胡萝卜是我准备炖汤用的配料，哪里是你的午饭了？（把胡萝卜举得高高的）上次你就和我抢，这次也抢我的，不就是根胡萝卜吗，你不会自己种吗？

小兔子　（跳起来抢过胡萝卜）胡说，狐狸什么时候要吃素了，你明明是肉食动物！

小狐狸　我转性了行不行，还给我！

小胖熊　（挤进中间）狐狸，小兔子，你们先别吵啦。我想问你们个问题。

小狐狸　你一天问问问，哪里来的那么多问题，上次你也是跑来问我们蜜蜂怎么会飞！（看小熊一直盯着自己，深吸一口气）问吧，什么问题？

小兔子　（紧紧抱着胡萝卜）你倒是问啊！支支吾吾的。

小胖熊　狐狸，兔子，你们知道什么是地心引力吗？我现在可要和山羊哥哥去实践了呢。

小狐狸　（暗自去拿胡萝卜）听说过，（小兔子察觉，缩走）欸，还我胡萝卜。

小胖熊　（挡住小兔子）等等！狐狸！你能和我说说地心引力是什么吗？

小狐狸　哎呀，我不知道啊，就是以前流传的一个传说，我也记不清了。

小兔子　小熊，你问这个干啥，我从来没听说过地心引力。

小胖熊　我想学会飞，可是飞不起来，山羊哥哥说是要克服地心引力才行。

小兔子　你为什么想学会飞啊？

山羊哥哥　对啊，你还没告诉我你为什么想飞呢。

小胖熊　说着就气，刚刚蝴蝶一直嘲讽我，说我根本不可能飞起来，还扇了我脑袋，气死我了，还有上次，我被一群蜜蜂追着蜇，她也在旁边笑我！我一定要学会飞，让蝴蝶知道我可以！还有，我妈妈不是为了给我买水果然后受伤了吗，就是那条过悬崖的山路，老危险那条，我想要是我学会飞，就可以直接飞过去买水果啦。

【兔子妈妈的声音从家里传来："小兔子，回家吃饭了"。】

小狐狸　哎，兔子，你妈叫你回家吃饭了。

小兔子　关你什么事！（转过来和小熊说）小熊加油，等你学会了，就教教我，我上次也被蝴蝶欺负过，她太讨厌了。还有替我向熊妈妈问好哦。

小胖熊　好呀！那我去实践啦。

小兔子　好！我要回去吃胡萝卜啦，拜拜。

小狐狸　欸，哪里是你的胡萝卜，拿来，我炖汤的！

小兔子　胡说！我的！（略略略地吐舌头）

小狐狸　我的！

【小兔子拔腿就跑，狐狸追去了。然后山羊哥哥带着小熊回家。】

山羊哥哥　原来小熊还为了妈妈呀，那哥哥一定和你一起想办法好不好？

小胖熊　对呀，我妈妈可爱我啦，我也要为妈妈做点什么！那我们快实践实践吧。

山羊哥哥　（进屋拿了一盒子羽毛出来）首先，咱们给你在手上粘满羽毛试试。

小胖熊　哇！好多羽毛呀！哥哥你怎么收藏的？

山羊哥哥　平时喜欢就会收好呀，你以后有喜欢的东西也要好好地收藏。哎，过来，（抓住吹羽毛的小熊）快来装羽毛。

【两人忙碌半天终于贴满了两个手臂。】

山羊哥哥　好啦，你去试试看！（指了指椅子）先站在椅子上吧。

小胖熊　真的吗？那我来试试。（站在椅子上往下跳，直接落地）好像不太行啊。

山羊哥哥　你这样不行，得扇你的小翅膀。（示范一下）

小胖熊　嘿哈！嘿哈！（使劲扇手臂）不行啊，要不找个更高的地方？

山羊哥哥　那太危险了，要是真飞得起来，这么高也飞得起来吧。这样，我们再做个翅膀吧！

小胖熊　可我的手臂怎么做成翅膀呀？

山羊哥哥　我可以用树枝给你做个，等着！（赶紧找了几个树枝，但是一弯就断了）啊！这好像不太行啊。

小胖熊　那要不算了吧，我有点累了。（气喘吁吁）

山羊哥哥　你这才动了多久就累了？是不是该减肥了呀？

小胖熊　啊！好像蝴蝶他们确实很瘦啊。

山羊哥哥　要不你再想想办法，我得回家煮饭啦，明天再探索也行。

小胖熊　好的山羊哥哥，你一定要记得哦，明天我们一起去。

山羊哥哥　好，我觉得还是因为你克服不了地心引力，书上说，我们都是因为地心引力才能够稳稳地站在大地上的。

小胖熊　这样吗！那我一定先把地心引力弄清楚。

山羊哥哥　那你再找其他动物问问，最好是比我们都大的，这样他们知道的可能性更大。

小胖熊　保证完成任务！

【小胖熊只好放弃了，坐在地上休息。】

小胖熊　唉，这样实践也不是个办法，要不先打电话问问怎么克服地心引力吧。（掏出手机开始打）

小胖熊　喂？鳄鱼哥哥，你好，你知道什么是地心引力吗？

鳄鱼哥哥　不知道不知道，我在睡觉呢。（挂了）

小胖熊　好吧。（又打）喂？小猴子，你好，你知道什么是地心引力吗？好吧……喂？牛爷爷，您好，您知道什么是地心引力吗？好吧……喂？蛇奶奶，您好，您知道什么是……额，好的好的，对不起奶奶，打扰了。（缓慢关大幕，声音传来）喂？喂？喂？

第二幕　第一场

时间：下午

地点：动物广场

广播　紧急通知！据广大森民投诉，今天，基本上所有的动物都被小胖熊打了骚扰电话，请被骚扰过的动物迅速来动物广场集合，商量如何解决小胖熊打骚扰电话的问题！注意！小胖熊的妈妈，请你一定来一趟。【开幕。】

【动物广场上站了许多小动物，小胖熊悄悄地躲在后面伸了个脑袋出来。】

熊妈妈　（拄着拐杖走来）哎哟，这孩子怎么闯这么大祸，打电话也不接，还关机了。

小狐狸　也不知道是谁提出的地心引力，真够无趣的。

小兔子　胡说，我们肯定可以飞起来，小熊可棒了。

熊妈妈　这孩子就是看电视入迷了，我回去就教训教训他。

老虎　好了，大家都安静下来！（小动物们都安静下来）有谁知道小熊为什么想知道什么是地心引力？

兔狐齐　我知道！

小狐狸　你知道啥，我才知道！

小兔子　你才不知道，我才知道！

小狐狸　不就是他想学会飞嘛！我听见了！

老虎　安静！小狐狸，你来说。

小狐狸　（得意）我来说！小熊他啊想成为超级飞行员，他还被蝴蝶和蜜蜂欺负了，他就更想学会飞了。但是山羊哥哥告诉他，他要学会飞必须得克服地心引力，他才想知道的。

山羊哥哥　唉，都怪我，我也是从书上看到的。

老虎　那就简单了，树爷爷知道啊，让小熊去问树爷爷。只要他知道了为什么，就不会再骚扰大家了。熊妈妈也别教训小熊，小孩子有好奇心很正常，能坚持对一件事情的热爱和探索，也是很不错的，应该支持才对。不过，蝴蝶和蜜蜂现在在哪里，为什么欺负小熊？

山羊哥哥　我记得树爷爷好像住在森林最深处，就是动物广场后面那条路走到底。

【小熊在后面开心地蹦了起来，然后跑走。】

蝴蝶　我可没欺负他，就是觉得他异想天开。

小兔子　胡说！你上次还欺负了我们，小熊唯一的一撮白毛都被你弄掉了！

蝴蝶　你乱说！

小蜜蜂　是小熊偷我们的蜂蜜，我们才……对了，熊妈妈也偷！

老虎　熊爱吃蜂蜜是本性，你们两家人要学会互帮互助，比如交易一下，熊妈妈下次可以直接和蜜蜂商量，帮他们收集花蜜之类的。懂了吗？

熊妈妈　好，下次一定，那我先回家看看小熊回来没有，告诉他树爷爷知道地心引力的事情。给大家添麻烦了，真是不好意思。

动物们　没事，没事，熊妈妈／熊阿姨，你快去吧。

【熊妈妈先下场，动物们讨论着下场。】

第二场

时间：下午

地点：树爷爷家

【树爷爷闭着眼睛休息，小胖熊从远处走来。】

小胖熊　（气喘吁吁地）还好我聪明，偷听到树爷爷知道地心引力是什么，不过，树爷爷的家可真远啊。（再走两步）嘿哟嘿哟，累死啦。（顺着一棵树坐下休息）

树爷爷　小朋友，你在找我吗？咳咳……（咳嗽）

小胖熊　（吓得跳起来）谁在说话？！

树爷爷　（被他的反应逗笑了）哈哈哈，小朋友，你不是在找我吗？有什么事吗？真是好久都没遇到你这么有活力的小动物了。

小胖熊　树爷爷你好！我想问问关于地心引力的事情，也许弄明白以后我就能飞起来了！

树爷爷　噢……地心引力啊，就是地球中心对你产生了巨大的引力，所以你无论在地球的哪个方向，都会被地球吸回来的，这样你才能稳稳地站在地上呀。

小胖熊　这样啊！所以说我是飞不起来的吗，可是，鸟为什么能飞起来呢？

树爷爷　这样说吧，引力是让有重量的物质被引到地面，而鸟儿是靠空气流动产生的压力差在空中停留的，所以你有翅膀也飞不了，这和引力无关。但是你如果跳起来马上就会掉在地上，这就是引力的作用，就和苹果成熟后会掉在地上而不是飞上天去一样。

小胖熊　谢谢树爷爷！我明白了！（沮丧）

树爷爷　真的听懂了吗？你和爷爷讲一遍吧。

小胖熊　就是地球对我有引力，所以我飞不起来？

树爷爷　这样说不太对哦，你飞不起来不仅是因为引力，还有你自身身体构造的原因。

小胖熊　好吧，总之我就是飞不起来嘛。（垂头丧气）

树爷爷　小朋友，年纪不大，干什么垂头丧气的？

小胖熊　（哭）可是，我学不会飞的话，就不能帮妈妈买水果了，我怕妈妈又掉下桥受伤。我还……我还不能找蝴蝶和蜜蜂报仇了，他们老是欺负我。

树爷爷　小朋友，被人欺负了你就想办法和他交朋友，这样就不会被欺负了，对吧？还有，你不一定要学会飞嘛，你可以想别的方法帮妈妈嘛。对了，你妈妈是怎么受伤的呀？

小胖熊　是因为悬崖边的路太窄了，妈妈一不小心踏空了，幸好有树枝挡了一下。

树爷爷　这样啊，那你可以想办法为妈妈把路做宽一点嘛，不是一定要学会飞对吧？

小胖熊　对哦！谢谢树爷爷，我这就回去和妈妈说。

树爷爷　没关系，小朋友，以后有什么不懂的再来找我问就好，问题就是要问出来的。还有，小朋友以后要学会换位思考，要由浅入深，透过现象看本质。

小胖熊　好的！拜拜啦，树爷爷。以后有什么问题我还会来问您的。帮帮熊小队，出发！

第三场

时间：晚上

地点：小熊家里

【熊妈妈站在门口焦急地等待。】

熊妈妈　小熊怎么还不回来，也不知道跑哪里去了，找了一圈都没找到。这孩子，真是不让人省心！

【小胖熊从远处飞快地跑回来，扑向熊妈妈。】

熊妈妈　（抱住）你这熊孩子，又跑哪里去了，还打骚扰电话？（开始打屁股）还乱跑不？还乱跑不？急死我了真是！

小胖熊　哈哈哈，妈妈，我找到其他帮助你的方法了！还有还有，我被蝴蝶欺负了，还有蜜蜂！我们以后能不能和他们做好朋友？

熊妈妈　哎哟，你这孩子该不会是出去感冒了？（摸额头）也没发烧啊。

小胖熊　哎呀！妈妈，我没发烧，我找到了树爷爷！树爷爷告诉我，我可以和欺负我的小动物做朋友，这样他就不会欺负我啦！还有！我们想吃蜂蜜可以和蜜蜂商量，用东西和他们换！还有还有！我可以帮妈妈把悬崖边的小路做宽一点嘛，这样妈妈就不会怕掉下去了。

熊妈妈　好好好，我的乖宝贝哦！

【小熊唱，拉着妈妈跳舞转圈。】

小胖熊　我是熊熊小淘气，面对世界很好奇。

熊妈妈　你有问题数不清，咕叽咕叽冒不停。

小胖熊　为什么鸟儿可以飞，为什么妈妈爱蜂蜜，为什么苹果一拍就落地。

熊妈妈　（说唱）咦，是为什么呢？

小胖熊　苹果一拍就落地，是因为地球有引力。（唱完说）鸟儿可以飞，是因为空气有压力差。

熊妈妈　啊？什么是引力？

小胖熊　哎哟妈妈！引力就是把有重量的物质引到地面！

【歌舞。】

众动物　（拥着熊母子出）我是熊熊小淘气，面对世界很好奇。我有问题数不清，咕叽咕叽冒不停。为什么小熊要听话，为什么鸟儿可以飞，为什么妈妈爱蜂蜜，为什么苹果一拍就落地。牛奶果汁放冰箱，为什么变得凉又冰。我把美梦放冰箱，长大再拿行不行。什么动物可以飞，什么熊熊笑嘿嘿，什么它会咕咕叫，什么喜欢蹦蹦跳。哎哟，谁的肚子又叫啦。

小胖熊　是我！

众动物　哈哈哈哈！

◎ 科普知识延展区

地球本身有相当大的质量，所以也会对地球周围的任何物体表现出引力。拿一个杯子举例，地球随时对杯子表现出引力，杯子也对地球表现出引力。地球的质量太大了，对杯子的引力相对杯子自身质量来说也就非常大，加速度也就比较大，所以就把杯子吸引过去了，引力的方向，就是向着地球中心的方向，这个力就是地心引力。

重力并不等于地球对物体的引力。由于地球本身的自转，除了两极以外，地面上其他地点的物体，都随着地球一起，围绕地轴做匀速圆周运动，这就需要有垂直指向地轴的向心力，这个向心力只能由地球对物体的引力来提供，我们可以把地球对物体的引力分解为两个分力，一个分力 F1，方向指向地轴，大小等于物体绕地轴做匀速圆周运动所需的向心力；另一个分力 G 就是物体所受的重力。物体的向心力是很小的，所以在一般情况下，可以认为物体的重力大小就是万有引力的大小，即在一般情况下可以略去地球转动的效果。

发现地心引力的科学家是牛顿。据说牛顿发现地心引力也是在机缘巧合之下：他去郊外游玩，之后靠在一棵苹果树下休息，忽然，一个苹果从树上掉下来，砸在牛顿头上。他想假如这棵苹果树一直不停地长，长到直到月亮那么高，那么月亮就是这颗苹果。他觉得很奇怪，为什么苹果会从上往下掉而不是从下往上升，为什么月亮不会掉下来？他带着这个疑问回到了家里研究，后来他通过论证发现原来地球是有引力的，能把物体吸住。随后，就出现了牛顿物理引力学。这也成为物理学的一个新开端。

寻找第二个地球

编剧：郑闵月

人物表

阿达　聪明、活泼、大胆的地球少年

艾伦　来自另一个星球的神秘少年

何婵　阿达母亲，一位爱操心、爱念叨的妈妈

洛洛　阿达同学，话很多的少女，总爱和阿达唱反调

第一场

时间：2120 年

地点：地球，阿达家中

【阿达边唱边跳，歌曲《关于宇宙的幻想》。】

那里有会升降的房，那里有会发光的墙

一连串的奇怪现象，要用光的速度追赶想象

转移太阳黑子的能量，搜集雷电风暴的光芒

再建造一座火星电厂，让地球不再因能源紧张

遥远的潘多拉神奇的牧场，有能活一百岁的羊

废旧筷子种在沙漠上，然后看它们慢慢生长

银河系的臂膀好长好长，藏着数不尽的珍奇宝藏

我们乘上光速快车，把它们采集收藏

这里没有战场，邪恶无处躲藏

鸽子可以自由飞翔，相约在这地方，释放无限能量

让所有愿望，所有希望，所有幻想，尽情绽放

穿着氢气衣裳，帽子为我供氧，再给书包插上翅膀

穿越时空隧道，带着宇宙幻想

飞呀飞呀飞呀飞呀，所有幻想尽情绽放

何婵　阿达！你还在磨蹭什么呢，再不走上学就要迟到了。

阿达　来了妈妈，别催了！大不了等会儿我只把镜头对着我的脸，那样老师还不是照样以为我到了堂。

何婵　你要是敢这样上课，我非得把你的照片发给你们老师不可，不仅如此，我还要发给你的同学看！你不想你们班上的小姑娘看到你这副邋遢样吧……

阿达　老妈！古人诚不欺我啊，果然最毒妇人心！

何婵　（扬起手中的衣架）好啊，你要是再说一句，我今天就让你知道什么是最毒妇人心了！

阿达　（立马起身收拾洗漱）妈，你说你是不是老古板？现在大家都不出门上学了，电脑上不光有老师的录播，还有人工智能，偏偏你每次都要我上课的时候穿得规规矩矩的，不知道的还以为我要出门呢。

何婵　上学本来就是一件很重要的事情，你邋邋遢遢的像什么样子！你现在读小学才读了一半，一天到晚净耍滑头，你不知道当年你妈妈我，可喜欢上学了，每天都穿上时髦的小裙子去学校和我的伙伴玩，哪像你现在？

阿达　那是你不懂我的快乐！

何婵　你有什么快乐的，半年出门的次数一只手都数得过来，要不是

因为……

阿达　要不是因为全球变暖，导致现在室外的温度实在是太高了，大家不会很少出门，还有一百年前的病毒流感传播太猛烈了，甚至愈演愈烈，大家出门都要戴口罩，所以最好越少出门越好。妈，你都说了八百遍了，而且我们学校也讲过呢。

何婵　你都知道？完了！唉，你不懂，你们这一辈的小孩是从来都没有真正看过这世界的样子的。

阿达　我见过啊，上次历史老师发的小程序，点进去就可以全方位地感受自然万物，有好多不同的模块呢，有一百年前的西北风光和江南水乡……

何婵　可怜的阿达，你看到的那些，又怎么能比得上真正的风光呢。

阿达　我觉得这样挺好，足不出户我就可以做所有事情。（在桌子前坐下，准备上课）

何婵　懒得和你说，自己上课吧。（关上门，离开阿达的卧室）

【背景音：电脑中传来老师上课的声音。】

老师　同学们，上课了！这学期的课程即将进入尾声，同学们要开始准备复习了。老师和同学们每年只有开学和期末考试的时候才能见面，学校已经开始准备期末考试的各项事宜，请同学们也做好出门的准备工作。

阿达　老师，咱们有必要去学校考试吗？外面太热了。

老师　是的阿达，而且现在是冬季，是最适合出门的季节呢，学校也为大家的考场安装了空调哦。

阿达　好吧……

老师　同学们，好好复习吧！现在正式开始上课了。今天我们要学的内容是太阳系。太阳系是什么？有同学知道吗？

洛洛　太阳系？是太阳吗？我知道啊！天上红红的不就是太阳，每天晒得我们可热了！

老师　洛洛，你只说对了一点点哦。

阿达　洛洛，你是笨蛋吗？太阳是太阳，太阳系是太阳系，人家名字都不一样怎么会是一个东西，哈哈哈。

洛洛　哼，阿达你笑话我，你还不是不知道太阳系是什么！

阿达　我怎么不知道了？我才不会像你一样，张口就来！

洛洛　你！

老师　好了，停一下。阿达你不能这样说洛洛，洛洛也是善于开动自己的小脑筋，而且我刚刚说了，其实洛洛有说对一些。太阳系呢确实不是太阳，可是太阳却是在太阳系之中哦。

洛洛　哼，看我厉害吧。

阿达　歪打正着！

洛洛　那也比你强！老师，老师！太阳在太阳系里面，那太阳系里除了太阳还有什么啊？

阿达　我知道！我知道！我妈妈曾经给我读过一本书，那上面说太阳系还有很多很多小星星。

洛洛　哈哈哈，阿达你骗人的吧！我看到了太阳系的太阳是没错，可是我从来没有见过太阳旁边还有小星星。（嘲笑）

阿达　你胡说！我没有骗人。那只是你没有看到！

老师　这我可要为阿达说话了。洛洛，太阳系里除了太阳之外确实有很多小星星哦。

洛洛　啊……那我怎么从来没有见过……（声音逐渐变小）

老师　洛洛，阿达，老师问你们，什么时候能看见天上的星星呢？

洛洛　当然是晚上了！

阿达　晚上能看见星星，可是……晚上没有太阳啊，它们不是都在太阳系里吗？

老师　那你们是不是忘记了，我们白天的太阳，光很大很大啊？但是小星星的光是一闪一闪的……

阿达　光很大很大……难道……是不是白天太阳光太亮了，所以我们才不能看见星星！

老师　正确！阿达很聪明哦！那么太阳系到底有哪些星星呢？这个问题留给大家回去找寻一下答案，我们下节课来分享！好，同学们，下课吧！

【阿达躺在床上准备入睡。】

阿达　太阳系的星星们，地球是在太阳系，还有水星、金星、火星……（声音渐小）

艾伦　还有木星、土星、天王星、海王星！

阿达　对对对！有八个行星！不……不对！

艾伦　怎么不对？这不是正好八个吗？

阿达　（从床上坐起身来）这是我的房间，怎么会有其他人，你是谁？

艾伦　（慢慢从幕后走到阿达身前）嘻嘻，我叫艾伦。阿达你好啊！

阿达　艾伦？你是谁？你怎么会知道我的名字？不不不！你怎么会出现在我家里？（拿起手边的枕头，表现出攻击的样子）

艾伦　别激动，我又不会伤害你。我这不是来接你去旅行吗？

阿达　你在说什么啊？什么旅行？怎么会这么晚来！而且我马上就要期末考试了，怎么会有旅行？更何况我连你是谁都不知道！

艾伦　你别急，你别急。我这不是才要和你解释吗。我是被你妈妈邀请来的，在你出生的时候，她填报了一份申请书，让满十岁的你，可以拥有一次太空体验之旅。

阿达　（在身后悄悄拿起手机）喂，是警察局吗？我这里好像被非法入侵了，地址是……

艾伦　（拦下阿达）别别别……你怎么不相信我的话？

阿达　那我是不是不应该打警察局，而是应该打精神病医院的电话呀？

艾伦　好吧好吧，我不是你妈妈邀请来的，我是自己来的！可是……可是我说要带你去太空是真的！但是不是去旅行……

阿达　（拿起手机）喂，您好，是市中心精神病医院吗？

艾伦　（拦下阿达）你怎么回事啊？我说实话你也不听！

阿达　这位小朋友，我看你比我还要小，这个时候应该好好在家里面睡觉，我虽然不知道你是怎么进入我家里面的，可是现在请你出去！不然我就报警了！

艾伦　你这小孩子说什么呢？你居然叫我小朋友，我的年纪，都能和你爷爷称兄道弟了！（嘀咕道）不过也是，你们人类的生命太短了。

阿达　你说什么？你和我爷爷差不多大？哈哈哈！快回去睡觉吧，我不会告诉我妈妈的。（打开房门）

艾伦　小孩别慌，别慌……你听我说完，你妈妈真的在你出生的时候，填了一份申请书，不信你去问她！不，我好像还带了文件来！（拿出文件递给阿达）

阿达　（接过文件）不会吧，这么不靠谱，真不愧是我老妈啊。

艾伦　这下你总该相信了吧？

阿达　你真的比我大？

艾伦　那当然！我对这个宇宙如数家珍，不信你跟我去看看？

阿达　（走出卧室大喊）老妈，妈妈？

艾伦　或许你在找这个？（从身后拿出一封信展开）

【旁白：阿达，妈妈当年确实签了那个太空之旅的申请书哦，妈妈还以为是妈妈和你一起，最后知道只有你一个人。那边应该有人来接你啦，可是妈妈不能和你一起走，妈妈只能先行出发啦，期末也要劳逸结合哦！等你！】

艾伦　这下你总相信了吧？

阿达　可是……哪个旅行团会晚上来接人啊？

艾伦　我这不是新手上路，没控制好降落时间吗……（声音逐渐变小）快收拾东西走吧！车上睡！敢不敢去！

阿达　有什么不敢，来了！（坐上车）你慢点啊！

艾伦　来吧，让大爷我带你逛一逛太空。

第二场

地点：太空舱内

艾伦　那个阿达，你先喝下我们的特制水，这样在真空的环境里你也是可以呼吸的。

阿达　特制水？太空里可是一点氧气都没有，只喝这个特制水就能搞定吗？我以前只听说过，这个超贵的。

艾伦　放心！不信你试试？看一看真假？

阿达　好吧，（喝下特制水）没什么感觉啊。

艾伦　那是因为你还在太空舱内！

阿达　哦，等等，不对啊，我们真的是来旅行的吗？这不会额外收费吗？

艾伦　（看了一眼阿达，沉默不语）

阿达　小艾伦？

艾伦　你一天到晚问题也太多了吧！不会收你钱，不会收你钱！还有，不要叫我小艾伦，我比你大！

阿达　哦……好吧，（小声嘀咕道）可是你看起来很小啊！对了，我们去哪里和我妈妈会合啊？

艾伦 嗯……这个嘛……就是……我们暂时不去和你妈妈会合。

阿达 那我们去哪儿？就你和我？

艾伦 嗯，其实我来找你，不光是你妈妈填了申请表，还有是想请你帮我一个忙。

阿达 我？帮忙？

艾伦 对！阿达，你知道现在地球的环境很差是吧？

阿达 知道啊，谁不知道啊，很热，夏天根本没有办法出门，冬天还好一些，但也不能在外面待太久。

艾伦 再这样下去，地球的全球变暖情况只会越来越严重，所以最好就是能找到一个更加适宜人类生存的环境。

阿达 我知道啊，现在全世界所有科学家都在寻找，不过什么叫我帮你的忙啊？

艾伦 实话告诉你吧，我不是地球人！

阿达 嗯，我知道。

艾伦 啊？你怎么知道的？

阿达 你是笨蛋吗？刚刚你不是说你年纪和我爷爷差不多大了吗？你还长了一个小孩的模样，那你肯定不是地球人啊。

艾伦 对哈，那你都不惊讶吗？

阿达 惊讶什么？我本来就知道有外星人啊……所以你到底为什么要我帮忙啊？

艾伦 哦哦哦，是这样，在我们那个星球啊，大家都不相信地球人还有未来，觉得随着全球变暖，地球越来越热，地球人只会慢慢灭绝的。但是呢，就在一百年前，我来过地球，这里可好看了！对于我来说这里就是……世外桃源！一个特别好的旅行圣地！

阿达 世外桃源？你这个外星人还知道世外桃源？

艾伦 你可别小瞧我，我知道的可多了！地球啊是个好神奇的地方，这里五彩缤纷的，暖洋洋的，不像我的星球冷冰冰的。还有，你不要叫我外星人，对于我来说你们地球人还不是外星人！

阿达 好吧，艾伦。那你怎么找上我了？

艾伦 经过我的观察，我要找到第二个适宜地球人生存的地方，就一定要找一个地球人和我一起去寻找，这样我才知道到底行不行！

阿达　可是，我也不知道一百年前的地球长什么样子啊！

艾伦　你胡说，我那天明明看见你有一个小空间！那里面有我以前见过的西北大漠还有江南水乡！

阿达　（拿出手机投射）你说的是这个？

艾伦　对对对！

阿达　这只是虚拟空间啊，你们星球没有吗？

艾伦　这……我不管！既然你上了我的船，就一定要帮我！再说了，你真的一点也不好奇吗？

阿达　好吧，我也一直很想知道能让妈妈一直赞不绝口的从前的地球到底是什么样子的。

艾伦　好嘞，走咯！第一站我们去月球！

阿达　月球？是我平日在家里看到的月亮吗？

艾伦　正解！

【熄灯三秒后又开灯。】

艾伦　阿达，醒一醒，别睡了！我们到月球了！

阿达　（睁开眼扑在窗上）这就是月球吗？

艾伦　快！快下来！你看看这里怎么样？

阿达　（走下太空舱发现不能站在地上）这……这是怎么了？我飘起来了？不对不对，我站不稳！

艾伦　没事，我来牵着你！啊，我忘了这里几乎没有重力，不好意思啊，忘记提醒你了……

阿达　艾伦，你真的觉得我们能在这站都站不稳的地方生活吗？

艾伦　我这不是以为它离你们地球近吗，所以说不准会很适合嘛。

阿达　笨蛋艾伦！

艾伦　笨蛋阿达！

阿达　你真的比我大吗？

艾伦　笨蛋小屁孩阿达！你信不信我揍你！（扑到阿达身前）

阿达　好吧，我错了！（跑开，跑了一会儿）……等等艾伦！我能在这里呼吸唉！

艾伦　哼！你不是喝了我的特制水吗？我就说我很厉害吧。

阿达　哦哦，对哦！那要人类生活下去，一定得有水，我们来找找，这里有没有水吧。

艾伦　笨蛋阿达，你都不谢谢本大爷！

阿达　好的，谢谢艾伦，很厉害的笨蛋艾伦！

艾伦　你！

阿达　不行啊，艾伦，我在这里还是站不稳啊。

艾伦　哼，小屁孩真麻烦，走吧，既然你站不稳，我们就回舱里。

阿达　好的。

【艾伦与阿达在舱里坐着寻找了一圈。】

阿达　不行，这里一滴水都没有。还有，刚才我就想问你了艾伦，我喝了特制水所以呼吸没有问题，可是月球上有氧气吗？

艾伦　哎呀，我把这回事儿给忘了！（拍打了一下脑门）等等啊，我拿仪器测一下。（拿起仪器走出舱外）糟了，没有欸。

阿达　（跟着艾伦走出舱外）艾伦，天啊，这里好冷！在地球从来都没有这么冷过。

艾伦　阿达你快进去！这里的温度都要零下一百多度了！你可别冻死了。（将阿达推进舱内，连忙关上舱门）

阿达　（冷得打哆嗦）你……你怎么不早点告诉我，害得我……

艾伦　谁叫你自己乱跑的啊，我这不是刚刚出去测氧气才知道啊。你们地球人真的太娇贵了。

阿达　哈哈哈哈！（低低地笑出声）

艾伦　阿达？你怎么了？不会那么一会儿就把你冻傻了吧？（上下检查阿达的身体）

阿达　我长这么大，第一次感受到这么冷的温度，这就是冬天吗？

艾伦　这才不是冬天，地球上的冬天才不会零下一百多度呢！

阿达　艾伦，你见过冬天的样子吗？我听妈妈说，一到冬天，到处都是白色的，还有雪花！

艾伦　我当然见过了，地球的冬天可美了，雪堆到地上踩下去软绵绵的，最棒的啊，是在冬天看雪景喝热茶。

阿达　那是不是真的没有两片长得一模一样的雪花啊？

艾伦　反正我看了好多好多场雪，从来都没有见过两片完全一样的。

阿达　你这么笨，说不准是你忘记了。其实去年你见过，只不过到了今年你就忘记了！

　　艾伦　你说谁笨呢？（抬手准备去打阿达）

　　阿达　（躲开拳头）好羡慕你啊，我从来都没有见过下雪，也没有见过真正的冬天。

　　艾伦　你个小屁孩！我还以为你没心没肺就甘愿当个……你们那里叫什么？对，宅男！哈哈哈！

　　阿达　那也比你这长不高好。

　　艾伦　你不懂！我在我们星球的年纪也算小孩，我只是……只是还没有长高！

　　阿达　那你还说你和我爷爷差不多大？

　　艾伦　我没说谎！只是我的生命会比你们地球人漫长很多。

　　阿达　那你为什么要找到第二个地球啊？

　　艾伦　我要找的是我的"世外桃源"！而且地球人的生命虽然很短，却很神奇，创造了很多很好玩的东西，我喜欢那里。

　　阿达　我也喜欢地球，虽然它现在生病很严重。走吧，下一站！这里可不是我们地球人能生活的地方，太冷了，太冷了。

　　艾伦　好嘞，走吧走吧！下一站火星！

　　【熄灯三秒后开灯。】

　　艾伦　这次我可是做了功课的，火星啊，是太阳系里面除了地球最适合地球人生存的地方了！

　　阿达　怎么说？

　　艾伦　不是你说的吗？地球人生活的地方，一定要有水！

　　阿达　火星上有水吗？听这个名字，感觉就没有水啊……

　　艾伦　我们不能以貌取人！

　　阿达　以貌取人是这样用的吗？

　　艾伦　好吧！我们不能以貌取"星"！这总行了吧？

　　阿达　（扶额）算了，你还要好好学学地球文化，好好开船吧。还有多久到啊？

　　艾伦　快了，快了。我这不是怕你晕船吗！马上就到！来了！看见了吗，前面那个红红的就是火星！

　　阿达　天啊，像火球一样。那里真的不会热死我吗？它不会和地球一样吧?

艾伦　你可不要被它的外表吓到了,它看着红红的,其实是因为它的土壤全都是红色的!

阿达　红色的? 土壤? 有土壤,能种菜吗?

艾伦　正解! 地球人早就研究出来了,火星的土壤是可以种出来蔬菜的哦!

阿达　真的吗? 那这里岂不是真的可以住过来,有水又有土壤!

艾伦　不过……

阿达　嗯?

艾伦　我看之前的消息说,火星的土壤种出来的蔬菜好像金属含量过多,人类是不能吃的……(声音渐小)

阿达　你下次能不能一口气把话说完!

艾伦　还不是你太激动了,都不听我把话说完。好了,我们到了。我先去测测有没有氧气。

阿达　走吧,我和你一起去。(走出舱内)

艾伦　阿达! 这里有氧气,还有大气层!

阿达　大气层?

艾伦　大气层你都不知道?

阿达　我好像听老师提起过,是地球的保护罩?

艾伦　正解! 你们老师说得还挺在理,大气层保护地球,因为有它在,地球的温度才不会波动太大,而且它还可以防御紫外线哦!

阿达　那这里岂不是比月球好很多? 可是为什么我还是觉得这么冷……

艾伦　糟了! 我忘了提醒你这里的温度也是零下好几十度,你还是快点进去吧!

阿达　艾伦,你是不是想害死我……

艾伦　怎么会! 快点快点,来暖暖身子。我们坐在舱里找一找,看一看火星上的水在哪里?

【太空舱围绕火星飞行中。】

阿达　怎么回事啊? 我们飞了这么久了,怎么还没有看到你说的水?

艾伦　对啊,我也很奇怪啊,等等啊,让我来找找资料。啊,糟了!

阿达　怎么又糟了?

艾伦　嘿嘿……火星的水好像是在地下欸，是地下湖水。啊，糟了！

阿达　怎么又糟了？！

艾伦　我的仪器告诉我，这里虽然有大气层，也有氧气，可是都太少了，要是地球人来的话，应该待不了多久就会窒息而死……

阿达　（大喊道）笨！蛋！艾！伦！

艾伦　冷静冷静……生气会变成小老头哦。

阿达　（深呼一口气）那这里岂不是也不行？

艾伦　（失落道）是的，我们又失败了。

阿达　没关系！太阳系还有其他的星球，我们都要走一遍才行！我才刚刚知道原来零下是这样的感受！这就是冬天，这才刚刚开始呢！

艾伦　哈哈哈，阿达，地球的冬天才不是月球和火星这样的零下呢！

阿达　我才不管，我从出生以来都没有过过冬天呢！我也要找到你说的"世外桃源"！

艾伦　好！我们一定会找到"世外桃源"！

第三场

地点：阿达家中

阿达　找到"世外桃源"！

何婵　阿达！快醒醒，起床了！上课要迟到了！你在说什么胡话呢？（将阿达被子掀开）

阿达　（睁开眼）妈妈，你怎么在这儿？你的太空旅行结束了？

何婵　什么太空旅行？我怎么不在这儿？你昨晚多久睡的觉啊，睡糊涂了？

阿达　你要出门？

何婵　我这不是要出门买菜吗？你这孩子怎么了？（摸摸阿达的额头）

阿达　你不是去太空了，还给我留了一张纸条让我去找你？

何婵　什么？你知道太空旅行多贵吗？光是那个特制水就喝不起，我还带你去，你做什么梦呢？

阿达　做梦？（摸索着在床上拿出一本《寻找第二个地球》，无语凝望）

何婵　阿达，别发呆了！要上课了，你们老师的直播要开始了。

阿达　啊，来了！

何婵　我要出去买菜了！

阿达　妈妈！等等！你等我上完课一起去买菜吧！

何婵　怎么了？你平时不是嫌外面太热了，都不想出门吗？咱们家的"小宅男"不愿意窝在家了？

阿达　这不是你说外面的风景比我的虚拟空间好得多吗？还让我多出去看看，别一天到晚窝在家里？

何婵　我是这样说没错，你这样突然转变怎么怪怪的。

阿达　我突然醒悟了。

何婵　那你醒悟之后，能不能期末考个好成绩呢？

阿达　这……倒也不一定。对了，妈妈，我想跟你说，我决定去当一个环境宣传小使者，让大家好好爱护地球！

何婵　可是现在外面很热，你以前不是不想遭这个罪吗？

阿达　这不是遭罪，是挽救！

何婵　（摸摸阿达的头）好啊，妈妈支持你，不过你怎么睡了一觉起来这些都想好了？

阿达　哈！因为我去太空旅行了！我发现除了地球，再也没有我们能生活的地方了，所以我要好好保护它！

何婵　太空旅行？你……

阿达　好了老妈，不说了，我去洗漱准备上网课了！【下场。】

何婵　欸，这孩子，慢点！【下场。】

【旁白：艾伦：笨蛋阿达，再会，我们的旅行还没有结束！】

【歌曲：《关于宇宙的幻想》。】

我们乘上光速快车，把它们采集收藏

这里没有战场，邪恶无处躲藏

鸽子可以自由飞翔，相约在这地方，释放无限能量

让所有愿望，所有希望，所有幻想，尽情绽放

穿着氢气衣裳，帽子为我供氧，再给书包插上翅膀

穿越时空隧道，带着宇宙幻想

飞呀飞呀飞呀飞呀，所有幻想尽情绽放

◎ 科普知识延展区

生命之所以出现在地球上，是因为我们的地球恰好具备了能孕育出生命的极其苛刻的条件：它距离太阳不远不近，温度适宜，有水、有富含氧气的大气层，最难能可贵的是亿万年来地球未发生过毁灭性的大灾变！因此经过一个漫长的时期，地球上的原始生命（不论是来自天外，还是地球本身产生的）逐渐由低级向高级、由简单（单细胞）到复杂（多细胞）不断进化，最终孕育出了地球上的万物，包括人类这朵最灿烂的宇宙生命之花！可以说，宇宙间生命的诞生同生命的消亡一样，都是不以人们的主观意志为转移的。

地球是孕育生命的摇篮，也是太阳系内人类唯一能够生存的家园，让我们好好保护我们的地球母亲吧！

"第二颗地球"

开普勒 -452b（Kepler-452b，KOI-7016.01）是一颗围绕天鹅座的 G 型主序星开普勒 -452 运转的太阳系外行星，距地球约 1402 光年（430 秒差距）。开普勒太空望远镜对它进行了观测，美国国家航空航天局（NASA）于 2015 年 7 月 23 日宣布了对其的发现。

开普勒 -452b 是发现的第一颗潜在的超级地球岩质行星，在一颗类太阳恒星的适居带内运行。根据其物理特性，有时媒体称其为地球 2.0 或地球的表亲。

皮皮兔闯祸记

编剧：陈梦园

人物表

皮皮兔　一只顽皮的小兔子，在胡萝卜小学读二年级，最喜欢玩赛车

兔妈妈　皮皮兔的妈妈，负责在家照顾皮皮兔和兔爸爸的日常生活

兔爸爸　皮皮兔的爸爸，了解很多知识

小松鼠　皮皮兔的好朋友，活泼可爱

小仓鼠　皮皮兔的好朋友，机智聪明

猫头鹰　皮皮兔的老师

电池甲乙丙丁　皮皮兔家的电池

第一场

时间：周一早上
地点：皮皮兔家里

【闹铃声响起。】

兔妈妈　皮皮，快起床啦！（关掉闹铃，打开皮皮兔的房门）

皮皮兔　知道了，知道了。（打了个哈欠继续睡觉）

兔妈妈　兔爸爸，起床收拾下，去上班啦。

兔爸爸　早安，兔妈妈，我马上就来。

兔妈妈　多么美好的早上，昨天买的胡萝卜可真甜。

兔爸爸　多么美丽的兔妈妈，每天做的食物都很美味。

兔妈妈　讨厌，说得人家怪不好意思的。

兔爸爸　嘿嘿，兔妈妈，话说明天就是皮皮的八岁生日了，送他什么东西好呢。

兔妈妈　皮皮的书包又被他弄得脏兮兮的，不如买个新书包吧，然后再做上一桌好吃的。

兔爸爸　这个主意不错。皮皮怎么还不起床！

兔妈妈　皮皮总是这样拖拖拉拉的，每次跟他说话总是"知道了知道了"又不做，我再去叫叫他。

兔爸爸　不气不气，小孩子嘛，我们需要好好引导。

兔妈妈　嗯嗯，你说得对。

兔妈妈　皮皮，你再不起床就要迟到了哦。（走到皮皮兔房间门口）

皮皮兔　哎呀，妈妈，我知道了，知道了。

兔爸爸　皮皮，你每次都要妈妈叫你起床，这是个不好的习惯哦。

皮皮兔　哎呀爸爸，我知道，你总是这样说。可是睡觉真的好舒服呀。

兔爸爸　皮皮，明天就是你的生日了。不如我们来约法三章，只要你以后每天按时自己起床，我和妈妈就满足你一个愿望，是除了生日礼物的愿望哦。

皮皮兔　每天按时起床啊……这个，嗯……好难啊！亲爱的爸爸妈妈，可不可以就上学的时候按时起床?

兔爸爸　那可不行哦。

皮皮兔　嗯……那也行，只要你们满足我的愿望，我一定说到做到!

兔妈妈　那皮皮，你想要什么呢?

皮皮兔　我想要胡萝卜超市里那个红色的最大的赛车。

兔妈妈　这个不行，你已经有很多玩具了，而且那个赛车这么贵。不如换成拼图怎么样，一样可以玩呢!

皮皮兔　我才不要，我就想要那款遥控赛车，我就要那款遥控赛车嘛!

兔爸爸　兔妈妈，既然皮皮承诺了会改掉坏习惯，我们就也要说到做到，贵一点也没关系的，就满足皮皮的愿望吧!

兔妈妈　嗯嗯，有道理!

皮皮兔　耶! 太好了，太好了! 我有遥控赛车了!

兔爸爸　哈哈哈哈，那快去吃饭吧。

皮皮兔　嗯嗯，我要吃两根胡萝卜。

兔妈妈　这孩子，真是一开心就有食欲。

皮皮兔　嘿嘿，妈妈我吃好了，我们快去上学吧!

兔妈妈　嗯嗯，记得把东西带齐哦。

皮皮兔　知道啦，知道啦，我早就装好了!

兔爸爸　那就准备出发，上学去咯!

第二场

时间：周二下午放学
地点：胡萝卜小学门口

【校园广播传出放学铃声。】

同学们　耶，放学啦，放学啦!

猫头鹰　同学们快排好队哦，很快就可以回家啦!

皮皮兔　知道了，知道了。

小松鼠　咦，皮皮兔，你在偷偷开心什么呢?

小仓鼠　皮皮兔今天生日呢，肯定是因为回家有香甜可口的蛋糕啦!

皮皮兔　错!

小松鼠　不是蛋糕那是什么?(开始思考)

小仓鼠　让我再来猜猜看,嗯……我猜是因为有很棒的礼物。

皮皮兔　不愧是你小仓鼠,这都猜到啦!

小仓鼠　那可不,我最聪明了!

小松鼠　哇塞,皮皮,那你快说说是什么好东西。

皮皮兔　嘿嘿,我爸爸妈妈要给我买遥控赛车,就是胡萝卜超市里最大的那一款。

小仓鼠　天哪,我也超喜欢那个!

小松鼠　这个礼物太棒啦,到时候可不可以给我们玩一下?

皮皮兔　你们是我最好的朋友,当然要给你们玩啦。一会儿晚上记得来我家玩哦。

众伙伴　嗯嗯,那可真是太好了。

猫头鹰　你们三个小朋友在讨论什么呢,这么开心?

小松鼠　猫头鹰老师,今天是皮皮兔的生日,我们在讨论他的生日礼物呢!

小仓鼠　皮皮兔的生日礼物是一辆超酷的遥控赛车,简直酷毙了!

皮皮兔　嘿嘿,其实真正的礼物是新书包啦,赛车是答应爸爸妈妈按时起床换来的。

猫头鹰　噢,原来是这样呀,也很不错呢。皮皮兔生日快乐呀!

兔妈妈　皮皮!妈妈来接你啦!

皮皮兔　耶,我妈妈来接我了!老师再见!小松鼠,小仓鼠,明天见!

众伙伴　再见!皮皮兔。

兔妈妈　再见小朋友们,晚上记得来玩哦!

众伙伴　嗯嗯!

小仓鼠　小松鼠,你说皮皮生日我们送他什么礼物好呢。

小松鼠　皮皮最喜欢胡萝卜了,所以我决定送他一个胡萝卜盆栽。

小仓鼠　这个主意不错。皮皮还喜欢玩游戏,那我送他一个小游戏机肯定没问题。

小松鼠　嗯嗯,那我们快回家去准备吧!

小仓鼠　好,我们回家准备一下,一会儿还要去皮皮家呢!

小松鼠　嗯嗯。

皮皮兔　妈妈，我的遥控赛车在哪里呀?

兔妈妈　别急嘛。

皮皮兔　快点嘛，快点告诉我!

兔妈妈　等晚上许了愿望以后就给你啦。

皮皮兔　耶，太好了，太好了! 一会儿就可以玩遥控赛车啦!

兔妈妈　当然也不能忘了我们的约定哦!

皮皮兔　知道了，知道了。皮皮一言，驷马难追!

兔妈妈　那我们快回去吧，一会儿爸爸就下班回来了。

皮皮兔　嗯嗯!

第三场

时间：晚上

地点：皮皮兔家中

众伙伴　（唱）祝你生日快乐，祝你生日快乐，祝你生日快乐，祝你生日快乐，祝你生日快乐，皮皮兔生日快乐。

小松鼠　皮皮，快吹蜡烛许愿啦!

皮皮兔　嗯嗯!（吹蜡烛，闭上眼睛许愿）

兔爸爸　皮皮，来给小伙伴们分蛋糕。

皮皮兔　嗯嗯，这个蛋糕看起来就很美味。小仓鼠，这块五谷的给你!

小仓鼠　谢谢皮皮!

皮皮兔　小松鼠，这块有坚果的给你!

小松鼠　谢谢皮皮!

皮皮兔　嘿嘿，不用谢。

小仓鼠　哇塞，我发现这个蛋糕的配料居然是我们三个最爱吃的东西。

小松鼠　对哦，你一说我发现真的是这样的。

兔妈妈　这是为你们三个专门准备的啦，每个人都可以吃到自己喜欢的食物。

众伙伴　谢谢阿姨，真是太好吃了!

皮皮兔　谢谢妈妈，妈妈你真好！

兔妈妈　小意思啦，大家好好玩哦，我先把桌子收拾下！

众伙伴　谢谢兔阿姨！

兔爸爸　哈哈哈哈，那我去做工作，不打扰你们几个小朋友玩耍。

小仓鼠　没关系的兔叔叔。

皮皮兔　爸爸，你快去书房，我们要玩遥控赛车呢！

兔爸爸　好好好，你们好好玩哦。

皮皮兔　快去啦，快去啦。（边说边推）

小松鼠　嘿嘿，皮皮，我送你一个胡萝卜盆栽，平时可以用来观赏，等它们长大了还可以吃掉。

皮皮兔　哇塞，这个好有创意，我太喜欢了，我要把它放在我的房间里。谢谢你，小松鼠。

小松鼠　嘿嘿，小仓鼠准备的礼物也很特别呢，小仓鼠你快拿出来看看！

小仓鼠　噔噔噔噔！这可是最新版的游戏机！

皮皮兔　谢谢你小仓鼠，这下我还可以玩游戏了！

小仓鼠　嘿嘿，生日快乐呀！

兔妈妈　小朋友们，快过来吃点心和水果啦。

众伙伴　来啦来啦，谢谢兔阿姨，您辛苦啦！

兔妈妈　嘿嘿，不辛苦啦。

皮皮兔　妈妈你快看，这是他们送我的胡萝卜盆栽还有游戏机，太酷了！

兔妈妈　哦，糟糕！我还没把礼物给你呢，瞧我这记性，等我一下，马上就好！

众伙伴　哈哈哈哈哈哈。

皮皮兔　马上就可以拿到遥控赛车了，开不开心！

众伙伴　开心！

皮皮兔　激不激动！

众伙伴　激动！

皮皮兔　一会儿我们一起玩！

兔妈妈　来啦来啦，看这个新书包漂亮吧，还有这个炫酷的遥控赛车。

众伙伴　哇塞，太好看了吧！

皮皮兔　嘿嘿，我们快拆开来看看。

众伙伴　好耶!

兔妈妈　你们自己玩哦,我去给你们准备点心和水果!

众伙伴　好的,谢谢兔阿姨!

小松鼠　这个书包真好看,还有淡淡的胡萝卜的香味!

皮皮兔　哎呀,这个不重要,再特别的书包我总是很快就弄得破破烂烂的,还是来拆遥控赛车吧!

小仓鼠　这个红色真是太特别了!

皮皮兔　那可不,我选的当然是最好看的!(边说边安装零件,贴上贴纸等)而且这个还是配有赛道的呢!

皮皮兔　咦,这两个圆柱是什么东西,应该放在哪里来着?

小仓鼠　据我所知,这应该是电池,有了电池遥控赛车才能动起来。我们生活中很多的东西都需要电池才能工作,不过电用完了就需要换新的了。

小松鼠　对对对,之前我奶奶的收音机不能用了就是因为电池没电了。

皮皮兔　哦,原来是这样呀。管他的,我们先来玩一下这个赛车。

众伙伴　嗯嗯,快来试试。

皮皮兔　哇,一下就可以跑这么远,太好玩了!

小仓鼠　快快快,我也想试试!

小松鼠　看起来真厉害!

皮皮兔　你们快过来试试!

小松鼠　小仓鼠你先来吧,我再看看怎么玩!

小仓鼠　嗯嗯。

皮皮兔　给,遥控器给你。

【小仓鼠控制赛车在空地上跑了几圈,完美避开所有障碍。】

小松鼠　太厉害了。(边说边鼓掌)

小仓鼠　嘿嘿,没有啦,小松鼠快过来,到你啦。

小松鼠　嗯嗯,我还是在赛道上玩吧。

【小松鼠将赛车放在赛道上玩了起来。】

小松鼠　我玩好啦,下一个是谁。

皮皮兔　不如我们来石头剪子布,赢了的玩一轮。

小仓鼠　这个主意不错!

小松鼠　我也赞同!

皮皮兔　那就这么办！

【大家就这样玩得不亦乐乎，突然客厅的电话铃响起。】

兔爸爸　皮皮，皮皮！这孩子怎么不理人。（走到客厅）

兔爸爸　皮皮，爸爸叫你呢，你怎么不答应呢？

皮皮兔　哎呀爸爸，我知道了。我们在玩游戏呢！（电话铃停止）

兔爸爸　看来大家都很喜欢这个遥控赛车啦。

小松鼠　嘿嘿，我们都可喜欢这个遥控赛车了。

兔爸爸　喜欢就好，以后常来玩。哎呀，糟糕，差点忘了回电话！（赶紧去拨打电话）喂？哦，原来是小松鼠妈妈呀，小松鼠他们在玩赛车呢，你不用担心，我一会儿就送他回来。嗯嗯，好，好，没事没事，不用谢，再见。

小松鼠　兔叔叔，是不是我妈妈叫我回家啦！

兔爸爸　嗯嗯，一会儿我送你们回去。

小松鼠　好的呢！（电话铃再次响起）

兔爸爸　喂，小松鼠妈妈你还有什么事吗？哦哦哦，原来是小仓鼠爸爸呀！对，对，放心吧！嗯，一会儿我就送小仓鼠回来。嘿嘿，没事没事，应该的。

小仓鼠　叔叔，是不是我爸爸打电话叫我回家了呀！

兔爸爸　嗯嗯，一会儿我送你们俩回家！

众伙伴　嗯嗯好，今晚玩得真是太开心了。

兔爸爸　改天还可以再来玩呢，随时欢迎哦。

众伙伴　嗯嗯，那我们快回家去吧！

皮皮兔　再见小松鼠，再见小仓鼠，下次再来哦！

众伙伴　嗯嗯，再见皮皮兔。

【大家走后，皮皮兔一边吃着东西一边玩着赛车，渐渐地赛车没电了。】

皮皮兔　妈妈，妈妈，你在哪儿！

兔妈妈　我在这儿呢，怎么啦！

皮皮兔　妈妈，我的赛车没力气了，跑不动了！

兔妈妈　啊，该不会买到有问题的赛车了吧，我明天去超市问问怎么回事！

皮皮兔　不是啦妈妈，应该是电池没电了！

兔妈妈　对对对，皮皮你真聪明，妈妈都没想到是电池的问题。

皮皮兔　嘿嘿，这是小仓鼠告诉我的，他最聪明了！

兔妈妈　嗯嗯，那明天妈妈就去给你买电池，等你放学回来就可以继续玩了。

皮皮兔　好的妈妈！（将胡萝卜盆栽抱在怀里）

兔妈妈　皮皮，你抱着这个盆栽干吗呢，你该睡觉啦。

皮皮兔　我想把它放在我的房间里，看着它长大，嘿嘿。

兔妈妈　哦哦，那快去放好了洗漱了睡觉，明天还要早起上学呢！

皮皮兔　知道了，知道了，亲爱的妈妈晚安！

兔妈妈　晚安皮皮！

【皮皮将胡萝卜盆栽放在床头认真摆放好后安静地睡着了。】

第四场

时间：周三早上

地点：皮皮兔家中

【早上起床的闹铃声响了，兔妈妈关掉闹铃开始洗漱。】

兔妈妈　兔爸爸，早安。

兔爸爸　早安，兔妈妈。

兔妈妈　快去洗漱收拾下，我去叫皮皮起床了。

兔爸爸　嗯嗯。

兔妈妈　皮皮快起床啦！

皮皮兔　早安妈妈，好困呀！（打了个哈欠，揉了揉眼睛，想继续睡）

兔妈妈　早安皮皮！咦，你这被窝里放了什么东西，怎么鼓鼓的？

皮皮兔　没……没……没有，什么都没有。（赶紧坐起来挡在兔妈妈面前）

兔妈妈　哦？皮皮你快看窗外有什么？

皮皮兔　什么！（头看向窗外）

兔妈妈　嘿！（一下掀开被子）哈哈哈哈哈，皮皮，你这么喜欢这个遥控赛车呀，睡觉都要抱着！

皮皮兔　哎呀，臭妈妈，你骗小孩，哼！

兔妈妈　妈妈就是想看看嘛。（拿起遥控赛车）

皮皮兔　妈妈，你不要拿走我的遥控赛车嘛。

兔妈妈　没有啦，我帮你收起来放在玩具箱里，不然抱着睡容易把它压坏哦，压坏了就玩不了赛车了。

皮皮兔　原来是这样哦，可是电池没电了，也玩不了赛车！

兔妈妈　没关系，你快起来收拾上学，下午妈妈就去给你买电池回来！

皮皮兔　耶，妈妈，记得多买一点！（高兴得在床上蹦起来）

兔妈妈　好好好，快下来去洗漱，可别把你的小床蹦坏了！

皮皮兔　收到！

（兔妈妈开始准备早饭，皮皮兔和兔爸爸在屋内洗漱）

兔妈妈　快来吃早饭吧，今天是新鲜的红薯和蒲公英。

兔爸爸　这红薯，真香！

皮皮兔　蒲公英的根苦苦的，还是胡萝卜最好吃！

兔妈妈　要均衡饮食嘛。

兔爸爸　吃得苦中苦，方为兔上兔！

皮皮兔　知道了，知道了。

兔妈妈　走吧皮皮，快去上学了。（拿起皮皮兔的书包）

皮皮兔　嗯嗯，爸爸快走啦。

兔爸爸　来了来了，走吧。

【下午放学铃声响起。】

兔妈妈　皮皮，妈妈在这儿呢。

皮皮兔　猫头鹰老师，我妈妈来接我啦。

猫头鹰　嗯嗯，去吧。注意安全哦。

皮皮兔　知道了，知道了，猫头鹰老师再见。

猫头鹰　再见，皮皮。

皮皮兔　妈妈，你有没有买电池呀？

兔妈妈　那是当然了，你看篮子里有些什么。

皮皮兔　哇塞，好多电池和胡萝卜，耶！（开心得蹦蹦跳跳）

兔妈妈　小心一点。

皮皮兔　妈妈快走，我要回去玩赛车呢。

兔妈妈　你这孩子，走慢点，我要追不上你了。

【到家后，皮皮立刻去玩具箱拿遥控赛车。】

兔妈妈　皮皮，记得做作业哦，妈妈去准备晚饭。

皮皮兔　知道了，知道了。（边说边换电池）

【皮皮兔玩得入了迷，电池换了一次又一次，却还没有开始去做作业。】

兔妈妈　皮皮兔！你怎么还在玩赛车，作业做好了吗？

皮皮兔　妈妈……我……我忘了，我马上就去做。

兔妈妈　你再这样我要把电池收起来了哦，不能只顾着玩玩具不做作业。

皮皮兔　知道了，知道了，马上就去！

兔妈妈　嗯嗯，快去吧，我去给兔爸爸送晚饭，你自己乖乖的哦。

皮皮兔　知道了，知道了。

（皮皮兔开始做作业，家里的电池开始了他们的表演）

电池甲　我们叫电池！

电池乙　小小的身体蕴藏巨大的能量！

电池丙　我们是一切用电设备的心脏！

电池丁　没有我们产品就不能工作！

电池甲　我们的使命是提供电能，为人类做贡献！

电池乙　当能量耗尽，我们就会成为废电池！

电池丙　废电池不仅会污染水源而且还会污染土壤，成为"污染炸弹"！

电池丁　所以大家一定要把我们放置在有害垃圾的回收装置里哦！

电池甲　坚持废电池回收，减少重金属污染！

（电池退场）

皮皮兔　终于做完作业了，不如玩玩遥控赛车还有游戏机！

兔妈妈　皮皮，你怎么又在玩！小孩子是不可以一直玩游戏的，你再这样妈妈要生气了！（边说边将电池收起来）

皮皮兔　啊，妈妈，妈妈，不要把电池藏起来嘛！

兔妈妈　不可以，等周末小松鼠和小仓鼠来了再给你们电池一起玩！

皮皮兔　唉，知道了妈妈。

兔妈妈　妈妈还有事，你自己看会儿电视睡觉去哦。

皮皮兔　知道了，知道了。

皮皮兔　唉，好无聊啊，好想玩赛车，好想玩游戏机，电视一点也不好看。（心不在焉地换着电视频道）

皮皮兔　咦，爸爸妈妈不在家，我是小霸王，虽然电池被藏起来了，但是怎么可能拦得住我，看我的，我皮皮可不是徒有虚名。（开始到处寻找电池）这里没有，这里也没有……耶，找到了！

【游戏机音效响起，皮皮又开始不停地玩游戏机和遥控赛车，渐渐地夜深了。】

皮皮兔　好困啊，眼睛都要睁不开了。（连续打了好几个哈欠后躺在床上准备睡觉）

皮皮兔　糟了糟了，用过的废电池还没有收起来。（赶紧下床去捡地上乱丢的废电池）这么多废电池，藏哪里好？要是藏在床底下，妈妈打扫卫生一定会发现的，玩具箱里也不行。到底该怎么办啊！（慌得到处找来找去）

皮皮兔　咦，胡萝卜盆栽！有办法了，把电池埋在胡萝卜盆栽里面妈妈就不会发现了，不愧是我皮皮，我真是太聪明了！（开始将废电池藏进胡萝卜盆栽里面，然后盖上被子）晚安，可爱的胡萝卜！

电池甲　天哪！天哪！真是太糟糕了，我们怎么躺在土壤里？

电池乙　怎么办？我的身体好像要坏掉了！

电池丙　这可太糟糕了，可怜的胡萝卜，它们一定会没命的！

电池丁　亲爱的小主人快送我们回家吧，有害垃圾放置处才是我们的家，我再也不调皮了！

电池甲　请不要乱扔我们，我们会污染环境！

电池乙　回收废电池，创造美好家园！

电池丙　呜呜呜，我想回家！

众电池　我想回家，我想回家，我想回家！

第五场

时间：周六

地点：皮皮兔家中

【皮皮兔正在看电视。】

兔妈妈　皮皮，让一下，妈妈扫地呢。

皮皮兔　知道了，知道了。

兔妈妈　糟糕！（不小心碰倒了胡萝卜盆栽，里面的泥土弄得满地都是，废电池也掉了出来）

兔爸爸　兔妈妈，你没事吧？（担心地跑来）

兔妈妈　皮皮，你快过来！

皮皮兔　妈……妈，对不起，我把电池都用光了。

兔爸爸　吓死我了，兔妈妈你没受伤就好！

兔妈妈　皮皮，你把废电池都藏在土里，电池里的重金属污染了土壤，胡萝卜都生病了！

皮皮兔　啊！我的胡萝卜！

兔爸爸　皮皮，废电池是有害垃圾，电池中含有汞、镉、铅等重金属物质，汞具有强烈的毒性，铅能造成神经紊乱、肾炎等，若把废旧电池混入生活垃圾中一起填埋，久而久之，渗透出的重金属可能污染地下水和土，生物们会受到伤害的！

兔妈妈　嗯嗯，所以胡萝卜都生病了，不能健康成长了。

皮皮兔　对不起，爸爸妈妈，我知道错了，我再也不调皮了。

兔爸爸　没关系啦，知错能改就是好孩子。

皮皮兔　可是我的胡萝卜们怎么办？

兔妈妈　改天妈妈给你买小胡萝卜回来，换上泥土，再种上就可以啦。

皮皮兔　嗯嗯。

兔爸爸　皮皮，快去把废电池挑出来收集好，放在有害垃圾放置处吧。

皮皮兔　嗯嗯，有害垃圾要放在专门的回收处。（将废电池放进有害垃圾放置处）

【音乐响起，众电池出现。】

（众电池与兔子一家共同朗诵）

电池电池真能干，小小身体能量大。

玩具飞机遥控车，有了电池就能跑。

废旧电池危害大，污染土壤和水源。

我们都来帮助他，有害垃圾分类放。

废旧电池到新家，保护环境你我他。

◎ 科普知识延展区

1. 我们日常所用的普通干电池，主要有酸性锌锰电池和碱性锌锰电池两类，它们都含有汞、锰、镉、铅、锌等各种金属物质。废旧电池被遗弃后，电池的外壳会慢慢腐蚀，其中的重金属物质会逐渐渗入水体和土壤，造成污染。

2.电池中的镉渗出污染土地和水体，最终进入人体使人的肝和肾受损，也会引起骨质松软，重者造成骨骼变形。汽车废电池中含有的酸和重金属铅泄漏到自然界可引起土壤和水源污染，最终对人体造成危害。

3.废弃在自然界电池中的汞进入土壤或水源，再通过农作物进入人体，损伤人的肾脏。在微生物的作用下，无机汞可以转化成甲基汞，聚集在鱼类的身体里，人食用了这种鱼后，甲基汞会进入人的大脑细胞，使人的神经系统受到严重破坏，重者会发疯致死。著名的日本水俣病就是甲基汞所致。

沙化风波

编剧：高悦悦、丁付禄

【本剧获得澳门科学馆2021年科普剧剧本及演出征集"故事概念奖"。】

人物表

跳跳猴　猴子，万木森林的居民

喳喳鸟　小鸟，万木森林的居民，负责通知大家森林里发生的重大事件和变化

牛爷爷　水牛，万木森林的居民

狐聪明　狐狸，万木森林的居民

兔奔奔　兔子，万木森林的居民

序

【唱儿歌。】

狐聪明　饿（使劲敲一下锣），饿、饿（连敲两下锣），好饿好饿（拍两下肚皮），好饿啊（一手提锣，一手放嘴边做扩音状）！我的肚子咕咕叫（上下摸肚子），（愁眉苦脸）好像有谁在敲门啊（敲一下锣）。咕咚咕咚别敲啦（丢掉锣），再等一等，就要开饭啦（瘫坐在椅子上）。

【独白。】

狐聪明　（有气无力）唉，还是没有饭，三天（手指比作数字"三"），

我已经整整三天（做数字"三"）没吃饭了。一个星期前我才刚满八岁（做数字"八"），父母说要锻炼我独立生活的能力，硬生生地把我从温暖的狐狸窝里赶出来，让我自己找窝住。这可如何是好（起身）？我只是一只什么也不懂的狐狸宝宝啊，我怎么找窝？怎么找吃的？（摇头）小小的年纪承受了太多。（坐下）只能暂时住在这小石洞里，（环视石洞）风也吹、雨也飘，（低头看空碗，失望）带的干粮也在几天前吃完了。咦？这是（手指捻沙）……碗里哪来的沙子呢？奇了怪了，不管了（吹沙），狐生艰难，实在没办法了，去找跳跳猴他们吧。

第一场

时间：上午
地点：跳跳猴居住的大树下

跳跳猴　（伸懒腰，开门）早啊，喳喳鸟！早啊，兔奔奔！

喳喳鸟　早啊，跳跳猴！

兔奔奔　早啊，跳跳猴！

跳跳猴　大家今天都起这么早啊？（深呼吸）嗯，早上的空气真清新。

兔奔奔　我们万木森林可是远近闻名的氧吧，空气当然清新。

喳喳鸟　早起的鸟儿有虫吃，我要早点起来，去观察森林呢。

兔奔奔　跳跳猴，只是你起得比较晚而已，我也早就起来打理我的萝卜园子了，等过两天萝卜成熟，我送来给大家尝尝。

跳跳猴　好呀好呀，那就谢谢兔奔奔啦！

兔奔奔　没事没事，小意思。

喳喳鸟　森林的萝卜，要数奔奔的最好吃！

兔奔奔　没有啦。

跳跳猴　（看喳喳鸟）那你天天观察森林，最近有什么新发现吗？

喳喳鸟　（手摸下巴）嗯……新发现？大事儿没有，小事儿很多。比如说森林东边的长颈鹿大妈又生了，一家人围着孩子转；西边的蚂蚁家族吵吵闹闹，终于选出了新的蚁后；南边的牛爷爷起早摸黑，由于前段时间刮了几场风，麦秆被刮断了，所以今年小麦收成不好，而且他说他的土地好像出了问题，泥巴越来越松了；北边的狐聪明终于从家中分离出来……

跳跳猴　狐聪明？他都八岁了，终于肯从家里出来了？

兔奔奔　原来牛爷爷的土地也出问题了，我园子里的土壤最近也变得松松散散的，有些快赶上沙子了，我还准备去请教牛爷爷呢。

跳跳猴　他们狐狸不是六岁就该从家中独立出来自己住吗？他怎么八岁才出来？

喳喳鸟　他可不是自愿的，（左右看看）我悄悄跟你们说，（手捂嘴，小声）是被赶出来的。

猴、兔　赶出来的？

喳喳鸟　可不是嘛，他都八岁了，还是啥也不会，啥也不想干，父母开始宠着他，让他慢慢学技能，可是他越发好吃懒做，狐狸家族里也对他不满，这不，他父母顶着压力一狠心，一个星期前就把他拎了出来。

跳跳猴　原来是这样。

兔奔奔　（故作感慨）溺爱是种伤害呀。

【狐聪明上场。】

狐聪明　嘿，跳跳猴、兔奔奔、喳喳鸟，早上好呀！

跳跳猴、兔奔奔、喳喳鸟　早上好呀，狐聪明。

跳跳猴　听说你从家里独立出来啦？

兔奔奔　就是呀，还习惯不？

狐聪明　这（摸两下自己的头）……哎，别提了（脸红），习惯什么呀，没东西吃、没房子住，都饿了好几天了。

跳跳猴　你爸妈就没教你捕猎的技能吗？

狐聪明　教……教了，就是我没认真学，所以……

喳喳鸟　所以你现在啥也不会。

兔奔奔　看把孩子给饿的，过两天我萝卜熟了给你送两根儿。

狐聪明　好呀，谢谢奔奔。

跳跳猴　（对狐聪明）我家里还有几根香蕉，你随我进屋吃吧。喳喳鸟、兔奔奔，你们也来吧。

喳喳鸟　我就不了，我得去到处飞飞，观察森林，随时随地发现情报！

兔奔奔　我也不了，我还得找牛爷爷请教土壤问题呢！再见啦！

喳喳鸟　哟嚯，起飞！

【兔奔奔、喳喳鸟下场，狐聪明随跳跳猴进屋。】

跳跳猴　（端出香蕉）聪明你快吃吧！

狐聪明　（拿起一根香蕉吃）谢谢跳跳！（看着香蕉）咦？跳跳，你的香蕉上怎么也有沙子呀？我的碗里也有沙子。

跳跳猴　我也不知道，最近都这样，估计是前段时间那几场风吹来的。你快吃吧！

狐聪明　嗯！

【狐聪明边吃边打量跳跳猴的家，心思一动，独白。】

狐聪明　（心理活动）跳跳猴一直把这树洞当家，可这也太小了。不如我撺掇他建一座大屋子，到时候让他分我一间，这样我就不用盖房子啦！我狐聪明可真聪明！

跳跳猴　（一手在狐聪明眼前挥）嘿，狐聪明，你想什么呢？

狐聪明　（回过神）啊哈哈，没什么没什么，就是我看跳跳你的家也太小了，想不想换间大点的？

跳跳猴　大点的？可是我这树洞够住了呀。

狐聪明　哪够住呀，你看看你这洞里除了一张床、一张桌子还有啥？现在我们两个人进来就挤不下了，我告诉你，我的狐狸窝呀，可大了，大大的狐狸洞里有大大的床（双手打开做"大"的姿势）、漂亮的植物、舒服的大沙发、宽敞的客厅、长长的餐桌，可以叫小伙伴来家里玩，还可以存放好多食物呢！难道你就不想拥有？

跳跳猴　（做向往的表情）哇，我想我想！我也想要大床大沙发，把小伙伴儿喊到家里来玩。（低下头）可是，这大房子怎么修呢？

狐聪明　这个简单呀，我知道，你把你住的这棵大树锯了，再多砍几棵大树，把它们搭起来，找点材料盖起来就好啦！没关系，你尽管去盖，我帮你看着！

跳跳猴　好，你狐聪明可真聪明！我不仅要盖房子，我还要盖两层的房子，像这一上一下的树枝一样，我这就去砍树！

【跳跳猴用锯子锯倒了自己居住的大树，又接着锯倒了好几十根树木。】

跳跳猴　（全力拿刀锯树）嘿哈、嘿哈、嘿哈。

狐聪明　（两手挥舞树枝）加油、加油、加油。

第二场

时间：下午
地点：跳跳猴的新家前

【跳跳猴建成了森林里的第一栋楼房，喳喳鸟宣传大家来围观。】

喳喳鸟　（飞在树枝上）号外号外！走过路过的都来瞧瞧，跳跳猴建成新家啦！跳跳猴建成新家啦！这是我们万木森林里建成的第一座有两层屋子的房子，跳跳猴把它叫作"楼房"，大家都来瞧瞧啊！号外号外（飞去其他地方传信），跳跳猴建成楼房啦……

【喳喳鸟下场，兔奔奔上场。】

兔奔奔　（震惊）哇，跳跳猴，你的新家可真好看啊！看这房子，它真是又高又大，看这窗户，它真是又宽又亮，你这是怎么建的呢？

跳跳猴　这是我……

狐聪明　（抢过话）这当然是我出的主意，我狐聪明是谁呀，给跳跳出谋划策，让他砍了几根树，监督他找材料，这房子就建成了。

兔奔奔　狐聪明可没看出来呀，你还真有些聪明。

跳跳猴　呃，是狐聪明出的主意，但是我想建成两层……

狐聪明　那既然这样，你看看我又给你出主意，又给你监工，我也累了几天了，现在还没地方住，你的房子这么大，不如分我一间吧！

跳跳猴　（看了一眼房子，小声嘀咕）他累什么累呀，明明都是我自己建的。

狐聪明　（把耳朵凑向跳跳猴）啊？你说什么？

跳跳猴　（躲避）没……没什么！

狐聪明　你不会这么小气吧？这么大的屋子，让我住一小间也不行吗？好歹我给你出了主意。

跳跳猴　行！我没说不给，反正我房子这么大，给你一间就给你一间。

狐聪明　哈哈，那我就不客气啦，我这就回石洞搬东西！

【狐聪明下场，牛爷爷上场。】

牛爷爷　哟，这就是跳跳猴的新家呀？可真漂亮！

跳跳猴、兔奔奔　牛爷爷好！

牛爷爷　孩子们好！奔奔的土壤有所改善没有？

兔奔奔　嗯！我种上了您给的小树苗，按照您说的方法，多浇了很多水，现在土壤稍微紧致了一些，改善了一些，谢谢牛爷爷的指导！

牛爷爷　没事没事，我的方法还不完善，我得继续研究这土壤问题，有什么不懂的尽管来问我。

兔奔奔　好的牛爷爷。

牛爷爷　（看着跳跳猴的楼房）这就是跳跳的楼房吧？

跳跳猴　是呀牛爷爷。

牛爷爷　不错不错，牛爷爷活这么久，还是头一回看见两层屋的房子呢！

跳跳猴　哈哈，牛爷爷，我带您参观参观吧。

牛爷爷　好，好。（参观跳跳猴的楼房，抚摸柱子）这……是用大树做的吧？

跳跳猴　牛爷爷真厉害，我用树条和鲜花包裹了柱子，没想到被您一眼就看出来了。

牛爷爷　（略微担心）这……这两层这么大的房子，房柱子和房梁得砍了多少大树呀？

跳跳猴　嗯……我算算（掰手指），加上这些木板，差不多有一百来根吧。

牛爷爷　一百来根？这么多呀？

跳跳猴　啊？很多吗？可是我们万木森林还剩了许许多多树木呀，（自豪）再砍一百来根也用不完。

兔奔奔　是呀，我们万木森林不就是树木多嘛？

牛爷爷　哎（摇头），跳跳猴，以后可不能再这么砍树了，今天你砍一点，明天我砍一点，树木很快就会砍完的，而且最近土壤出了点问题，我发现有些没有植被的地方，土壤被上次的大风吹跑了。

跳跳猴　啊？（疑惑）是这样的吗？土壤跟树木有什么关系呀？再说了，我们还有这么多树木呀……

牛爷爷　最近老是吹风，我先回去收粮食啦，孩子们再见。

跳跳猴、兔奔奔　牛爷爷再见！

【牛爷爷下场。】

兔奔奔　跳跳猴，我可以进屋参观一下吗？

跳跳猴　当然可以，请进。

【兔奔奔和跳跳猴进屋。】

兔奔奔　哇，（羡慕）好大的床啊，（看见墙上装饰的鲜花和树条）好漂亮的植物啊，（坐在沙发上）好舒服的大沙发啊，好宽敞的客厅，好长的餐桌啊（转个圈）！

跳跳猴　（被夸了很开心）哈哈，没什么啦。

兔奔奔　跳跳猴，你的楼房可真漂亮！你可以叫小伙伴来家里玩，还可以存放好多食物呢！

跳跳猴　是呀，等我过两天割点香蕉回来，就请大家来做客。

兔奔奔　好呀好呀，我等着哟！我继续参观参观。

跳跳猴　好的，你随便看。

【兔奔奔参观房间，独白。】

兔奔奔　（十分羡慕）跳跳猴的楼房也太漂亮了吧！我也想要这么漂亮、这么宽敞的楼房，到时候我就可以存放好多好多的萝卜和青菜，怎么也吃不完。一百根树木就可以了吗？我也要盖！

第三场

时间：上午

地点：许多动物楼房前

【旁白：自从森林里的动物参观完跳跳猴的楼房，大家都十分羡慕，纷纷建立起了自己的楼房，牛爷爷一直规劝动物们少砍树，可没人听得进去，楼房越来越多，树木却越来越少。】

喳喳鸟　（停在一栋楼房顶上，小声嘀咕）哎，这周围居然连树木都没有了，咳咳咳。（大声）号外号外，万木森林最近楼房四起，可是树木数量剧减，森林东边、森林南边、森林北边、森林西边都出现了不同程度的土地沙化现象，最严重的地区甚至出现了土地荒漠化现象。

跳跳猴　（从楼房里出来）土地沙化？

狐聪明　（跟着跳跳猴出来）土地荒漠化？

喳喳鸟　（飞到跳跳猴旁边）是呀，现在森林里许多土地都变成了沙子，可严重了，一路飞过来感觉风中都有沙子，翅膀都给我弄脏了。

兔奔奔　什么是土地沙化呀？

【牛爷爷上场。】

牛爷爷　唉，这段时间我研究土壤问题，了解到土地沙化是指因气候变化和人类活动所导致的天然沙漠扩张和沙质土壤上植被破坏、沙土裸露的过程。

兔奔奔　我们森林一年四季的气候没什么大变化呀。

牛爷爷　我们万木森林土地沙化的主要原因是动物们大量砍伐树木，导致沙质土壤上植被被破坏，形成流沙及沙土裸露。这段时间，大家砍了太多太多的树木了，现在许多土壤都变成沙子了，唉（忧虑、长叹）。

跳跳猴　啊？是因为我们砍了太多的树吗？前几天又刮了场大风，带来了好多沙子。

喳喳鸟　是呀，好多树都被砍去建楼房了，现在我连歇脚的树木都难找。

狐聪明　可是我们万木森林的树木不是有很多吗？这么快就砍完了？

牛爷爷　没砍完，还剩点儿，但也不多了，你砍一点儿我砍一点儿，再多的树木都会砍完，我们万木森林已经不是万木森林了。

跳跳猴　那我们把树再种回来不就好了吗？

牛爷爷　可没那么容易，我们还要……（踉跄一下）哎哟！

【就在这时，一阵狂风吹来，卷起许多沙子向动物们袭来。】

跳跳猴　怎么回事？怎么这么大的风？比之前那几场风都要大。

兔奔奔　就是呀，森林里可从来没遇到过。

牛爷爷　不好，是沙尘暴，大家快躲进屋子里去。

喳喳鸟　什么，沙尘暴！

【动物们纷纷跑进楼房，关上门窗。】

狐聪明　呼，这风里面还有好多沙子呢，我刚刚连眼睛都睁不开了。

喳喳鸟　（瘫在椅子上）可不是嘛？这沙子打在身上真疼，这风太大了，我连翅膀都张不开了。

牛爷爷　唉，没想到这么快沙尘暴就来了。（看一眼窗外，担忧）这风这么大，这木楼房不牢固，怕是撑不了多久。

兔奔奔　啊？那怎么办呀？

跳跳猴　牛爷爷，我们该怎么办呀？

狐聪明　怎么之前从来没有遇到过这种怪风怪沙呢？

牛爷爷　之前的风就吹来了一点沙子，那是因为那时我们有许多树木的保护，不至于有沙尘暴，密密麻麻的树木就是天然的屏障，为我们挡住了沙尘暴的攻击。

喳喳鸟　原来树木的作用这么大呀！不仅可以制造氧气，还能抓住土壤水分，抵御风沙呢！

跳跳猴、兔奔奔、狐聪明　（自责、难过）都怪我们，砍了这么多树。

【楼房被风吹倒。】

兔奔奔　啊！这沙尘暴好可怕啊！

牛爷爷　快，孩子们，我们快躲到中部的树林里去，那里还有一些树木，希望可以抵挡住它！

狐聪明　冲啊！

喳喳鸟　（吃力）我飞，我飞，我飞不起来。

兔奔奔　喳喳鸟，我抱着你！

跳跳猴　快跑啊！

【全部下场。】

第四场

时间：下午
地点：仅存的树林里

【喳喳鸟、牛爷爷、狐聪明、跳跳猴、兔奔奔终于跑到了树林里，众人喘气。】

兔奔奔　（放下喳喳鸟）终于到了，牛爷爷你还好吗？

牛爷爷　没事儿，我老当益壮，每年还要收粮食呢，可不要小瞧我。

喳喳鸟　（被晃晕，转圈圈）终于到了，晕死我了。

跳跳猴　哇，（惊喜）这沙尘暴果真进不来了！

狐聪明　是啊，（震惊）好神奇啊，太神奇了！

兔奔奔　楼房都顶不住的风，树林居然可以挡住，真了不起！

牛爷爷　是呀，土壤可以给树木营养，树木也可以抓住土壤，锁住水分。土地是否会发生沙化，决定的因素在于土壤中含有多少水分可供植物吸收、利用，并通过植物叶面而蒸发。任何破坏土壤水分的因素都会最终导致土壤沙化。

跳跳猴　我知道了，树木真伟大，我以后还是住在我的树房子里。

狐聪明　是呀，没想到作用这么大呢，可比楼房好多了，以前我们还不珍惜。

喳喳鸟　是呀，这下可吃了不少苦头了。

牛爷爷　聪明你以后可不能投机取巧了，要好好锻炼自己，独立生活。

狐聪明　好，我一定改过自新，不再好吃懒做。

跳跳猴　那牛爷爷，什么又是土地荒漠化呢？

牛爷爷　土地沙化的大面积蔓延就是荒漠化，是最严重的动物居住环境问题之一。沙化的土地一点点蔓延、一点点扩大，就造成了土地荒漠化现象。

兔奔奔　那我们不可以在沙子上种树吗？我们再把树给种回去！

跳跳猴　是呀，我们再种回去不就好了？

牛爷爷　孩子们，事情可没那么简单。土壤颗粒之间存在着一种"引力"。

喳喳鸟　引力？是什么引力呀？地心引力吗？

牛爷爷　不是，是土壤颗粒之间特有的引力。这种"引力"可以使土壤颗粒抱成团，同时也允许它们移动，土壤也可以锁住水分，给植物灌输营养。

跳跳猴　那沙子呢？

牛爷爷　沙子颗粒之间没有这种"引力"，沙子也锁不住水分，不能给植物输送营养，它四处游走，沙化的土地就四处蔓延。

兔奔奔　原来是这样，沙子面有水分，没有营养，树木就种不起来。

牛爷爷　是呀，砍树容易种树难。当初我极力劝说大家别砍树，就是担心发生今天这样的事，奈何大家都想着建楼房。

喳喳鸟　对对对，这真可谓是都为房狂，听不进牛爷爷的劝告了。

跳跳猴　都怪我，要不是我想要大房子，建了楼房，大家也不会效仿。

牛爷爷　这可不怪你，你又没逼他们砍树建房，砍了树的都有责任。

兔奔奔　早知道这样，我就不砍树了，我……我还砍了许多树，把空出来的地拿来种了萝卜和青菜，我真是太糊涂了。

跳跳猴　我也砍了许多树来种水果。

牛爷爷　跳跳和奔奔别自责了，我们一起去把果园子和菜园子重新种上树，我那点种粮食的耕地也种上，能种多少是多少。

兔奔奔　好的牛爷爷。

狐聪明　唉，都怪我出这馊主意，想不劳而获，在跳跳这儿蹭吃蹭住，怂恿他砍树盖房子、修果园，枉我还自以为聪明，我真是个大笨蛋！我跟你们一起种树去！

牛爷爷　（拍拍狐聪明的肩）知错能改就是好孩子。

兔奔奔　等沙尘暴退了，我们就去种树吧。

牛爷爷、喳喳鸟、狐聪明、跳跳猴　好！

尾声

时间：第二年春天某个上午

地点：植树场

【经过一年的时间，万木森林里的动物都种了许多树木，一棵棵小树苗壮成长，森林又是绿意盎然。】

狐聪明　（边种树边唱）我爱种树空气好好，啊哦啊哦。带上树苗翻翻土壤，啊哦啊哦啊哦……

牛爷爷　嗨，聪明！早上好呀，这么早又来种树呀？

狐聪明　（擦一下汗）早上好呀牛爷爷，我现在一有时间就种树，我要多种点树，让咱们的万木森林变得跟以前一样树木多得数不完！

牛爷爷　真是好孩子！经过这一年的时间，我们万木森林的土壤变好了不少。

狐聪明　是呀，现在也没有那种夹着沙子的怪风了。对了牛爷爷，我从跳跳家里搬了出来，自己重新找了个山洞住，天天练习捕猎技能，爸爸妈妈希望我独立，我终于真正独立啦！

牛爷爷　好，好（拍拍狐聪明的肩），你也抽时间回去看看爸爸妈妈吧，他们一定很想你。

狐聪明　好！我再练练我的捕猎技术，种完这一小片土地就回去看望他们。

牛爷爷　好！

◎ 科普知识延展区

森林是防风固沙的屏障，是从降低风速和改变风向两个方面表现的。一条疏透结构的防护林带，迎风面防风范围可达林带高度的 3 ~ 5 倍，背风面可达林带高度的 25 倍，在防风范围内，风速减低 20% ~ 50%，如果林带和林网配置合理，可将灾害性的风变成小风、微风。乔木、灌木、草的根系可以固着土壤颗粒，防止其沙化，或者把固定的沙土经过生物改变成具有一定肥力的土壤。

三袋麦子

编剧：庞迈、刘洋

人物表

土地爷爷　和蔼慈祥的老爷爷

孙女　土地爷爷的孙女，机灵可爱

小猪　懒惰贪吃

小牛　勤奋老实

小猴　淘气、聪明

第一场

集体　新年快乐！

【歌舞《新年好》，小猪、小猴、小牛、孙女一起跳舞。】

【土地爷爷进场。】

土地爷爷　大家新年好啊！

三人　土地爷爷新年好！

孙女　爷爷新年好！

土地爷爷　孩子们，新年好呀！这一年里啊，大家都辛苦了，我呀给大家准备了一些礼物。

三人　礼物！

土地爷爷　孙女啊，去门口把那几袋麦子搬进来吧。

孙女　欸，爷爷，我这就去。

三人　我们也来帮忙，对，我们一起去搬。

【四人把麦子搬了进来。】

土地爷爷　（把麦子交给小猪）来，小猪，这袋麦子是你的新年礼物！

小猪　（两眼放光）哇，好香的麦子，我家里的粮食早就吃光了，谢谢土地爷爷，（打开麦子抓着吃）嘿嘿。

小猪　（跑到一边去）嗯嗯，真好吃。

孙女　欸，小猪，你怎么就直接开始吃了呀！

小猴　小猪啊，就是嘴馋。

土地爷爷　算了，让小猪慢慢吃吧。（让把麦子交给小猴子）来，这一袋是奖励你的，小猴。

小牛　（嘟着嘴巴）土地爷爷，小猴以前经常在我劳作的时候拽我的尾巴，还挠我耳朵，怎么他能得到奖励啊？

小猴　（急忙解释）那已经是一年前的事情了，土地爷爷教育了我之后，我早就改正了啊！

小牛　哼！管它什么时候做的，反正是做过了！

土地爷爷　好了好了。小猴以前是很淘气，爱捉弄同伴，可是他已经改正了，知错能改就是好孩子。

孙女　是啊，我也觉得小猴这一年里改变了很多，以前啊，小猴经常偷懒，不参加劳动，可今年，小猴自愿当起了果园的护林员，给果园除草、施肥，所以今年，果园的收成特别地好。

小猴　（不好意思地摸摸头）这都是我应该做的。

土地爷爷　小牛！你明白了吗？人是可以改变的。

小牛　哼（叉腰把头甩到一边）。

土地爷爷　小牛啊，你也别犟了，来，这袋麦子是给你的！这一年里啊，你每天都准时参加劳动，辛勤耕作。你也辛苦了。

孙女　是啊，小牛，谢谢你的辛勤付出。

小牛　嘿嘿，不辛苦不辛苦，这也是我应该做的。

土地爷爷　好了好了，孩子们，礼物都送完了，我们也要回去了。大家，明年见！

【大家一起送土地爷爷退场。】

三人　明年见！

孙女　明年见，各位！

【一段舒缓的音乐提示时间转场。】

第二场

孙女　爷爷、爷爷，今天天气真好啊。

土地爷爷　是啊，转眼间，又过了大半年了。

孙女　不知道动物朋友们过得怎么样呀，我还有点想他们了。

【小猪上场，头上套着麦子口袋。】

小猪　土地爷爷，土地爷爷，你在哪儿呀，我好想你——的麦子呀！

孙女　哎，这不是小猪吗？你好啊，小猪。

小猪　啊！是孙女姐姐，还有土地爷爷。土地爷爷，我想死你了！

孙女　小猪啊，你怎么了，怎么把麦子口袋套在头上呀？

小猪　（闻一闻麦子口袋）我……我太想念麦子的味道了，土地爷爷，你还有麦子没，再给我一袋好不好，求求你了。

土地爷爷　欸，小猪啊，你先给爷爷说说，这袋麦子你是怎么吃的呀。

小猪　嗯……土地爷爷的麦子，那叫一个香啊！我第一天吃了一碗麦子，第二天吃了一碗半，第三天……

孙女　那你第三天吃了几碗呢，快说呀！

小猪　第三天……第三天我……我就吃了两碗。（一脸欣喜）

孙女　啊，一天比一天吃得多啊！

小猪　是啊，我每天都比前一天多吃半碗。

土地爷爷　那小猪啊，你一个星期总共吃了多少麦子呀？

小猪　（用手计数）一碗加上一碗半，再加两碗……呜呜，我也不知道吃了多少碗，我只记得，一开始啊，我每天都抱着麦子睡觉，没过几天我就只能枕着它睡了，再后来……再后来我就只能盖着它睡了，呜呜呜。

孙女　小猪，我看呀，这袋麦子你半个月就吃完了。

小猪　呜呜呜，是啊。我已经吃了好久的青草了，都快馋死了。土地爷爷，你还有没有麦子，再给我一袋吧。

土地爷爷　（苦笑）小猪啊小猪，你呀……就是贪吃。

小猪　呜呜，土地爷爷。我错了行吧，我以后一定省着点吃。

【小牛抱着半袋麦子上场。】

小牛　土地爷爷，土地爷爷，你快帮我看一下，我的麦子怎么……怎么变成这个样子了！

土地爷爷　欸，这不是小牛吗，怎么了小……

小猪　欸，有麦子！（两眼放光）快给我吃一口，快给我吃一口。（一把抢过那半袋麦子）

孙女　欸，小猪，你别吃，这麦子……

小猪　（吃了两口再吐出来）呸呸呸，这麦子怎么味道怪怪的啊。

孙女　这麦子，好像……发霉了。

小牛　啊，发霉了，（停顿一下）什么是发霉啊？

土地爷爷　小牛啊，你先给爷爷说说，这袋麦子，你是怎么吃的呀。

小牛　我……我……第一天我把这袋麦子带回来，忍不住吃了两口，它实在是太好吃了，我就想着明年过年的时候再在小猴面前慢慢地享用，那个画面真是太美好了。

孙女　啊，那它怎么变成现在这个样子了啊？

小牛　我也不知道啊，我把它放在家里最隐蔽的地方，为了防止自己忍不住偷吃，还拿大石头压住，平时看都舍不得看，每天吃着草料的时候我都想着这美味的麦子，可它现在怎么发霉了呀！（难过）

小猪　唉，真是可惜了这么好的麦子了。要是给我吃了该多好。

孙女　小猪，你别说了，小牛正难过着呢。

土地爷爷　原来是这样呀，小牛啊，这麦子里面呀含有很多水分，想要长久保存的话，一定要多晒太阳，把里面的水分晒干，不然，在仓库放久了就容易发霉，产生有害的东西，我们吃了这发霉的粮食呀就会拉肚子。

小牛　啊，原来是这样啊，我明白了。（看向小猪）

小猪　哎呀，我的肚子好疼啊，不行了，不行了！（在地上打滚）

土地爷爷　看到了没，这就是吃了发霉的粮食。

孙女　小猪，你没事吧，快，我扶你去上厕所。

【孙女正把小猪扶起来。】

【小猴推着小推车上，小推车里装着满满的三袋麦子。】

小猴　土地爷爷！

土地爷爷　唉！

小猴　大家好啊！

土地爷爷　你好啊，小猴。

孙女　好久不见啊，小猴。

小牛　唉，怎么小猴来了？

小猪　唉，是麦子的香味，我要吃麦子！（冲到小推车前）

孙女　小猪，你肚子不疼了？

小猪　欸，不疼了不疼了，我要吃麦子。

小牛　小猴，你这推车里面装的是什么呀？

小猪　我知道我知道，一定是麦子！

小猴　对，就是麦子！

【小猪把推车推上前。】

小牛　啊，怎么有这么多麦子，土地爷爷你不公平，你多给小猴这么多麦子！

土地爷爷　哈哈哈哈，我给你们三个的麦子都是一样多的哦！

小猴　一样多的哦！

小牛　那……那这是怎么回事？

土地爷爷　哈哈，还是让小猴自己来告诉大家吧。

小猴　嘿嘿，土地爷爷给我的麦子呀，真的太好吃了，一开始，我想着每天吃一点，可吃了一个月，麦子就只剩下一半了。

小牛　那你怎么又有了这么多麦子呢？

小猴　麦子吃了一半，我就在想，如果我再这样吃下去，再过一个月这些麦子就吃完了，我以后就吃不到这么好吃的麦子了，于是我就想着把这些麦子种下去。

孙女　种下去？

小猪　种下半袋麦子，就又能收获这么多麦子？

小猴　是啊，是啊，这几袋麦子啊，就是我刚刚收获的。我家里的仓库呀，还有好几袋收获的麦子呢！

土地爷爷　哈哈哈，真是"春种一粒粟，秋收万颗子"呀。小猴，这些麦子都是你一个人种的吗？

小猴　嗯嗯，都是我一个猴种的！

土地爷爷　那一定很辛苦吧。

小猴　一开始还是蛮辛苦的。春天我扛着锄头，去耕地呀去播种。夏天太阳毒又辣，我还得去浇水呀去除草。不过这一切都是值得的，到了秋天啊，麦子都成熟了，我就拿着镰刀，推着小推车去收麦子了！有付出才会有回报嘛！

孙女　哇，小猴呀，你真聪明、真勤劳！

土地爷爷　哈哈哈哈，孩子们哪，我们都要多向小猴学习呀，做事情多为以后考虑，有付出才会有回报呀。

小猪　小猴，你真能干，明年春天，我也要和你一起吃麦子，哦不，种麦子！

小牛　还有我，还有我。

土地爷爷　哈哈哈，看到你们这么有干劲，那今年爷爷我就再送给你们一人一袋麦子，作为明年的种子好不好！

三人　好，谢谢土地爷爷！

【歌舞：三袋麦子分下来，大家带着回家去，小猪小猪吃光光，小牛小牛使劲藏，只有小猴最勤劳，春天麦子种下去，秋天收获一大片，来年还有麦子吃。大家伙儿，要勤劳，付出才会有回报。要为以后做考虑，付出才会有回报！】

◎ 科普知识延展区

发霉是一种常见的自然现象，多出现在食物中。食物中含有一定的淀粉和蛋白质，而且或多或少地含有一些水分，而霉菌和虫卵生长发育需要水的存在和暖和的温度。水分活度值低，霉菌和虫卵不能吸收水分，而食物受潮后水分活度值升高，霉菌和虫卵就会吸收食物中的水分，进而分解和食用食物中的养分。木质家具、衣物等受潮时间长也容易导致发霉。

如家中有一时吃不完的苹果，经一段时间后，有些苹果会发生霉变。老人往往将苹果腐烂部分削掉，吃未烂部分，这是不妥的。因为，剩下的"未腐烂部分"已浸入了微生物代谢过程中所产生的各种有害物质，只不过肉眼看不出来而已。气温达到一定程度时，各种微生物尤其是霉菌便大量繁殖并产生有毒物质，如有一种展青霉素，这种毒素对人体有较强的危害，吃下去将留下后患，产生神经、呼吸和泌尿等系统的损害症状，使人神经麻痹、肺水肿、肾功能衰竭，甚至具有致癌作用。所以，苹果腐烂或虫蛀超过三分之一时不宜食用，特别是有苦味的苹果。

两个罐子

编剧：乔露、田静、吴娅、冉乐怡

人物表

铁罐　遭受氧化，满身锈斑，前期自卑但后期恢复自信
陶罐　高傲美艳，瞧不起人，但后期醒悟，变得谦虚低调
橱柜　慈祥爱美的老奶奶，对两个罐子都很好
比尔　著名的外科整形医生，帮助铁罐恢复原貌

序

【话说当年，国王有两只罐子，她们分别是陶罐和铁罐。铁罐傲慢，常常欺负谦虚的陶罐。王国灭亡后，两只罐子被埋在了土里。陶罐因为谦虚，被人们挖出来，并被主人收养，铁罐因为陶罐的善心也被一同收养了，但全身发生了氧化，不复以前的美貌。随着陶罐日益被重用，陶罐的心气也越来越高，日渐瞧不起丑陋的铁罐，还日常奚落她。】

第一场

时间：日常午餐后
地点：私家厨房

【这日午后，美丽如初的陶罐被主人重用盛了一道美味后，悠哉游哉地回到厨房，又准备趁橱柜奶奶睡午觉的时候奚落一下铁罐，她得意扬扬地走到铁罐面前。】

陶罐　你敢跟我比美吗，丑陋的罐子！（高昂着头傲慢地问）

铁罐　不敢，陶姐姐。（垂着头自卑地回答）

陶罐　哼，我知道你不敢，丑陋的铁罐子！（把手环在胸前带着更加轻蔑的语气回答）

铁罐　我确实比不上你的美观，（弱弱地望一眼）但我并不丑陋的呀。

（不自信地小声说）而且……我们都是厨具，都是用来盛东西的。（略带委屈小声地说）说到盛东西，我不见得就比你差，再说……

陶罐　住嘴！（恼怒地说）你怎么敢和我相提并论，我这么一个美丽的罐子居然和一个丑陋的废铁罐子在一起！（看看自己，再手指一下铁罐）等着吧，要不了几天，你就会被丢弃，我却永远在这里，独自美丽。（转个圈）

铁罐　何必这样说呢？我们还是和睦相处吧，好不好？（走近，用手触碰哀求道）

陶罐　呵……（拍下她的手）不好，和你在一起，我感到羞耻！（傲慢地下场）

铁罐　呜呜呜……呜呜呜……（号啕大哭）

橱柜　怎么了？我的罐子？（伸出头迷迷糊糊地问）

铁罐　橱柜奶奶，（低声抽泣着问）我真的有陶罐说的那么丑吗？呜呜呜呜……

橱柜　哦，我亲爱的罐子，不是这样的，美丑不是别人说了算的，是你自己说了算的。（语重心长地说道）你自己觉得你自己丑吗？

铁罐　我觉得……（稍微停顿一下，然后大哭道）我丑！！呜呜呜呜……我满身的锈，一点都不似以前光滑。我太丑了，太丑了！呜呜呜……（捶打着自己）

橱柜　好了，好了，罐子。（走近罐子，挨着她）奶奶我认识一位比尔医生，下午她刚好会来，我请求她帮帮你，让她帮我们变漂亮，好不好？（低下头问道）

铁罐　真的吗？（抽噎着问）

橱柜　真的，你看奶奶，多么光滑，就是她治疗的。（稍微扭动）

铁罐　呜呜，那好，谢谢橱柜奶奶。（小声抽噎）

橱柜　好了，不哭了哈，来，到奶奶怀里来，我们睡一会儿，睡醒了比尔医生就来了……（声音渐小，睡着）

铁罐　好。（安静地睡）

第二场

地点：私家厨房

【时钟音效响 5 秒。】

【穿着时尚的比尔医生挎着工具包潇洒登场，陶罐看着她走近橱柜奶奶和铁罐，心想肯定有什么八卦，于是偷偷摸摸地躲在角落里偷听。】

比尔　感觉怎么样？我的老伙计？（夸张地走过来拥抱）

橱柜　我很好，你呢？

比尔　不错，皮肤看着很好。（摸着橱柜说）来吧，我再来给你做个详细的检查吧！（拿出工具准备动手干）

橱柜　等等，比尔医生，我有个罐子很需要你的帮助，你帮帮她，好吗？（恳求的语气）

比尔　没问题！她在哪儿？（挑眉耸肩）

橱柜　这儿！（把铁罐推了出来）

铁罐　嗨，比尔医生，我是铁罐！（羞窘地垂下头）

比尔　哦，好可爱的名字。铁罐，不要害羞，抬起头来让我看看。（慈爱地说）

铁罐　我……我长得很丑陋，怕冒犯到您！（小声地说）

比尔　罐子，你错了……美和丑，不在于你外在的面貌，而在于你如何看待自己。你觉得你哪儿丑呢？（手环着摸下巴）

铁罐　呜呜呜呜……我……我满身的锈……（头更低，看着自己的身体哭道）

比尔　没关系的……抬起头来，让我看看你的独一无二。（伸手托起铁罐的头）

铁罐　看吧，比尔医生，我现在就是这样的……呜呜……（满脸沮丧）

比尔　哦，多么可爱的斑点呀，像极了山间的斑点鹿，真的很有……（被突然打断）

【陶罐大笑着上场。】

陶罐　呵，多么虚伪的人类！我想斑点鹿会哭死的，毕竟被说成了跟这样的一个丑罐子相像。（不屑地瞥一眼）

比尔　你又是谁呢？（转头看）

陶罐　我就是人见人爱，花见花开，车见车爆胎的陶罐！美丽是我的专属名词。（手的大拇指指向自己）

比尔　哦，你的自信真是显而易见！让我看看你。（动手摸一摸）哦，手感就稍微比老树皮好一点点。（嫌弃的表情，并擦一下自己的手）

陶罐　哼！我可是陶罐，不管被埋藏多少年，我仍可以光鲜亮丽，（指着铁罐）而她——铁罐，永远是一个丑八怪。

比尔　哦……原来你的傲慢也是如此明显。这可说不定哟，也许她会比你更美，美得更久哦……（似笑非笑地说）

陶罐　那我就等着瞧咯！（蔑视一眼，不屑地走了）

铁罐　呜呜……比尔医生，对不起。（头更低）都是因为我，陶罐她原本不这样的，都是因为我，因为我以前的傲慢无礼，影响了陶罐。对不起……（痛哭道）

比尔、橱柜　（同时说）哦……孩子，这不是你的错，你改变不了任何人，你只能改变你自己……

铁罐　（抽噎地回答）比尔医生，我……我真的在努力改变，我不再傲慢自负，也不再无端中伤别人，怎么我还是那么丑呀……啊……（号啕大哭）

比尔　哦……来吧，孩子，我帮你！（同情地说道）我会让你的外表也跟你的心灵一样美丽，我不会再让你受到外貌的困扰的！来吧，我帮你恢复，并且永远不长锈斑。

橱柜　来吧，铁罐，我们一起变美！"美丽"你值得拥有！

【铁罐心动了，她乖乖地接受比尔医生的治疗。】

【音效响，比尔医生把铁罐放好，从工具箱里拿出化学物，喷在铁罐的身上，将一块又一块的铁锈剥下来，然后比尔医生喷了一层金色的漆，再用烘干机烘干。这之后，铁罐恢复原貌了，甚至变得比以前更光滑。】

比尔　好了，我的孩子。你看看，是不是比以前的你更美。（收着工具，笑意满满地问道）

铁罐　（低头看了看自己，抬手，转圈后惊讶一会儿感谢道）谢谢比尔医生，谢谢你！

比尔　不用谢，我的孩子，这一切都是你自己变好的结果。孩子你记住，只要你比昨天做得好（转着圈，铁罐跟着转），就该为自己喝彩（做胜利手势，铁罐跟着做，同时说"喝彩"），为自己加油（持续之前的动作，说"加油"），为自己鼓掌（一起说"鼓掌"，站定）。谦虚和自信是可以共生共存的！去吧，孩子，让你的朋友看看！

铁罐　谢谢比尔医生，我会记住你的话，努力做一个谦虚又自信的孩子，不再傲慢无礼。（向比尔医生鞠躬，感谢）再见，比尔医生，再见，橱柜奶奶。（然后下场）

比尔　我的老伙计，让我看看你恢复得怎么样了。（看一圈）嗯，恢复得很不错。

橱柜　谢谢比尔医生。

比尔　嗯，不客气！（看一下手表）哦，我想起来了，我还有点事情，我要先走了，你休息吧，再见了哦！（背着东西下场）

橱柜　再见，比尔医生！（看着比尔医生的背影）我年纪大了睡会儿。（迷迷糊糊睡着了）

第三场

地点：私家厨房

【铁罐兴高采烈地找到了陶罐，并拉着她一起上场来到了橱柜奶奶面前。】

铁罐　陶罐、陶罐，你快看！我变回来了！（高兴地转圈圈）

陶罐　哎呀，吵死了！能不能安静一会儿呀！（不耐烦地看着铁罐）丑八怪，你变回来了呀！（突然惊讶道，5秒后）但是还是没有用，迟早会氧化的。（高昂头，不屑）

铁罐　不会的，不会的，（摆着双手）比尔医生给我用了一种科学化合物，可以保护我不被氧化了。（高兴地）

陶罐　切，那有什么！我会一直存在，比你存在得更久，我甚至还会……（十分不屑、轻蔑）

橱柜　哎呀别吵了，都熄灯了还不睡觉，快进来睡觉！（被吵醒，迷糊地看着罐子）

【时针音效。】

陶罐　（皱着眉头）嗯……铁罐子为什么比我好看，啊！不可以！（梦

中突然摔了下来）啊！好痛呀，有没有人帮帮我呀！呜呜呜。（扶着手，无助地哭喊道）

  铁罐 嗯？（睁开蒙眬的双眼）谁呀？谁摔下来了？（看看四周）呀！（发现陶罐）陶罐，你怎么了？（跑向陶罐）

  陶罐 我……我的手摔断了，好痛呀。（艰难地回答）

  铁罐 我扶你到旁边休息吧，看看怎么样了。（伸出手）把手给我。

  陶罐 （把手给了铁罐）你慢点。（感受到铁罐的善意，有点羞愧地说道）

  铁罐 好好，我慢慢的，你小心。（十分仔细地关注着陶罐）

  橱柜 （身体在摇晃，闭着眼不耐烦地说）罐子们，你们别摇了，安静地睡觉！

  陶罐、铁罐 我们没摇呀。（转头疑惑地回答道）

  橱柜 啊！（睁开眼，看着头顶天花板，惊恐吼道）罐子们，地震了！地震了！快逃呀！

  铁罐、陶罐 地震了？！（大声吼道）

  铁罐 （看着橱柜奶奶要倒下，急忙说）陶罐陶罐，你快走，快走，快到桌子下面去，躲起来，奶奶要倒了。（推开陶罐，卡住奶奶）

  橱柜 铁罐，快跑！我要倒了，震感太强了。（地震震度逐渐加强）

  陶罐 铁罐，你快过来，快过来！（焦急地说）

  铁罐 不行不行，奶奶伤得很严重的，她有可能还会砸到你，你快走远点！（被压着，奋力顶着）

  【轰！橱柜奶奶完全倒了下来，周围成了一片废墟，橱柜奶奶和铁罐被压在了下面。】

  陶罐 （看着这一切大声喊道）铁罐！铁罐……

第四场

  地点：化为废墟的私家厨房

  【陶罐想冲出去，但是周围都是废墟，没有一条完整的路，她单手扒拉着废墟，终于来到了埋下铁罐的地方。】

  陶罐 （哭喊道）铁罐，铁罐，你在哪儿呢？你快出来！快出来！（伤心大喊并用手扒拉碎石找铁罐）啊，铁罐你快出来呀！我以后再也不说你了，你快出来吧，铁罐！（哭着说）啊！铁罐！你快出来呀！我想跟你成为好朋友，你人这么好，呜呜呜！

铁罐　我……在……这儿。（虚弱地说）

陶罐　铁罐是你吗？你还好吗？（惊喜地问）

铁罐　我没事儿，咳咳。（咳嗽着说）我没事，你呢，没事吧？（陶罐费力搬石头）

陶罐　呜呜呜呜呜，铁罐你吓死我了！（哭着说）我以为我再也见不到你了！

铁罐　嘿嘿，没事儿，我可是铁罐！你没事儿吧？

陶罐　我没事儿，我……我谢谢你，要不是你让我快走，估计我也是其中之一了。（指着废墟）

铁罐　不用谢，你刚刚不是说了我们会成为好朋友，好朋友就是要互帮互助，难道不是吗？（认真地问）

陶罐　（破涕而笑）是的，我们是好朋友，好朋友就应该互帮互助。来，我扶你起来，我们一起去安全的地方。

铁罐　好。

【两个罐子相互扶着一起离开。】

橱柜　（突然传出声音）哎哟哎哟，谁来扶扶我，我还在这儿呢！

陶罐、铁罐　橱柜奶奶！我们一起去把橱柜奶奶救出来吧！（费力扒拉碎石，橱柜奶奶得救了）

橱柜　谢谢你们，罐子。

陶罐、铁罐　不用谢奶奶，这是我们应该做的。

橱柜　都是助人为乐的好孩子。（欣慰地说道）

陶罐　我们不仅是好孩子，我们两个还是好朋友呢！（自信地说道）

铁罐　是的，我们是永远的好朋友。

橱柜　好好好，永远的好朋友。

【慢慢下场。】

◎ **科普知识延展区**

陶和铁之所以有不同的特征，归根于地球上元素的多样性。

元素的本质区别是核电荷数不同或者是核内质子数不同。元素是具有相同核电荷数的同一类原子的总称，主要用来描述物质分子的化学组成，只强调种类，而不表示个数，没有数量多少的含义。

宇宙中的物质大多是混合物，由几种不同元素形成的化合物或同种元素形成的单质混合而成。只有少数元素如金、银、铜等，常以纯净物形态存在。在物质世界形成的同时，元素也就产生了。宇宙中形成的第一种元素是氢，之后是氧。随着时间的推移，构成地球的一切元素逐渐产生，慢慢形成了地球。

谁是污染大王

编剧：杨建宇

人物表

跳跳　勤奋的小学生

跳跳妈　经常加班

流流　看守糖果小镇河流的护河长，活泼好动，性格直爽，什么事都喜欢抢在前面

云云　管理小镇的天空，喜欢云朵，傻傻乎乎，迷迷糊糊的吃货

楼楼　掌管古楼，喜欢看书，古板，自大

音音　小镇的音乐家，温柔娴静，有一管自带长笛

阅阅　掌管典籍的图书馆馆长，聪明勇敢有想法

钱老板　办了很多工厂，破坏了糖小镇的环境

第一场

地点：跳跳家

跳跳妈　跳跳回来记得换鞋！

跳跳　妈妈，我知道了，今天老师留了作业，我得马上去查，手机借我

一下呗!

　　跳跳妈　你现在要用吗?

　　跳跳　对! 老师布置了查资料的作业,或者电脑也行。

　　跳跳妈　电脑坏了,你爸拿去修了。

　　跳跳　啊! 你们怎么这么不靠谱呀!

　　跳跳妈　跳跳,你先在家,妈妈有点事,得马上回公司处理一下,记得吃饭。

　　跳跳　我知道,饭在桌上,有事给你打电话,自己在家好好做作业,每天都这样!(不耐烦的语气说)可我作业怎么办!

　　跳跳妈　家里有一本百科全书,你找找看。

　　跳跳　我去哪儿找嘛!

　　【跳跳东翻翻西找找,在茶几底下找到了垫桌脚的百科全书。跳跳打开书后听到了一阵好听的笛音。】

　　跳跳　(感觉很奇怪)哪里传来的笛声呀?(突然背后被一个人拍了一下。音乐起,以歌舞的形式来呈现问答过程)

　　跳跳　你们从哪里来?

　　流流　我们从糖小镇来。

　　跳跳　糖小镇是什么地方?

　　楼楼　糖小镇是世界上最美丽的地方,那里湖蓝的河水很香甜,湛蓝的天空上有柔柔软软的白云,青青的草地上到处都是小野花,站在糖小楼上就可以看到不同颜色的花铺成的地毯,你听音音的笛声是糖小镇最美的声音。(音音吹起笛子)

　　跳跳　那你们是谁?(音乐停)

　　楼楼　我们是糖小镇的主人呀!

　　跳跳　主人?

　　楼楼　糖小镇里有很多人掌管不同的事物。

　　流流　我先来介绍我吧!(推开楼楼)我是流流,负责掌管糖果小镇河流的,也是糖果小镇最风流倜傥,人见人爱,花见花开的俏公子。(边说边拿出自己的扇子扇了扇,撩了一下自己的头发)快看我的头发,我头发的颜色就是糖小镇河水的颜色(拿着一罐河水),多么美丽的湖蓝色! 我的头发散发着多么香甜的味道(闻着河水然后被臭到呕吐)。

跳跳　（捂住鼻子）你确定这个是湖蓝色？（跳跳看着那罐似毒药的河水）

流流　额……那个……都怪那个钱老板！这件事说来话长，等下慢慢给你讲吧！

云云　（拿着最喜欢的棉花糖）我是云云，（说完咬了一口手中拿的棉花糖，边嚼边说道）我负责管理小镇天空（再咬一口棉花糖），在我的管理下，小镇的天空一直都是湛蓝湛蓝的（望着天空），这就是我们小镇的天空（拿出照片）。

跳跳　照片里怎么是灰黑色呀？我记得天空是蓝色的呀。

云云　唉。

楼楼　别唉了！阅阅呢！他不是带我们来找小救星吗？（边说边走出来）要是他这次又找错了人，那别怪我再也不理他！（边说边把拿着书本的手背到后面去）

跳跳　这位是……

楼楼　大人物总是压轴出场的！我就奇了怪了！怎么还会有人不知道大名鼎鼎的楼楼我呢！我机智过人，才学渊博，是掌管天下第一古楼——糖小楼的人，江湖人称糖小镇第一护楼使者。请叫我楼使者！

音音　好了，楼楼，你就不能谦虚点吗？

流流　对呀！论智商，人家阅阅比你强多了，论潇洒，你比我差的不是一点点。

阅阅　好了好了，我们别纠结这些问题了！（拿着一支笔走出来）

楼楼　阅阅，你来了啊？你不是说带我们找小救星帮忙吗？小救星是谁呀？

阅阅　我的定位仪不会错的，这位一定就是我们苦苦寻找的小救星！（用手恭敬地指向跳跳）

众人　小救星。（边说边对跳跳行拱手礼）

跳跳　（一脸懵神地看着糖小镇众人）我？救星？什么救星？我就是一个小学生。

阅阅　我的定位仪指向了你，你就是我们要找的小救星！

跳跳　什么定位仪？

音音　小救星，快想办法救救糖小镇吧！

跳跳　我的天！你们这……这都是些什么呀？我读的小说吗？怎么觉得

你们像是假的，不存在的！

楼楼　你看我，这么风流倜傥的，可能是假的吗？

云云　（咬了一口棉花糖）小救星，你就帮帮我们吧。

跳跳　你们老是这样叫我小救星小救星的，也不说让我帮什么，那我怎么帮你们呀？

阅阅　对了，我们还没向你说明情况。

流流　我来说，我来说！这种大事当然得由我这个人见人爱，花见花开的风流倜傥俏公子来说了。音音，快帮忙！来个背景乐！（音音吹起了笛子）话说当年，糖小镇还是一个很美丽的地方，每个居民各司其职，过着自己幸福的生活。每个家族也都掌管着自己应该掌管的东西。可是有一天突然来了一个钱老板，他说他要把糖小镇开发成一个更美丽的地方，我们一开始也不懂什么是开发，只听他说会把糖小镇变得更美，于是我们就把糖小镇的运行秘籍给了他！现在想想真是后悔，都是我们太天真了！

楼楼　一开始，他建造了很多楼，那些楼像宝石一样闪耀，我们一直觉得美丽极了，把钱老板建造的那栋楼叫作宝石楼。我们渐渐地相信了钱老板，开始听他的话，想把糖小镇变得更好。他说要建工厂，说是要让村民们用自己的钱来建工厂，可是工厂里流出来的水把河水从湖蓝色变成了黑色，流流的头发也变成了黑色，还散发出一股臭味。

流流　我的头发不再是美丽的湖蓝色，而是变成了脏脏的黑色，并且河里常常会发出一股说不出的臭味，臭极了，惹得村民们都不再靠近我守护的那条河流，我的头发也变成了现在这个样子。

云云　不单是流流守护的那条河流，就连我守护的天空也变得浑浊。那天工厂里排出了黑色的浓烟，我问钱老板怎么回事，他说烟雾不会持续很久，蓝天会变回来的！可是从那以后，天空再没有出现过美丽的蓝色和白色。

楼楼　你们这算什么呀，我的楼被钱老板给推倒了，他盖起很多不知名的巨型大楼，据说叫什么大厦！之前的宝石大楼，被太阳光一照变得十分晃眼，已经有不少的居民因此患上了眼疾。我可是鼎鼎有名的护楼使者，他这样简直就是在挑战我的底线！

阅阅　钱老板做的事非但没让糖小镇好起来，反而让它变坏了，可是我们已经完全控制不了他了。我们迫切需要一位守护糖小镇的救星，而你就是我们选中的小救星。

跳跳　钱老板也太坏了吧！你们的故事好曲折呀！让人难以置信！

楼楼　你不信我们？我们这么用心地找到你，是要你来帮我们的，你倒好，居然不相信我们说的是真的！

流流　以我的聪明才智来看，我们看错人了！他压根就不是什么小救星，看他那个样子，一点也不信我们，又怎么可能会帮我们呢？而且他一点也不如我潇洒，可能还没我厉害呢。

阅阅　不，我的定位仪一定不会出错的。他就是那个能够拯救糖小镇的小救星！

楼楼　你到底帮不帮我们！

跳跳　唉，不是的！（在一旁插不上话的跳跳，想打断楼楼）

音音　好了好了楼楼，你安静点儿！这样不礼貌，人家跳跳又没说不帮我们。（转头对跳跳温柔地说道）跳跳，我知道你是一个好孩子，你能不能帮帮我们呢，我们糖小镇真的很需要你的帮助。凭我们自己的力量是不可能完成这个任务的。

跳跳　那好吧，那我就相信你们吧。可是帮助你们是不是得跟你们回糖小镇啊？

阅阅　对呀！时间紧迫，拯救糖小镇刻不容缓，跳跳你就快跟我们走吧。（说着伸出手去拉跳跳的手，但是跳跳犹豫不决，不肯立即就跟阅阅走）

云云　快走吧！（说着又拿出一个棉花糖在咬）我还想赶快赶回糖小镇去吃午饭呢。

楼楼　吃吃吃吃，你就知道吃！跳跳你还在磨叽什么呢，这是一个孩子该有的风范吗？还不快跟我们走！说到这一点，你倒是应该跟我学习学习，什么叫男子汉的魄力。

流流　即使你不学他的男子汉魄力，也该学学我的潇洒吧。不是有一首歌这样唱的嘛，何不潇洒走一回！快快走一回吧。

跳跳　可是我走了，我妈妈怎么办？我妈妈要是知道我不见了，肯定会担心死的。

阅阅　好啦，你别担心了，利用时光机，你能够回到现在的时间，你完全来得及赶在你妈妈回来之前回来。

跳跳　那好吧，那我就放心了，我们快走吧。

阅阅　现在我们应该一起唱出那首歌，召唤我们的时光机。让我们一起回到糖小镇吧！

阅阅　我们先一起喊——小河流流，美妙音音，柔柔云云，开心阅阅，嘿嘿楼楼。来，我们一起回到糖小镇吧。

跳跳和糖小镇众人　我们一起回到糖小镇吧。

（齐声唱：聪明勇敢有力气，我真的羡慕我自己）

阅阅　对了，我们必须要摆出那一个队形，然后一起唱这首歌，才能把我们的时光机召唤出来。请大家都拿出自己的法宝吧！

【大家纷纷拿出自己的法宝：阅阅拿出了自己的笔，流流拿出了自己的扇子，云云拿出了自己的天空之镜，音音拿出来自己的长笛，楼楼拿出了自己的剑。大家依次排成了一列。】

阅阅　跳跳你就在最后，在队伍的最后抓紧楼楼的剑！

楼楼　（不情愿地拿出了自己的剑，抓着剑头，另一边递给了跳跳）小子，你可抓紧了，到时候要是把你甩飞了我可不管。

跳跳　知道啦，我可没那么弱。

【大家排成一列跑下场。】

第二场

地点：糖小镇镇口

【跳跳和糖小镇众人来到了糖小镇，他们刚到糖小镇镇口，突然看到花姐姐匆匆忙忙地跑了出来。】

花姐姐　阅阅，你们总算回来了，快想想办法，钱老板又逼我们让一块新的青草地给他，可是如果把这最后一块青草地让给他，我们小镇就再也没有绿色了。你知道的，自从流流守护的那条河流变成了黑色后，糖小镇的水源几乎已经断了。现在钱老板又派了很多很多人来和我们争斗那片最后的青草地，小镇的花草就快灭亡了。又怎么能和他们抗衡呢？阅阅，快想想办法救救我们！

楼楼　要我说我直接拔剑，去宰了那钱老板！

阅阅　可你知道现在他在哪里吗？

音音　是啊，现在我们连他在哪儿都不知道。

跳跳　如果我们不知道他在哪儿，那我们就去找！

云云　对，只要消灭钱老板，还有他的人手，我的云朵棉花糖就可以回来了！我就能有吃不完的棉花糖了。走！走吧，我们现在就去！

跳跳　刚刚听花姐姐说糖小镇的水源都断了，那我们就先去解决水源的问题吧。我们先去流流守护的那条河里面看一看。流流，你守护的河叫什么呀？

流流　我守护的河叫糖小河，以前的河水清澈无比，还有一股糖果的甘甜，大家可喜欢河水的味道了。可现在……都变成了墨水一样的黑色，变得很苦很苦，比黑咖啡还要苦。

跳跳　如果是一整条河流都变成了黑色，那一定是从河流的上游开始的。我们先去看看上游有没有什么问题。

楼楼　上游？

跳跳　河流的源头就在上游。

阅阅　好，前面再走一段路就是一整条河流的源头。我们先去花姐姐那边，看看有什么可以帮忙的。

跳跳　好，那我就和流流，去河流的上游看看。你们先去帮花姐姐。不过我们可能还需要一个帮手，谁愿意留下来帮我们呢？

楼楼　要不我留下来。

阅阅　楼楼，花姐姐那边肯定需要你，让云云留下来吧。云云经常去上游找吃的，他对上游的路比较熟悉。

跳跳　那好吧，云云和流流，我们就一起走吧！

【云云和流流还有跳跳三人在舞台走一圈，然后下场。】

【阅阅带领着其他两人还有花姐姐一同下场。】

钱老板手下甲　（从树后面跳出来）哼哼，老板猜得果然没错，阅阅他们一伙人在村里消失这么久一定是去搬救兵了。我们就是应该跟着他们。现在我就应该去禀报老板，通知河流上游的弟兄们，好好地防守！

钱老板手下乙　最近老板每天都很忙，他那么忙，怎么可能见你呢，你还想去禀报他，你就吹吧！

【此时跳跳正好回来找他的背包，跳跳刚刚走到树边，就被流流拉了回来。】

跳跳　你拉我干吗，我要去找我的背包。

流流　（快速捂住跳跳的嘴）嘘！听听他们都说些什么。

手下甲　要是让他们发现我们藏起来的排污口，老板的工厂就办不下去了，排污口的看守工作可是一个大工作呢！

手下乙　你的看守算什么呀，我的任务那才叫厉害！

手下甲　你的什么任务呀？你倒是说来听听呀！

手下乙　哼！你别小看人！我的工作要保密！

手下甲　哼！什么保密呀！不就是你的任务没技术含量嘛！是不是都不好意思说？

手下乙　老板昨天给了我一个很重要的任务，看到了吗，（拿出一张纸）这可是老板发布的命令，老板要举行糖小镇选举大会，想要选举出糖小镇新的接管人，其实就是老板自己，现在糖小镇已经被我们老板控制了。等老板当选了糖小镇的镇长，我们就可以完完全全控制糖小镇了。只要你我稍微努努力，好好表现，就可以获得各自的管控区，到时候，糖小镇就归我们了。哈哈哈。

手下甲　我当是什么事儿呢。这个选举大会，我早就知道了，你能说点我不知道的吗？

手下乙　选举大会上钱老板会邀请污染家族过来参加，招募他们过来糖小镇。到时候，就可以把糖小镇变成一个巨大污染制造工厂！（说完下场）

流流　可恶！他们居然想接手管控糖小镇！还要把糖小镇变成一个巨大的污染工厂！

跳跳　我们不能让他们得逞！

流流　现在他们把河流污染了，我们又太弱小，不能够和他们抗衡。

跳跳　你们大家都有些什么能力？

流流　音音是音乐家，会弹奏美丽的音乐，想来没什么用。阅阅有个独特的能力就是能够模仿其他人写字，想来也没什么用。

跳跳　有了！

云云　(肚子叫了起来，他不好意思地笑笑）我肚子好像要罢工了。

跳跳　好，那我们就先去吃饭，叫上阅阅他们。顺便大家商量一下，明天怎么潜入选举大会的事情。

云云、流流　潜入选举大会？

跳跳　对！这就是我的新计划！

云云　我去叫阅阅他们。可是真的好饿，大家也应该都饿了吧。

流流　嗯！这样吧，我去给大家拿一点我存的干粮。我们到时候还是在这里集合。

跳跳　好！你们去吧！

【云云和流流下场。】

跳跳　我趁现在这个时候想一想，怎么才能潜入选举大会呢？小朋友们，我们一起想好不好？（跳跳歪着头思考）有了！我想到一个好办法了。明天我就打扮成钱老板手下混进选举大会，然后趁机给他们捣乱。

糖小镇众人　跳跳，我们来了。

跳跳　你们怎么一块儿来了？

流流　这是我给大家准备的吃的东西，哈哈哈，怎么样，我这个风流倜傥的俏公子办事效率高不高啊？

云云　就是不知道你带来的这个卷饼吃起来味道怎么样？

阅阅　刚刚我们在来的路上遇到了云云和流流，于是，我们就一块儿来了。路上流流都和我说了，你的想法很好。不过进一步的计划，你现在有想法了吗？

跳跳　嗯嗯！我有想法了。我想，明天我们扮成手下混进选举大会，趁机弄清楚情况，然后顺便给他们捣个乱，让他们办不成选举大会！

阅阅　很好，就这么办！

跳跳　阅阅，这次可能就拜托你了！

阅阅　啊！我需要做什么呢？

跳跳　暂时保密，到时候你就知道了。

第三场

地点：选举大会会场

【这时候大家都已经扮成了手下在污染大会的举办地糖小河上游餐厅门口等待。跳跳扮成了污染族的长老，楼楼扮成了保镖，音音装成长老的孙女，流流和阅阅假扮成随从，众人随跳跳进入会场。】

钱老板手下　（拦住了他们的去路）等等，你们是谁，请出示你们的证件，才能入场！

跳跳　（捋了捋胡须）怎么！你连我都不认识？

钱老板手下　你是谁！

楼楼　说出来怕吓到你！他就是大名鼎鼎的污染族长老。他今天可是来主持污染族选举大会的。

钱老板手下　可是长老也应该有证件呀。

音音　长老今天走得急就没带证件，要是你一不小心惹怒了长老，长老说不定会让钱老板把你开除呢！

钱老板手下　（慌张，抓住长老的手）长老你千万别生气，快请进吧。

（他们进入了选举大会的会场）

阅阅　原来会场就是污染制造工厂！我们现在找到他们的老巢了！

云云　我们会不会穿帮啊？我好担心，万一钱老板见过污染长老，那我们不是死定了。

音音　没关系，我准备了这个。（说着拿出一个蒙面巾，递给了跳跳）

楼楼　音音你可真聪明啊，都快赶上我了！

流流　好了楼楼，再怎么你也没我潇洒！

跳跳　大家别吵了，现在我又有了一个好主意。

阅阅　你有什么好主意？

跳跳　先保密，一会儿你们就做好笔记，看我的！记好他们的弱点！阅阅你过来帮我变个东西。

阅阅　什么东西呀？

跳跳　（悄悄说）帮我把这个变成钱老板的字迹。（说着走到了主席台上）众污染家族听令！今天钱老板有事暂时不来了，就由我先带领大家一起选举最佳家族。（咳咳）我宣布大会现在开始！现在我们要让污染家族进行新一轮的选举，选出最优秀的污染家族，现在请众家进行争论赛，既可以指出对方家族的弱点，也可以推出自己的优势。获胜者即可以获得糖小镇一半的掌控权！

选举群众　长老，这不符合常理呀。钱老板还没来，这样不好吧？

跳跳　这是钱老板的命令书，大家看到了吧。（阅阅递上命令书）大家快开始吧！

水污染家族　我们要率先出战。我们家族的威力大家有目共睹，比如我们旁边的这条河——糖小河，就是因为我们变得面目全非的，可见我们的威力之大！工厂的排污口埋在很深的糖小河河底，我们不仅可以让河水变黑变臭，还能杀死河中的生物。而且缺了水，糖小镇的一切东西就很难存活，我们污染家族就会获得更多的生存空间。

空气污染家族　你们知道天空之镜吗？据说，掌管天空之镜的那位手里的那面天空之镜，直到今天都还是灰白色的。知道是为什么吗？那是我们家族的功劳。你们水污染家族猖狂个什么劲儿！只要把咱们这个污染工厂给关了，把你们那个排污管撤了，再把你们这些污水给处理了，那你们这个水污染家族自然也就不复存在了。

水污染家族　好你个空气污染家族，亏我们之前还是合作的伙伴。之后我们的合作取消，我看这个工厂还怎么开下去，你们家族该怎么过！

噪音污染家族　我们家族也不是说多么厉害吧，也就是把糖小镇的声音都吞没了，变成现在很吵的噪音，让他们无法入睡。

光污染家族　你们知道钱老板怎么入驻糖小镇的吗？我们光污染家族可是帮了不少的忙，如果不是我们用我们的华丽吸引了糖小镇的居民，让他们大量地建设玻璃大厦，现在的小镇居民也不会有这么多人患上眼疾。

跳跳　看来今天的争论很是激烈呀！这样吧，咱们开始第二轮，大家都互相说出对手最核心的弱点，看看哪个家族能扛得住。

噪音污染家族　我先来吧，我可是知道在场所有家族的弱点的，哈哈。水污染家族的弱点就是工厂的排污管，空气污染家族的就是工厂的烟囱，光污染家族嘛，只要我们往玻璃上涂上一层涂料，玻璃就不再反光了，你们还怎么运作呢？哈哈哈！

光污染家族　你！你太狠了，我也说你们的弱点。你们的弱点就是你们的声音其实可以被隔音板和植物吸收，只要植被覆盖率够高，你们就没法了。

钱老板　你是谁！你在干吗？

跳跳　你是谁？

阅阅　（拉着跳跳）快跑，这是钱老板！

【阅阅带着他们快速地走了，那些污染家族气得直跺脚。】

楼楼　（突然喊了一声）有炸弹，快爆炸了！（大家扑倒，落荒而逃）

楼楼　哈哈哈，都被我骗了。

阅阅　现在我们应该暂时没事了。

跳跳　现在我知道怎么办了，只要我们让这个工厂停产，并把大厦刷上涂料，多种些树，就能去除掉水污染，还有空气污染、光污染、噪音污染了。小镇河水，还有小镇的天空，都会变得好起来。

阅阅　嗯嗯！我现在就去组织大家！我们去找花姐姐要树种子。

跳跳　那其余人就和我一起，分别去找排污管和烟囱，然后把它们摧毁！最后把工厂摧毁！

其余众人　嗯！云云，你就别去了，你在这里留守，帮我们把风，我们去工厂！

【众人下了场。】

云云　又要我留下来把风！（此时传来一阵嘈杂的声音）烦死了，影响我思考。哼，我把耳朵堵上。欸！对呀，要不想听见声音，就把耳朵堵上，不让声音传到耳朵里，这样噪音的问题就解决了！

云云　改天让阅阅做个海绵隔音板什么的，让那些噪音全部被阻隔到糖小镇外面！哈哈哈，我真的太聪明了！

阅阅　（跑上场）我们回来了！我们已经种下植被了！

跳跳　我们也已经成功地把那个污染工厂关闭了！小镇的河水，变成了美丽的湖蓝色。

流流　我太开心了！

云云　小镇的天空，又是美丽的云朵和蓝天了。刚刚我也想到了解决噪音问题的更好办法。树不会一下子长成大树呀，所以我们可以做个海绵隔音板，哈哈哈！真好，现在糖小镇又恢复原貌了。以后我们可要好好保护它呀！

跳跳　没想到，我们这么快就有了消灭污染家族的办法。这靠的是我们的勇气还有信心，最重要的，还是大家的聪明才智。好啦，好啦，现在我也该回去啦。希望大家继续努力，早日解决糖小镇的难题。

楼楼　嘿，小子，你有两下子，我佩服你，我就把天下第一护楼者的称号送给你吧。

跳跳　谢谢你。

阅阅　跳跳，真心谢谢你。我就说我的定位仪没错吧。谢谢你，跳跳。

流流　跳跳，终于让你看到我的头发本来的样子了！怎么样，好看吗？

跳跳　好看，好看极了。

云云　跳跳，为了感谢你，我决定把我最喜欢的彩云棉花糖送给你一些！

音音　　跳跳，还真是有点舍不得你了。让我再给你唱首歌吧！

跳跳　　谢谢你。

【最后大家在歌声中送走了跳跳。】

◎ 科普知识延展区

　　环境污染五大类一般指的是大气污染、水体污染、土壤污染、噪声污染、农药污染，后来因为环境污染的含义扩展，环境污染五大类变为环境污染七大类，指的是大气污染、水体污染、土壤污染、噪声污染、农药污染、辐射污染、热污染，按环境要素划分而成，会使环境素质下降，从而扰乱和破坏生态系统和人类的正常生产和生活条件。

后 记

这本科普剧集，是我们带领同学们一起完成的。

这是一件推动戏剧教育专业发展的事情。我所供职的学校是全国首家开设戏剧教育专业的师范院校，近年来，我们聚焦基础教育阶段戏剧教育师资人才培养，以培养优秀的儿童戏剧教育工作者为专业建设目标。在戏剧教育基础理论研究、戏剧教育实践形式探索和戏剧教育课程资源开发三大领域实现快速发展，《科学教育戏剧集》就是我们在资源开发领域的重要成果，也是重庆市教育委员会 2021 年高等教育教学改革研究立项项目《新文科理念下戏剧教育专业实践育人体系的构建研究》的阶段性成果。

这是一件践行"教学 + 创作 + 科研 + 产出"四位一体实践模式的事情。这些剧本大部分是立足在《表演基础》课程中完成的创作和排演，也有部分作品是以工作室创作专项的方式完成的。我们利用常规课堂时间进行剧目编创基本能力的实训，在第二课堂时间结合山火剧团和云水儿童应用戏剧工作室的排演实践，将一度文本加以二度排演，进而组织多轮次、多范围的公演，在此基础上对最初文本进行不断打磨，结集出版。不仅有机联动了一二三课堂，而且也有效助力了师生发展。

这是一件例证"师生专业成长共同体"建设成效的事情。我们所走的并不是一条已知的道路，而是在不断摸索和实践中同步进行道路的开辟。在这个过程中，我们作为高校青年教师，抽出大量的课余时间与青年大学生在一起共同讨论剧本创意、共同进行剧目排演、共同动手舞美制作、共同组织公开展演、共同完成成稿修订。同学们在此过程中收获到了专业能力的提升和专业作品的沉淀，老师们也在此过程中总结了教学育人工作的经验与方法。更关键的是，我们在此过程中凝结了珍贵的友谊。戏剧的才华和科学的创造，均需要情感的润滑和精神的驱动。这也是我们很看重的师友情谊。特别感谢同学们的信任，大家都很出色地完成了规定的创作任务。还要特别感谢山火剧团的官子淳、刘国栋、袁媛、李虹渝、周岚、陈可欣、严雪、宁慧芷、张桃玉等同学所做的几次校对工作。

这是一件很有意义的事情。2018 年，我刚到重庆工作时，身边的老师同学听说我们要做原创大型剧目，脸上露出了难以置信的表情，大家觉得难以完成，因为那时学校的戏剧文化是很贫瘠的。经过三年多的持续建设，大家不仅能较为熟练地完成大型剧目的排演，还能灵活进行各类短剧的独立创作。从某种意义上讲，看到同学们自己开展创作，可能比我自己完成剧目还要开心。因为我们立足在高校，教书育人是首要职责，服务学生的成长是一切工作的核心聚焦。当我坐在小剧场的最后一排，静静地看着学生自己编剧、排演和组织的公演，静静地听着观众的反馈和掌声，静静地参与，一直到谢幕，心想：一切的付出，都是值得的！

这是一件在学校及部门的支持下做成的事情。重庆第二师范学院积极培育"服务于 0—12 岁儿童成长"的办学特色，我所服务的教师教育学院非常支持教师专业成长和学生全面发展。我们没有前路可循，但学院领导一以贯之地鼓励、关心、支持、指导专业的建设和发展，我们所获得的每一次成长，都离不开学校和学院平台的支持。

这是一件刚刚步入新征程的事情。科普剧集只是我们众多专项创作的首部成果，其他诸如"大国小兵"红色精神专项、"文化坚守"山城民俗专项、"世界公民"国际理解教育专项都已有了不同程度的进展。未来，会有更多聚焦儿童戏剧领域的成果问世！我们在做中学，在前进中成长！